新时代
学术进阶丛书

College Research Papers
For Dummies

# 论文写作
# 完全指导手册

[美]乔·吉安帕尔米（Joe Giampalmi）/著　刘怡/译

清华大学出版社
北京

北京市版权局著作权合同登记号 图字：01-2024-0132

Title: College Research Papers For Dummies by Joe Giampalmi, ISBN: 978-1-394-19110-9
Copyright ©2023 by John Wiley & Sons, Inc., Hoboken, New Jersey
All Rights Reserved. This translation published under license. Authorized translation from the English language edition, published by John Wiley & Sons. No part of this book may be reproduced in any form without the written permission of the original copyrights holder.
Copies of this book sold without a Wiley sticker on the cover are unauthorized and illegal.

本书封面贴有 John Wiley & Sons 防伪标签，无标签者不得销售。

版权所有，侵权必究。举报：010-62782989，beiqinquan@tup.tsinghua.edu.cn。

图书在版编目 (CIP) 数据

论文写作完全指导手册 / (美) 乔·吉安帕尔米 (Joe Giampalmi) 著；刘怡译. -- 北京：清华大学出版社, 2025.6. -- (新时代学术进阶丛书).
ISBN 978-7-302-69451-9

I. H052

中国国家版本馆 CIP 数据核字第 2025M6Q706 号

责任编辑：左玉冰
封面设计：徐　超
版式设计：方加青
责任校对：王荣静
责任印制：曹婉颖

出版发行：清华大学出版社
网　　址：https://www.tup.com.cn，https://www.wqxuetang.com
地　　址：北京清华大学学研大厦 A 座　　　　邮　编：100084
社 总 机：010-83470000　　　　　　　　　　邮　购：010-62786544
投稿与读者服务：010-62776969, c-service@tup.tsinghua.edu.cn
质 量 反 馈：010-62772015, zhiliang@tup.tsinghua.edu.cn
印 装 者：三河市科茂嘉荣印务有限公司
经　　销：全国新华书店
开　　本：187mm×235mm　　印　张：19　　字　数：379 千字
版　　次：2025 年 8 月第 1 版　　印　次：2025 年 8 月第 1 次印刷
定　　价：89.00 元

产品编号：105266-01

# 内容概览

导言

**第 1 部分　为写作研究论文奠定基础**

第 1 章　了解期望：大学研究论文

第 2 章　核实一致性：学术引用和文献格式规范

第 3 章　杜绝剽窃：秉持学术诚信

第 4 章　满足要求：研究论文和作品集

**第 2 部分　构建研究的基本要素**

第 5 章　管理信息：收集和整理文献来源

第 6 章　评估和准备文献来源

第 7 章　发动攻势：从证据到论证

第 8 章　引用文献和最终确认

第 9 章　大学研究型写作分类

**第 3 部分　研究型写作的基本要素**

第 10 章　确定受众和目的

第 11 章　有风格的写作

第 12 章　回顾基础知识：语法和规范

第 13 章　注重外观：格式

**第 4 部分　撰写研究论文**

第 14 章　规划和组织研究型写作

第 15 章　撰写初稿

第 16 章　确定必需和可选标题

第 17 章　三层修改和校订

第 18 章　发送之前的最后确认

**第 5 部分　其他**

第 19 章　十个常见问题及解决方法

第 20 章　提高研究型写作水平的十种资源

# 导言

本书将向你传授专业的学术论文写作方法，让你达成学业目标，顺利踏入职场。几十年来，我一直在教授研究和写作（其中30年在大学），帮助像你这样的学生实现学术梦想。我评审过10 000多篇研究论文、论说文和其他研究项目。

尼尔·阿姆斯特朗还没登月，我就已经开始从事教学工作了。那个年代的技术比现在至少落后13 000倍，手机更是闻所未闻之物。而现在，我们拥有令人眼花缭乱的新科技，大大加快了研究过程，数据库存储的数据比20世纪60年代的缩微胶片多数千倍。

要想成功撰写研究论文，必须满足三个要求。

- » 相信自己，只要足够努力，你几乎可以实现任何学术目标，包括撰写出色的大学研究论文。
- » 利用研究机会，满足好奇心并开发新的好奇心。
- » 每天增加15分钟的读书时间；如果你没有读书的习惯，那么从现在开始培养！

我知道大学生很忙，但你必须学会把时间花在"刀刃"上。几乎所有学术工作都要求具备研究和写作技能。

## 关于本书

本书源于我20世纪60年代在威德纳大学写研究论文的美好时光——那是数据库仅存在于研究人员文件柜中的美好年代。后来，我教授学生写研究论文，满足他们对知识的渴望。一些学生从研究中找到了未来的职业梦想。

下面我们就来看看本书将如何帮助你写出让教授满意的研究论文。

- » 分析、规划和组织你的研究论文。
- » 明确论题、论点、论据、反证和研究问题。
- » 搜索和梳理资料，以支持你的论点。
- » 引用和整合资料。
- » 按照要求的格式排版。
- » 以学术写作风格撰写初稿。
- » 从三个组织层面修改初稿。
- » 检查后最终提交。

本书将向你展示一些经过课堂实践验证、确定有效的写作技巧，具体如下。

- 充分利用学院图书馆的全方位资源，务必咨询参考馆员。
- 用尊重所有人的语言写作。
- 确定要引用和不引用的内容。
- 将资料转化为证据。
- 编写一份带注释的文献目录。
- 主要使用行为动词和特指名词，并向三个方向扩展。
- 撰写研究论文集。
- 撰写跨学科研究论文。

本书的其他特色包括：

- 语言建模示例：涵盖研究论文撰写的各个环节。
- 主要学术引用和文献格式规范比较。
- 制定策略，为应对剽窃指控做好准备。
- 阅读学术期刊文章的技巧。
- 关于使用维基百科的建议。
- 向教授提问和澄清问题的技巧。
- 使用文献条目生成器的注意事项。
- 关于撰写文献综述和白皮书的建议。
- 报告、反馈论文和论说文写作技巧。

## 愚蠢的假设

大学生活很忙碌，这不是假设，而是事实。根据我几十年来教授大学生以及在课堂上讨论学术问题的经验，我提出以下假设，它们可能是愚蠢的，也可能不是。

- 你曾保证每节课都按时出勤，认真学习写研究论文，但生活中总有一些突发情况，比如家里有急事，导致你不得不缺席某堂课。这时候，你绝对不会问教授这节课讲了什么重要内容。
- 你不想当作家，也没有很渴望成为一名研究人员。但你暗下决心，写好每一篇老师布置的研究论文。
- 技术无处不在，它是老师，是工具，也是玩具，更是时间吞噬机。
- 一些社交媒体网站可用于学术活动，但在大学生中没那么受欢迎。

| | | | |
|---|---|---|---|
| 关于剽窃的常见问题：最终答案 | 34 | 展示性作品要求 | 40 |
| 问题就这么严重吗 | 35 | 作品集内容 | 40 |
| 大学的剽窃和高中的抄袭一样吗 | 35 | 格式要求 | 41 |
| 我把所有内容都加标注，是不是就安全了 | 35 | 展示你的作品集 | 43 |
| 被指控剽窃时，我能说我不懂吗 | 35 | 准备电子作品集 | 43 |
| 如果我被指控剽窃怎么办 | 36 | 成功的作品集：循序渐进 | 43 |

## 第4章 满足要求：研究论文和作品集 37

| | | | |
|---|---|---|---|
| 深入了解作品集 | 37 | 第1步：分析需求 | 44 |
| 了解作品集的方方面面 | 38 | 第2步：确定可交付成果 | 44 |
| 作品集的好处和挑战 | 38 | 第3步：收集和整理资料 | 44 |
| 作品集要求 | 39 | 第4步：创建组织标题 | 44 |
| 反思性陈述 | 39 | 第5步：概述你的反思性陈述 | 44 |
| | | 准备职业作品集：对未来的投资 | 45 |

# 第2部分 构建研究的基本要素

## 第5章 管理信息：收集和整理文献来源 49

| | | | |
|---|---|---|---|
| 什么是好主题 | 50 | 第1步：明确研究问题和子问题 | 64 |
| 识别主题要素 | 50 | 第2步：会见参考馆员 | 65 |
| 构思主题 | 51 | 第3步：有策略地进行搜索 | 65 |
| 常见的选题误区 | 51 | 第4步：对文献来源进行分类和处理 | 65 |
| 构建主旨句 | 52 | 第5步：针对反驳找出对立证据 | 65 |
| 将论文聚焦于主题内的一个问题 | 53 | 优化搜索来源：进行细致安排 | 65 |
| 撰写主旨句：如何进行 | 53 | 发现组织问题 | 66 |
| 简单5步，起草研究论文 | 54 | 实施研究 | 66 |
| 设计研究问题 | 55 | 使用文献来源管理工具 | 67 |
| 实现研究问题的目的 | 55 | **第6章 评估和准备文献来源** | **68** |
| 编写有效的研究问题 | 56 | 找到可靠的来源：增加论证的可信度 | 68 |
| 研究与发现：论文成功的秘密 | 56 | 评估文献来源 | 68 |
| 确定文献类型 | 57 | 避免教授不喜欢的文献来源 | 70 |
| 利用高收益的研究资源 | 58 | 重新认识维基百科 | 71 |
| 有策略地进行搜索：提高搜索词效果的技巧 | 64 | 证据的基石 | 71 |
| 五个简单步骤，完成大学论文研究 | 64 | 通过阅读挖掘证据 | 71 |
| | | 对文献来源进行注释 | 73 |

| 文献来源注释 | 74 |
|---|---|
| 转换文献来源：支持论证 | 76 |
| 改述 | 76 |
| 改述时要避免拼贴式写作 | 77 |
| 总结 | 77 |
| 引文 | 78 |
| 使用可视化数据和统计数据 | 78 |
| 构建争议：与文献来源进行互动 | 79 |
| 作者与文献来源的互动 | 79 |
| 作者与多个文献来源的互动 | 79 |
| 文献来源之间的互动 | 80 |
| 发出信号：表明文献来源意图的短语 | 80 |
| 高级搜索策略：不仅限于大学一年级的研究 | 81 |
| 汲取更高层权威的智慧 | 82 |
| 原创研究 | 83 |

## 第7章 发动攻势：从证据到论证 84

| 学者混战：分析论点 | 84 |
|---|---|
| 定义论证 | 85 |
| 认识论证的各个部分 | 85 |
| 使你的论证具有学术价值 | 86 |
| 用你的论证打动教授 | 87 |
| 用6个简单步骤进行令人信服的论证 | 88 |
| 第1步：明确立场 | 88 |
| 第2步：研究问题 | 89 |
| 第3步：应用支持性证据 | 89 |
| 第4步：学术论证 | 89 |
| 第5步：处理反证 | 89 |
| 第6步：得出结论并提出见解 | 89 |
| 反攻之策：反驳 | 90 |
| 从逻辑上进行论证：揭示谬误 | 91 |
| 揭示关于论证的谬误 | 92 |
| 我的目标是说服教授接受我的立场 | 92 |

| 我可以运用中庸之道获得一个好分数 | 92 |
|---|---|
| 我应该论证我个人喜欢的话题 | 93 |
| 工作后我肯定不会再写研究论文了 | 93 |
| 我在预科英语文学和作文考试中得了满分：毫不费力 | 93 |

## 第8章 引用文献和最终确认 94

| 认识文献引用的目的：学术之路还是高速公路 | 94 |
|---|---|
| 了解不同的学术引用和文献格式规范 | 95 |
| 关注相似之处 | 95 |
| 了解三种引用规范：APA、MLA 和 Chicago | 97 |
| APA 引用 | 97 |
| MLA | 98 |
| Chicago | 99 |
| 引用的异同 | 100 |
| 明确需要记录的内容：注明出处 | 100 |
| 总结和改述 | 101 |
| 引文 | 102 |
| 分析和综合 | 103 |
| 源内容中的统计数据 | 103 |
| 特定文献来源或领域的专用术语 | 103 |
| 照片、网络图片和展示性作品 | 103 |
| 法律参考文献 | 104 |
| 有争议的信息 | 104 |
| 个人通信 | 104 |
| 不会出错的引用？文献条目生成器的利弊 | 105 |
| 明确利弊 | 105 |
| 使用文献条目生成器的注意事项 | 106 |
| 了解常识 | 106 |
| 从公共领域寻找免费资料来源 | 107 |
| 最终确定文献来源：参考文献列表 | 108 |
| APA 条目示例：参考文献 | 109 |
| MLA 条目示例：引用文献 | 110 |

| | | | |
|---|---|---|---|
| Chicago 条目示例：参考书目 | 110 | 说服式写作 | 121 |
| 书目注释 | 111 | 研究任务的提交形式 | 122 |
| 有关引用的常见问题 | 112 | 报告 | 122 |
| 教授会检查所有文献来源吗 | 112 | 论说文 | 123 |
| 我就不能用"超级引用"吗 | 113 | 反馈论文 | 123 |
| 教授会不会检查我是否剽窃 | 113 | 构建跨学科研究论文 | 124 |
| 如何学习学术引用和文献格式规范 | 113 | 文学 | 124 |
| 教授是否会仔细检查参考文献中的标点、斜体和格式错误 | 114 | 商科 | 125 |
| | | 政治学 | 125 |
| **第9章** | **115** | 艺术史 | 126 |
| **大学研究型写作分类** | **115** | 教育 | 127 |
| 了解不同的研究类别：作业结构 | 115 | 高级研究项目：高层次学习 | 127 |
| 分析与综合：决定性因素 | 116 | 文献综述 | 127 |
| 解决问题 | 118 | 期刊文章评述 | 128 |
| 因果 | 119 | 期刊文章比较 | 129 |
| 比较和对比 | 120 | 白皮书 | 129 |
| 说明式写作 | 121 | 作业计划书 | 130 |

# 第3部分　研究型写作的基本要素

| | | | |
|---|---|---|---|
| **第10章　确定受众和目的** | **135** | 展现意识：尊重性用语的一般准则 | 144 |
| 明确文章受众 | 135 | 首选"先提及人"的语言 | 144 |
| 评估学术受众的期望 | 136 | 使用不分性别的包容性代词 | 145 |
| 确定研究对象 | 136 | 尊重种族和民族 | 146 |
| 确定第二受众 | 137 | 尊重年龄 | 147 |
| 满足教授作为受众的期望 | 138 | 包容性取向和性别认同 | 147 |
| 识别未明示的受众期望 | 138 | 使用最符合情境的社会经济措辞 | 148 |
| 思考你的受众——价值几何 | 139 | 明确你的写作目的 | 148 |
| 根据受众选择语气、时态和人称 | 139 | 作业目的 | 148 |
| 语气：表明态度 | 139 | 教授喜欢的写作目的 | 149 |
| 时态：事情发生的时间框架 | 140 | 未言明的目的 | 149 |
| 人称：判断谁在说话 | 143 | | |

## 第 11 章　有风格的写作　151

表达正在发生的事情：动词和名词　151
  选择主动动词　152
  区分主动动词和被动动词　153
  使用展示而非告知的动词　155
  让隐藏的动词露面　155
  使用特指名词　156
多样化的句子结构：玩转词汇　156
  注意句子长度　157
  分句变化　158
  追求语法多样性　159
  力求结构多样化　161
变换词汇　162
  认识研究用语　162
  使用感官词汇　162
  使用实词　163
  辨别需要谨慎表达的词语　163
构思更好的段落，传达清晰的概念　164
  主题句　164
  支持性证据　164
  总结句　164
  连接句　165
平衡各个要素：平行结构　165
行文编排：过渡和语流　166

## 第 12 章　回顾基础知识：语法和规范　167

遵循语言规则：语法和用法　167
  动词变形　168
  确保代词一致：兼容性　169
  描述性词语的位置　170
  使用连接词　171
  解决关系代词的问题　173
创造句子节奏：标点符号　174
  逗号：短暂停顿——浅呼吸　174
  冒号和分号：深呼吸　175
  破折号和斜线：礼貌地打断　177
  省略号、圆括号和方括号：无声的分隔　178
  引起关注：斜体　179
  斜体字：独特的外观　179
  数字：复杂的使用规范　180
  引号：突出词语　181
完善外观：拼写　182
  大小写　182
  所有格和撇号：所属关系　183
  连字符：表明联系　184
  缩写：简明扼要　186
  拼写策略：找出问题所在　186

## 第 13 章　注重外观：格式　187

追求完美的文本外观　187
  通用文本格式指南　188
  MLA 和 Chicago 的独有文本格式　188
页面格式：第一印象　189
  扉页的格式　189
  扉页各元素的格式　190
  设置正文首页的格式　193
  各级标题排版　194
  列举相似信息　194
  处理图形和表格　196
章节格式：整体观感　**196**
  引言　197
  正文　197
  结论　197
  资料来源的格式　198
  避免常见的格式错误　199
  混用不同的格式规范　199

| | | | |
|---|---|---|---|
| 字体大小要有差别 | 200 | 制造视觉错觉 | 200 |
| 对齐问题 | 200 | | |

# 第4部分　撰写研究论文

| | | | |
|---|---|---|---|
| **第14章　规划和组织研究型写作** | 203 | 生成观点：预写作 | 223 |
| 尽早规划：前期优先事项 | **203** | 撰写初稿的五个简单步骤 | 224 |
| 提纲：绘制蓝图 | 204 | 批判性思维 | 226 |
| 熟悉所要求的文献格式规范 | 205 | 论文的主要部分：引言、正文和结论示例 | 227 |
| 作业框架类型 | 205 | 引言 | 227 |
| 了解可获得的支持 | 206 | 正文 | 228 |
| 组建同学反馈小组 | 206 | 结论 | 228 |
| 合理安排时间 | 207 | 尊重古老的原则：道德与客观 | **230** |
| 回答问题：分析作业 | 208 | 道德与大学写作 | 230 |
| 培养任务思维 | 208 | 使用客观的语言 | 230 |
| 认真分析你的作业 | 211 | 平衡客观性与主观性 | 231 |
| 确定内容和时间 | 212 | **第16章　确定必需和可选标题** | 233 |
| 教授的期望 | 213 | 敲定标题：吸引关注 | 233 |
| 综合考虑评分标准 | 214 | 扉页 | 234 |
| 充实主要部分的内容 | 215 | 目录 | 235 |
| 引出问题 | 215 | 引言 | 236 |
| 强化正文的证据和反驳 | 215 | 确定可选标题：选项储备 | 238 |
| 得出结论 | 216 | 摘要或内容提要 | 238 |
| 预案：优先事项和应变措施 | 216 | 方法 | 240 |
| 技术 | 216 | 图表目录 | 240 |
| 写作资源 | 217 | 可选的中间标题：正文部分 | 241 |
| 文献引用资源 | 217 | 中间内容的小标题 | 241 |
| **第15章　撰写初稿** | 218 | 反驳用的小标题 | 241 |
| 唤醒灵感：仪式与环境 | 218 | 完成最终选项：后视角度 | **242** |
| 给大脑热身 | 219 | 结论小标题 | 242 |
| 别把压力和拖延当借口 | 221 | 注释书目 | 243 |
| 撰写初稿：操作指南 | 222 | 附录 | 244 |

| | | | |
|---|---|---|---|
| 表格和图形 | 245 | 制订修改计划 | 263 |
| 术语表 | 245 | 练就一双敏锐"鹰眼",让论文更上一层楼 | 264 |
| 脚注和尾注 | 245 | | |

## 第17章 三层修改和校订　247

## 第18章 发送之前的最后确认　266

| | | | |
|---|---|---|---|
| 校订和修改的比较 | 248 | 避免翻车:决定你成绩的黄金60分钟 | 266 |
| 修改可以提升成绩 | 249 | 确保正确的元素在正确的地方 | 267 |
| 修改的魔力 | 249 | 规范决定成败 | 267 |
| 为什么你的文章需要修改 | 250 | 检查两次:可交付成果 | 268 |
| 为什么许多学生不喜欢修改 | 250 | 收尾:检查开头和结尾 | 268 |
| 为什么教授喜欢修改 | 251 | 留下第一印象:引言 | 269 |
| 从合作中受益:反馈和修改循环 | 251 | 留下深刻印象:结论 | 269 |
| 给予和接收反馈 | 251 | 排版:从标题到参考文献 | **269** |
| 认识自我反馈的重要性 | 254 | 中间部分:确认证据 | **270** |
| 修改结构层:框架要素 | 254 | 为自己的论点辩护 | 270 |
| 修改结构元素 | 255 | 与文献来源互动 | 270 |
| 修改研究要素 | 256 | 还有什么疏漏吗?最后检查一遍 | 271 |
| 修改段落和句子层:句子是观点的呈现者 | 258 | 再检查一遍文献 | 271 |
| 修改段落 | 258 | 最终校订提醒 | 271 |
| 修改句子 | 259 | 提交前的最后提醒 | 272 |
| 修改单词层:作出明智选择 | 260 | 发表和展示:更广泛的受众 | 273 |
| 重视行为动词 | 260 | 学生发表机会 | 273 |
| 选择特指名词 | 261 | 学生演讲机会 | 274 |
| 避免冗词 | 261 | 通过复盘实现自我成长 | 274 |
| 减少冗长的短语和分句 | 261 | 写作 | 274 |
| 避免过时的表达 | 262 | 修改 | 275 |
| 修改过度使用和不必要的词语 | 262 | 研究和文献使用技能 | 275 |

# 第5部分　其他

## 第19章 十个常见问题及解决方法　279

| | | | |
|---|---|---|---|
| 忽视作业要求中的细节 | 279 | 未将论点与证据联系起来 | 280 |
| 未能遵循评分标准 | 280 | 提不出研究问题 | 281 |
| | | 缺乏研究价值 | 281 |

| | | | |
|---|---|---|---|
| 不知道从哪里开始 | 282 | 校园讲座和活动 | 286 |
| 引用混乱 | 282 | 校园组织 | 287 |
| 不符合学术写作规范 | 283 | 写作中心 | 287 |
| 没有制订相应的计划 | 283 | 职业中心 | 287 |
| 混用文献引用规范 | 283 | 出国旅游 | 288 |
| **第 20 章　提高研究型写作水平的十种资源** | **285** | 校园创新建议 | 288 |
| | | 校园之外的社区 | 288 |
| 教授 | 285 | **作者简介** | **289** |
| 其他课程 | 286 | **献辞** | **289** |
| 系主任 | 286 | **致谢** | **290** |

# 第 1 部分

## 为写作研究论文奠定基础

**本部分将教你如何……**

根据教授的研究期望，遵守教学大纲中的课程要求，圆满完成所有作业，坚持不懈地解决作业中的难题，以学术写作风格完成写作，达到专业标准。

熟悉主要学术引用和文献格式规范的重点，比如APA的关注点是写作风格，MLA主要应用于文学和语言论题，Chicago适用于专业论文出版和书籍出版，AP针对新闻记者的写作。

严肃对待剽窃。了解你所在大学的剽窃政策，研究和分析诚信守则的实施方式、适用性或者对违规行为的处罚等，了解最新的反剽窃技术、学生为何剽窃，以及剽窃带来的严重后果。

满足常见的论文要求，如编写一份涵盖论文整体架构和组织方式的反思性陈述，包括作为支持证据的文献、作品集的支持性实物证据，使用规范的语言，并按照所需的文献、引用及格式规范排版。

> **章节提要**
>
> » 阐述大学研究论文是什么，以及为什么要写研究论文
>
> » 指导你撰写优秀的大学研究论文
>
> » 达到教授对研究论文的要求
>
> » 培养可用于职场的研究技能

# 第1章
# 了解期望：大学研究论文

受过良好教育的人都会阅读学术资料。阅读量直接影响大学生涯的成功——尤其是在写作和研究方面。这一理念得到了不少未受过正规教育而自学成才的读者的支持，包括发明飞机的美国兄弟威尔伯·莱特（Wilbur Wright）和奥维尔·莱特（Orville Wright）、苹果前CEO（首席执行官）史蒂夫·乔布斯（Steve Jobs）以及建筑师弗兰克·劳埃德·莱特（Frank Lloyd Wright）。

作为各个领域的佼佼者，他们无疑也做研究，但他们的研究不是使用数据库或经过同行评议的资料来回答正式的研究问题，他们更多的是为了满足好奇心，探究自发电的机器如何飞行，如何让口袋大小的计算机和手机看起来像一件艺术品，如何让功能建筑拥有令人愉悦的外观。

回答这些问题需要大量的阅读和研究，以满足好奇心，并提出正确的问题——那些能够引出更多问题且无法直接回答的问题。

本章是你进入论文世界的切入点。我将阐述研究论文的概念及其重要性，介绍大学研究人员的思维方式，分析教授对你作为论文作者的期望，并告诉你在未来的职业生涯中需要掌握的研究技能。

# 大学研究论文是什么，为什么要写研究论文

一些创新巨擘和创造大师显然没有撰写正式的研究论文，但他们的确遵循了类似的研究过程，包括计划、组织、搜索、评估和提出问题，并从中发现信息。

大学研究论文是一张邀请函，邀请你与其他研究人员共赴一场学术盛宴。它也是你进入学术世界的密码，回答"为什么"和"为什么不"的问题。你可以把它视作课程在新方向上的个性化延伸。

## 认识它们的意义

对大学生而言，研究论文就像聚会喝酒的星期四晚上，是大学生活的基本要素。

在当今世界，人们凭直觉分享观点，研究论文则代表了一种非观点立场，它来自该领域的顶尖专家所提供的证据。大学生有责任解读特定研究领域中的信息，并添加新信息到已有的研究成果中。

研究型写作是一种学术探究，旨在产生新的信息。第一步是提出论点（参见第7章），最后一步是根据研究结果得出结论，并将结论应用于更广泛的受众（参见第15章）。

学术界只接受可靠的、经过同行评议的信息，以及由教授和其他专家认可的研究方法所得出的信息。获得这些信息的过程被称为"学术研究"。

合格的本科生论文具备以下特点：

> 引用规范，格式符合要求（引文参见第8章，格式参见第13章）。
> 构思一个创新主题，以回答作业问题（参见第5章）。
> 查阅有关该主题的文献（参见第9章）。
> 将可靠的证据（参见第6章）纳入论点（参见第7章）。
> 根据证据得出结论，为该主题的研究作出贡献（参见第16章）。

## 认识到研究论文的重要性

研究论文像是成绩助推器，它的分值通常比其他作业要高，因为它需要投入更多的心血。每学期写几篇成功的研究论文可以提高你的绩点和增强你的学术自信心。

除了让期末成绩更漂亮，研究论文还有其他好处和重要性。

- **拓宽知识面**：充满好奇心的人总想满足好奇心。新知识会产生新问题，在回答这些问题的过程中，又会催生更多新问题。研究论文有助于拓展和培养兴趣。
- **提升学术能力**：撰写研究论文是学术新手必须完成的一项学术活动，这是你的学徒期，你通过这个过程来证明自己是受过教育的人。与其他任何学术作业相比，研究论文更能凸显你对某个主题的深入理解。
- **聚焦你的专长**：如果你的研究类型刚好符合你的兴趣，比如分析职场问题，不妨将其作为一个职业发展方向。追溯你从初中到大学的研究主题，看看它们揭示了你的哪些兴趣。
- **培养解决问题的能力**："显而易见"船长（你会在本书中遇到他）提醒你，不断解决问题可以培养你解决问题的能力。研究和写作像一场无休止的解题马拉松。给我一份研究报告，我会还你一个深不见底的问题深渊。
- **拓展职业机会**：高质量的研究论文能把你送进研究生院。就算不读研究生，你的研究背景也让你有资格从事许多商业职务，包括创业。你撰写的每一篇论文都是你通往新工作机会的路径。
- **展示你的技能**：研究论文展示了你的多项学术技能，如综合、分析、组织、总结和改述，以及提出研究问题、制定研究计划和研究方法、论证和得出结论等。

许多研究表明，撰写研究论文的学生会有以下收获：

- 为后面的学业和整个职业生涯做准备。
- 为进入职场和申请研究生院积累经验。
- 为独立工作树立信心。
- 锻炼毅力，以实现学位和其他目标。
- 锻炼逻辑推理能力。
- 掌握复杂的研究技能并积累相关知识。

撰写研究论文是大学生必备的基本技能和大学学习不可或缺的一部分。

## 大学一年级研究论文

大学生活包含了很多重要课题，如：

- 锻炼身体，保持健康。
- 追求学业上的成功。
- 学会开车。

大学一年级，你会撰写第一篇由你全权负责的学术研究论文，通常这也是你进行的第一次学术研究。大一的写作课程通常包括论说文写作、文学和研究型写作。由于研究和研究论文写作对学业至关重要，因此第二学期会开设专门针对大学研究论文的写作课程。

大学一年级的课程旨在为你提供实践经验，让你掌握在整个大学期间乃至工作后所需的研究技能。

## 信息时代下的研究

想象一下，如果没有下面这些创新研究成果，我们的生活会是什么样。

- 安全的汽车和航空旅行。
- 手掌大小的电子设备。
- 阻燃服装和材料。
- 微创关节镜手术。
- 改善沟通、合理使用的短信和社交媒体。

如果你像研究者一样思考，你会提出以下问题。

- ChatGPT对大学写作有何影响？
- 全球疫情可以预防吗？
- 有哪些能取代侵入式手术的方法？

尽管我们能立即上网找到这些问题的答案，但大学图书馆和书上的信息更可靠，而且对大学生来说，获取这些信息非常方便。

本科生在做研究时，可能从一些不可靠的来源获取信息，或者只图方便而不顾信息的准确性。图方便的结果，往往是得到一个不尽如人意的分数。

本书从头到尾都在鼓励你优先考虑大学里的资源（别忘了，你为此支付了学费），包括获取使用这些资源所需的支持。图书馆数据库应该成为你的乐园，参考馆员可以帮助你实现梦想。第6章帮助你从1星级和2星级资源中甄别出5星级和4星级资源。

最近对高校图书馆管理员进行的一项调查显示，大一新生在做研究时，存在以下问题：

» 依赖谷歌获取信息。
» 缺乏评估信息的能力，尤其无法判断资料的真实性（参见第6章）。
» 批判性思维薄弱，草率得出结论（参见第15章）。
» 对剽窃有误解（参见第3章）。
» 未能将获取的信息融入写作（参见第6章）。

**研究型写作技能分类**

研究论文写作需要以下两种不同的技能：

» **研究技能**。你需要以下这些技能来查找信息（参见第 2 部分）：
- 提出研究问题。
- 确定搜索关键词。
- 熟悉图书馆数据库。
- 引用资料。
- 评估、注释和管理文献来源。
- 探索图书馆资料目录。

» **研究型写作技巧**。你需要掌握以下这些技能，才能将研究结果融入论文写作（参见第 3 部分）。
- 遵守学术引用和文献格式规范（参见第 8 章）。
- 将收集到的信息纳入论证（参见第 7 章）。
- 从证据中得出结论（参见第 15 章）。
- 总结、改述和引用（参见第 6 章）。
- 明确受众和写作目的（参见第 10 章）。
- 敲定主题并撰写论文（参见第 15 章）。

**充分利用自己的优势**

无论是作为自然人还是作为一名学生，你都有自己的优势。你的学习优势可以迁移到研究领域，成为你的技能。

研究论文通常包括一些必需的来源，如经过同行评议的文章，以及一些可选来源。后者可以根据你的优势选择，如以下几种（以下示例仅为概括的类别，并不详尽）。

» **善于读写的学习者**：关注更多一级和二级文献来源（参见第 5 章）和图书馆数据库。搜索文献综述中的参考条目。

» **外向、善于交际的学习者**：与其他人交流（图书馆管理员、教授、写作中心工作人员），获取更多关于可用和适用来源的信息。

» **听觉和视觉型学习者**：关注学术播客和 YouTube 频道、演讲和纪录片。

**撰写跨学科研究论文**

在大学中，你通常会先学习一门研究论文教学课程，帮助你为撰写其他学科领域的研究论文做准备。请参阅第 9 章，查看跨学科研究论文主题示例。

## 成为研究论文写作高手

每个学期都有很多大学生通过辛勤努力，撰写出成功的研究论文，还有不少学生获得了 A 和 B 的好成绩。尽管如此，还是有许多优秀的学生在大学写作方面缺乏自信。你必须在论说文写作课程中获得"及格"以上的成绩，证明你具备大学水平的写作能力、能够完成大学作业。

换句话说，你之所以能够修读研究型写作课程，是因为你达到了先修课程（论说文写作）的要求。

论说文写作课程像是后续写作课程的门槛，也就是说，如果达不到该门课的要求，你就无法通过这道门进入大学写作的下一阶段。有关大学论文写作的更多信息，请参阅本书的其他部分。

撰写研究论文可能比撰写论说文更容易，因为研究论文更加公式化，不同于论说文，它有一个固定结构。

表 1-1 为研究论文写作和论说文写作的比较，从表中可以看出大学生在撰写研究论文方面的组织优势。

**表 1-1　研究论文写作和论说文写作的比较**

| 撰写要素 | 研究论文 | 论说文 |
| --- | --- | --- |
| 主题选择 | 根据作业中提出的问题拟定题目 | 根据作业主题拟定题目 |
| 支撑证据 | 需要对证据进行研究，来论证对指定问题的立场 | 需要创建证据来支持文章 |
| 受众参与 | 同行研究人员 | 不同兴趣的受众 |
| 写作风格 | 严肃的研究型风格 | 风格适合受众并能够吸引他们 |
| 写作结构 | 高度结构化的研究格式 | 非五段式的结构 |

这种比较并不是说研究论文更省事或更容易写。只是与论说文相比，研究论文需要的创意设计更少。

来看看以下这些让教授满意的研究论文写作技巧吧。

>> 分配到项目后立即着手行动（参见第 14 章）。

>> 任务开始时，与教授和参考馆员会面（参见第 5 章）。

>> 与教授讨论你的论题、论据和研究问题（参见第 5 章）；如果教授不在，也可以去

写作中心咨询其他老师。

» 想想可以从哪些渠道获得反馈，应该找谁作为试读读者，让他们告诉你论文的优缺点（参见第17章）。

» 承诺实施三层修改计划，将修改与校订区分开来（参见第17章）。

# 应用研究型思维方式：成功之道

撰写研究论文的心态就像准备为期4周的出国学习。最初，你会不知所措：我该如何开始？从哪里可以获得所需的信息？

缴纳了学费就意味着你已经决定要出国留学，而在选课时，你也对撰写研究论文做好了准备。撰写大学研究论文需要投入4周的心力，就像与新恋人建立关系，你需要研究、阅读、分析、记录和修改。

撰写研究论文也需要决心和信心，相信通过努力，你几乎可以实现所有的学术目标。遇到困难时，我们可以为你提供帮助。请参阅第20章，了解可用于协助你完成研究论文写作的资源。

带着"努力就会成功"和"方法总比困难多"的心态来对待研究和其他作业。

以下是适用于撰写大学研究论文的成长型思维的特点。

» **承诺**：分配时间、精力和心力，以圆满完成作业。

» **决心**：相信自己能写出成功的论文，承认有些作业需要付出比其他作业更多的努力。

» **韧性**：认识到你会遇到障碍，当你需要支持时，可以在学校里寻求帮助。

» **循序渐进**：集中精力完成一系列渐进的步骤，这些步骤将引领你迈向下一步。只有达到一年级的要求，才能顺利进入二年级的学习。

循序渐进地完成大学学业计划，包括一步一个脚印地达成各项要求：一次处理一项作业，读完一门课程，完成一个学期、一个学年。这就像在体育比赛中的"小球战术"一样。

» **反思**：定期反思成功经验和失败教训，以及在克服困难的过程中学到的知识。

# 满足教授的期望

你之所以能取得今天的成功,是因为你达到了各种各样的期望,这些期望来自你生命中举足轻重的成年人,以及你自己。将你的教授列入你的"重要人物"清单,他们对你有期望,对你的研究也有期望。

你的教授作为学术界的代表,被要求保持高水平的研究并遵循专业标准。如果他们未能达到这些期望,就无法获得晋升和其他发展机会,甚至可能被解雇。研究是他们学术生涯的重要组成部分。当他们在教你做研究时,他们很可能自己也在研究。

研究为你提供了与教授进行学术交流的机会。将你的研究视为种植常春藤,以下章节将向你展示研究的价值和教授对研究的期望。

## 教授对研究的要求

想想那些对学生期望不高的教授或喜欢"放水"的导师的害处吧!教授对学生的期望越高,学生的成绩就越好。如果你的教授期望你写一篇多维度的研究论文,那么你需要进行深入分析和综合思考,所撰写的文章一定会比只要求叙述某历史事件的文章更出色。

下面我们来看看大多数大学教授对学生的研究期望。

» **承诺**:教授希望你对课程和研究付出努力,包括:为每堂课做准备并按时出勤、遵循教学大纲、完成阅读任务、遵守截止日期、查看课程管理网站,以及对研究项目表现出学术热情。

他们还希望你学习研究策略,了解指定的学术引用和文献格式规范。

» **责任**:大学生应该在所有学习任务上尽力做到最好。教授期望你对所选主题负责,符合任务要求,同时也符合你的兴趣,理解研究的结构和目的;找到能支撑你论题的学术资料,并按照要求的风格确定引文和格式。

» **坚持不懈**:与大多数复杂的项目一样,研究工作包括许多"可移动的部件",有时会出现故障并造成挫败。教授希望你不畏挑战,在需要时寻求支持,并充分利用教授的办公时间(在办公时间内去教授的办公室,与教授交流、寻求解答、讨论研究内容或者寻求额外的指导和支持)。

» **专业素养**:教授希望你具备专业素养,包括在作业和所有课程沟通中采用正式的写作风格,表达清晰简明、句子多样、运用学术动词和名词。

有关学术文体写作的详细介绍，包括前几段所述的要素，请参见第11章。

» **学术成就**：学术成就是高中学习和大学学习之间的一个显著差异。教授们通常从小就接触严肃的学者文化，对知识充满热情，并追求学术上的完美。他们期望学生也具备类似的学术素养，包括对知识的热情、探索的欲望、在学业上追求完美，以及在课业之余主动阅读经典作品。尽管每个人的学术背景和经历不同，但我们应该感谢教授们对学生的学术期望，因为这些期望推动着我们追求卓越和深入学习。

教授们会根据自己的教育背景、研究和教学经验来设计作业，完成作业对作为学生的你来说充满挑战。你必须遵循教授的指示。有时候，我们可能无法完全理解作业的目的，但不要质疑教授。要牢记自己是学生，教授的专长就是传授知识和评阅学生的研究成果。通过努力学习，你会逐渐理解作业的意义，并有机会获得好成绩。

## 导师指导下的本科生研究

对于许多大学生来说，与导师合作是他们本科生涯中一段难忘的经历。这简直就像得到了一张泰勒·斯威夫特演唱会的后台通行证一样令人兴奋。

导师指导的研究是你申请研究生院的有利条件，你还可以把这些经历写在求职简历中，彰显你的主动性和领导能力。

下面这些建议能帮助你寻求指导机会：

» 如果你所在的大学设有本科生研究办公室，不妨去那里问问。如果你们学校没有本科生研究办公室，那就去教师研究办公室和他们聊聊。
» 与学术顾问讨论各种机会。
» 寻找与你有相同研究兴趣的教授。

在与任何人会面讨论指导研究之前，请完成以下步骤来构思你的研究：

» 制订详细的研究计划，包括资金。
» 撰写一份初步的文献综述。
» 草拟初步研究问题。

如果没有正式的指导机会，可以考虑向教授提出志愿参与的请求。

# 积累职业资产：受用一生的研究技能

许多大学生第一次接到研究论文的任务时，会思考以下问题：

- 我需要做什么？
- 我从哪里获得信息？
- 我该如何开始？
- 我有多少时间来完成这项任务？

他们全力以赴投入论文写作中，最终获得 A 或 B 的好成绩。有些问题其实比上述问题更重要，比如：我从这个项目中学到了什么？这对我发展职业技能有何助益？这些问题的答案比学生想象得更具学术价值。

学生在研究论文撰写过程中学到的技能可以填满一份简历。下面我们就来看看经常撰写研究论文的学生能获得哪些终身受用的学术技能。

- **项目管理**：规划和组织研究论文，以正式的文体结构呈现全面的成果。
- **研究**：应用研究策略，确定回答研究问题的关键词。
- **数据收集**：收集、梳理和准备数据，并将其转化为信息化的格式。
- **来源评估**：评估来源信息的时效性、相关性、准确性和与主题的契合度。
- **信息传达**：以受众可以理解的格式呈现信息。
- **支持论点**：将参考资料转化为支持论点的证据。

这些技能可以用于未来的商务工作和其他各种职业。

> **章节提要**
>
> » 讲解 3 + 1 种学术引用和文献格式规范
> » 发现不同格式规范的共同点
> » 探索东西方文献理论的融合
> » 大学生对文献引用的错误想法

# 第 2 章
# 核实一致性：学术引用和文献格式规范

受过高等教育的你，未来可能想从事营销、管理、科学、技术、执法或艺术工作。每个学科都有自己的标准、要求和格式偏好。

这些领域和其他领域的研究也有自己的标准与格式偏好，这就是"学术引用和文献格式规范"。引用他人作品的规范是专业学者之间以及学术界其他成员之间的交流语言。

本章将介绍大学写作中几种常见的文献规范，如 APA（美国心理学家协会）、MLA（美国现代语言协会）、CMOS（《芝加哥格式手册》）等。我还将解释来源归因方面的文化哲学差异，并列举与文献引用相关的谬误。

## 什么和为什么：学术引用和文献格式规范与学术标准

我与一些学者相处的体会是，他们缺乏幽默感；他们吃只有简单配料的比萨；他们喝花草茶；他们读厚厚的书，有些还是外文；他们在学术方面追求高度的一致性，有些学者一直使用同一种书签，从未换过。

在学术上，学者们痛恨不一致，如同一篇文章中使用三种不同的文献引用术语：参考文献用 APA、引用的作品用 MLA，文献目录用 Chicago。学者在进行阅读、写作和教学研究时，往往遵循一致的规范。

你可能会问：为什么没有一个适用于所有学科的超级学术引用和文献格式规范系统呢？这是因为学者们对自己的学科有强烈的保护意识，坚信其学科的规范是唯一正确的标准。这就像所有金毛寻回犬的主人都认为自己拥有最好的宠物一样——他们的想法无可厚非。

不同学科的数据和信息各不相同，呈现信息的格式也大相径庭。例如，统计数值的格式与历史文献的格式有天壤之别。

# 核实来源：学术引用和文献格式规范

学术引用和文献格式规范不是大学生运动员参加国家联赛所穿的运动服，而是一套记录他人作品和以特定格式呈现某些研究内容的标准。

1892 年 12 月的一天，那是一个寒冷的日子，在费城胡桃街的宾夕法尼亚大学（我当时并不在场），学者们首次开会讨论文献规范。从那以后，一代代学者一直在思考并投身相关的研究。

**记住** 文献格式规范为同一研究领域的读者和研究人员提供了一致的（有时是合乎逻辑的）信息记录和格式呈现方式。例如，MLA 读者希望研究论文末尾的引用列表标注为"Works Cited"（引用文献），这是对研究中所引用作品的逻辑表述。

**记住** 教授或大学各个系部选择文献格式规范的依据是，其与研究主题广泛采用的数据类型的兼容性。例如，APA 和 MLA 等文献引用规范与高中和大一学科中的大多数研究主题相兼容，适用于文学、语言艺术、历史、心理学、经济学、社会学、大众传媒、商业管理等多个研究领域。

## 几种常用学术引用和文献格式规范的演变

100 多年前诞生了三种主流学术引用和文献格式规范。直到今天，大学生撰写研究论文时，还在沿用这些规范。

- **APA**：120 多年前，就在威尔伯和奥维尔放飞梦想的时候，几位心理学家聚集在一起，探讨心理学及相关学科的学术标准。他们共同编写了一份正式的写作和规范指南，这份文件有 7 页纸，它就是 2020 年发布的《美国心理学家协会出版手册》第 7 版（*Publication Manual of the American Psychological Association, 7th Edition*）的雏形，最新版本长达427页。
- **MLA**：倡导语言和其他人文学科（文学、历史和哲学）的学者们于19世纪末首次聚首，研究现代语言，尤其是现代语言教学。

  MLA在组织目标上经历了一段分歧期（学者之间出现分歧再正常不过了），最终重新聚焦，成为促进和教授语言与文学研究的重要专业资源。
- **CMOS**：19世纪末，芝加哥大学出版社（隶属于芝加哥大学）开始标注专业学者提交的手写文稿中的不一致之处。列举规范问题清单的做法至今仍在继续。

  《芝加哥格式手册》是芝加哥大学出版社的出版物，自1906年以来不断修订并多次出版。最初的出版物标题非常啰唆，叫作《格式手册：编制自芝加哥大学出版社的现行排版规则，随附使用中的字体样本》（*Manual of Style: Being a Compilation of the Typographical Rules in Force at the University of Chicago Press, to Which Are Appended Specimens of Type in Use*）。

  芝加哥出版社遵循减少冗词的建议，将它简化为《芝加哥格式手册》（*The Chicago Manual of Style*）。

  第17版于2017年出版。《芝加哥格式手册》以其对语法和用法的详细阐述而在其他格式手册中独树一帜。除了被学生使用外，出版商还将其用于小说和贸易书籍。

如果你的研究领域是文学和语言，那么最适合你的论文格式是MLA；如果你的专业是心理学或社会科学，那么APA是你最好的论文格式；如果你的研究领域是出版物，那么Chicago是你的最佳选择。

完整版的学术引用和文献格式规范主要针对打算发表研究成果的专业学者。这些规范为复杂信息的呈现提供了格式。例如统计数据表格，这就超出了大学一年级的研究范围。

由于多数大学研究不需要复杂的格式，因此你的研究论文适用APA、MLA或Chicago格式。

# 深入探究学术引用和文献格式规范：APA、MLA和CMOS

下面，我们将介绍三种非常古老的文献格式规范，它们都经历了变迁，在争议中幸存下来，被普遍用于大学和高中的研究型写作。在这之前的一个多世纪里，一小群学者首次相聚，最终解决了分歧。

对了，我是 *APA Style & Citations For Dummies* 的作者。作为一名曾经的高中英语教师，我教授过 Turabian 和 MLA 文献格式规范；作为一名大学教授，我同时教授过 MLA 和 APA；最终，APA 成为我在新泽西州格拉斯波洛罗文大学（Rowan University）任教的系里的指定规范。下面，我将详细介绍大学研究型写作中常见的学术引用和文献格式规范。

## 美国心理学家协会（APA）

APA 是历史最悠久的文献格式规范之一。19 世纪末，学者们举办了第一次有组织的会议。费城的几十名心理学学者成立了这个组织，如今已有超过 12 万名会员。

APA 第 7 版中的文献和格式指南主要针对专业学者。最新版本为大学和高中受众推出了学生研究论文范例，学生论文的扉页与专业论文的扉页不同。

APA 手册提供了几个大学写作范例和多个专业研究型写作范例。

像你这样的学术新手可以选择专为本科生读者编写的 APA，该版本以研究论文的基本结构为写作范本，并提供修改策略。

APA 为大学和高中读者提供的指导包括以下内容。

» **写作风格**：APA 包含学术写作风格的多个要素，如文风（流畅、简洁、简明）和语气。它说明了减少辞藻、避免缩略词、口语和行话的重要性（参见第 11 章）。

» **尊重性用语指南**：APA 详细介绍了尊重所有人的语言，并就如何减少偏见提供了指导。该指南还提供了包容性语言的优秀范例（参见第 10 章）。

» **语法和写作技巧指南**：与其他主要手册类似，APA 也对语法、用法和写作技巧提供了建议，这些都是学术写作的基本要素（参见第 12 章）。

## 美国现代语言协会（MLA）

MLA 命名得当，是唯一一个在其名称中涵盖"语言"一词的常见文献引用规范。如果你的研究主题涉及语言，请优先选择 MLA。

MLA 在高中的普及，有一部分要归功于一代又一代的高中教师，他们在大学修读文科专业时学习了 MLA，精通 MLA 风格和文献规范。MLA 的标准是为人文学科尤其是语言和文学研究的学者而制定的。

除了针对学术新手的文献指南和引用规范，MLA 也在专业发展上提供指导，此外还提供学生支持材料。MLA 为学生提供的材料比 APA 和 Chicago 更多。

除了为撰写以文学和文学作品为主题的研究论文提供指导外，MLA 还提供广泛的语言指导。例如，《MLA 手册》第 9 版中有以下主题。

> » **文学研究主题**：MLA 学术引用和文献格式规范侧重于引用语言和文学主题的文献资料。
> » **语言研究**：语言研究是 MLA 手册的基础。它的语言审查指导适用于所有主要的文献引用规范。
> » **尊重性用语原则**：与 APA 类似，MLA 也强调语言必须尊重所有人和所有群体。
> » **语言类引用**：MLA 提供了大量引用语言类来源的示例。

有关 MLA 的更多信息，请参见第 8 章。

## AP 和其他文献格式规范

美联社（AP）新闻机构创建于大约 80 年前。《美联社写作指南》（*AP Stylebook*）的制定最初是为了规范纽约地区新闻机构的语法和用法。之后，其他记者和新闻工作者也纷纷遵循该指南，使它成为规范用法的基本参考。

《美联社写作指南》的第一个公开版本于 20 世纪 50 年代初问世，自此以后，它逐渐成为新闻、广播、公共关系和杂志出版领域的标准。近年来，《美联社写作指南》在全球各地的年销量超过 200 万册。AP 风格也成为大学新闻、公共关系和营销专业的写作标准。

AP 作为一种主要的写作指南，与本书中进行比较的其他指南（APA、MLA 和 Chicago）一样重要。之所以未将它纳入比较，是因为它专门针对记者和其他媒体代表，而记者不常撰写大学研究论文。

特定研究领域的其他学术引用和文献格式规范包括以下内容。

- **美国人类学协会（AAA）**：用于人类学领域。
- **美国化学学会（ACS）**：用于化学及相关科学领域。
- **美国医学会 (AMA)**：用于医学及相关领域。
- **美国政治科学协会（APSA）**：用于政治学领域。
- **哥伦比亚在线风格（COS）**：用于人文科学领域。
- **法律写作指南（红皮书）**：用于法律领域。
- **温哥华写作指南**：用于生物科学领域。

# 《芝加哥格式手册》(CMOS)

传奇歌手弗兰克·辛纳屈（Frank Sinatra）演唱过一首与芝加哥有关的著名歌曲 *My Kind of Town*（中文译名为《我钟情的城市》）。这首歌最初是为电影《芝加哥，芝加哥》（1964）而创作的。如果你是出版专业的学生，你最喜欢的歌曲很可能是（向弗兰克·辛纳屈致敬）《芝加哥，我钟情的指南》。这也是出版社最青睐的指南。

《芝加哥格式手册》对出版方面的重视始于一个多世纪前，并延续至今。它也是你当前阅读的 *For Dummies* 系列所遵循的标准。《芝加哥格式手册》列举了比任何其他指南更多的样式和用法示例，它也因此成为我办公室、图书馆使用超过半个世纪的参考书。每当遇到用法问题时，我总是会先求助它。

《芝加哥格式手册》对语言爱好者的吸引力在于以下主题的章节。

- 排版中的数学。
- 数字。
- 单词的独特处理。
- 引文和对话。
- 索引。

有关《芝加哥格式手册》使用的更多信息，请参见第 8 章。

## 教授的风格

课程和研究的学术引用和文献格式规范就像食谱一样复杂，厨师比配料还多。例如，开设课程的系部有自己偏好的格式规范，但你的教授会认为特定的研究任务更适合采用另一种风格。听教授的！

教授的选择受到他们阅读和研究经验的影响。或者，如果教授偏好的风格不适合作业，他们会调整作业以满足研究需要。最终你使用的可能还是你最熟悉的风格。教授的学术引用和文献格式规范是由他们所教授的课程和他们的个人偏好决定的。教授对作业的要求通常包括以下方面：

- 避免使用表格和数字（参见第 6 章）。
- 要求使用在图书馆数据库中找到的资料（参见第 5 章）。
- 要求提供参考文献注释（参见第 5 章）。
- 必须有附录（参见第 16 章）。

上述建议让你能够灵活地展示研究想法。表 2-1 列出了教授重视和不重视的文献格式特点。

**表 2-1　教授重视和不重视的文献格式特点**

| 重视 | 不重视 |
| --- | --- |
| 准确引用 | 脚注（除非是芝加哥式脚注） |
| 目录 | 创意扉页 |
| 页码（参见第 13 章） | 页眉（参见第 13 章） |
| 文本中的标点符号（参见第 12 章） | 非常规参考条目中的内部标点符号（参见第 8 章） |
| 参考文献页的格式准确性（参见第 8 章） | 非正常来源的引用和参考文献（参见第 8 章） |
| 从图书馆数据库获取资料（参见第 5 章） | 开放的互联网文献来源（参见第 5 章） |

教授经常会根据作业的要求对文献要求进行调整。例如，教授可能会接受在论说文或简短反馈论文中对来源的非正式引用，如在文中提及来源，而不要求在论文末尾列出正式的参考文献。有关论文中非正式来源和写作的更多信息，请参阅本书的其他章节。

教授们不一定记得住所有的文献引用格式，但他们知道如何找到问题的答案。如果你在课堂上问他们如何引用非常规来源，教授通常会回答："选择与类似条目一致的格式。"

不要担心非常规引文和参考文献条目中的细微格式错误。教授有时会对不常见的参考文献条目感到困惑并提出质疑，这对你有好处。

建议

## 你喜欢的风格

你的经历塑造了你，你的成功让你对自己的学术能力充满信心，比如你所熟悉的学术引用和文献格式规范。

在大学里，除了语言和文学专业的学生仍使用 MLA 外，许多学生一般都被要求使用 APA。在高中和大学期间，你可能会接触到 Chicago。

面对多种选择时，建议使用你最熟悉的风格。如果犹豫不决，请首先考虑 APA，其次是 MLA，最后是 Chicago。

# 东西方学术引用和文献格式规范差异

世界两大半球有 1 000 多种文化，每种文化都有其独特的信仰和理念。其中一种理念差异包括学术引用和文献格式规范，一些地区甚至没有规范。在全球各地，学术写作的审核、内容、语气，尤其是文献来源标准的决定性因素，往往是文化。

在过去的几十年中，形成了两种对立的写作话语立场，一般可分为东方理念和西方理念。下面的部分将详细阐述写作和文献规范方面的文化差异。

## 把握写作中的文化差异

如果说英语是一门难说又难写的语言，那未免太轻描淡写了。想想那些非母语的语言学习者，如何理解诸如"learn by heart"（背诵）、"pass with flying colors"（以优异成绩通过）、"hit the books"（用功学习）和"brainstorm"（集思广益）这样的表达。

同时，出于一种"语言是所有人共享的礼物"的信念，东方文化中的学生往往不理解为什么要标注出处。他们对于引用的误解经常导致无意识地剽窃。表 2-2 展示了东西方学术文化差异。

表 2-2　东西方学术文化差异

| 评判标准 | 东方理念 | 西方理念 |
| --- | --- | --- |
| 清晰度 | 模糊、笼统的书面描述 | 具体、详细的描述 |
| 写作风格 | 不直接，读者能猜出重点 | 直截了当 |
| 文学评论 | 文化专家的意见是正确的，不容置疑 | 尊重的正式语气，有理有据的不同意见 |
| 文献规范 | 认为创造性作品不需要引证 | 严格、正式地注明文献来源 |
| 知识思想 | 人人共享、人人拥有、给全社会的礼物 | 所有人共享的礼物，正式注明原创作者 |
| 对想法的支持 | 由文化信仰支持 | 由证据和数据支持 |

## 针对非英语母语学生的研究型写作技巧

学生仅凭口语和书写无法掌握一门外语。只有在集体的帮助下，他们才能掌握这些技能。大多数大学校园都为非母语学习者提供他们所需的资源。

以下是帮助非英语母语者学习学术引用和文献格式规范的技巧，其中许多技巧包括与他人合作。

**建议**

» **组建团队**：建一个自己的课堂复习小组，团队成员可以是同学，也可以是选修相同课程的学生。每周见面，讨论课堂活动和课堂作业。第 17 章提供了一些建议问题，你可以利用这些问题征求与写作相关的反馈。

- **学习课程词汇**：制作学习资料表，以帮助你理解课程中的专业术语，尤其是教学研究领域的词汇，如关键词、数据库、引文、参考文献、来源、格式、证据、论据等。列举与写作相关的词汇，如写作过程、初稿、修改、反馈、评论、头脑风暴等。同时学习与教学大纲相关的词汇，如大纲、选修课程、要求和截止日期等。
- **利用校园资源**：记住，招收非母语学生的大学都希望你能顺利毕业，并会提供相应的资源。请从学期开始就利用这些资源，包括你的教授、写作中心、学术支持中心以及图书馆中的参考馆员和其他支持资源。这些资源在第 2、3 和 4 部分的几乎每一章都有涉及。
- **掌握基本的文献规范**：即便是最优秀的学生，在面对文献引用规范时也会感到压力山大。但其实你不必深入研究文献规范，仍然可以成功完成研究论文。此外，文献手册中的大部分信息是针对专业学者的。因此，对你来说，掌握基本规范即可，包括仅从书籍、期刊文章和学术网站上获取信息。学会如何引用这些来源并将它们列入参考文献。另外，在选择课题、论文主题和研究问题方面，要及早寻求帮助。
- **使用课程资源**：定期浏览课程网站或学习平台，就像逛购物网站一样探索它。你会找到链接或选项卡，指向大纲、每周计划、作业、讲义等页面，重点关注作业截止日期和作业示例。你还可能找到帮助你学习所需文献引用规范的链接。
- **制作个人模板**：为书籍、期刊文章、学术网站以及你在研究论文中使用的其他资源创建引文和参考文献模板。

# 关于学术引用和文献格式规范的错误想法

在大学校园待上一周，你会发现故事的夸大程度与转述者数量成正比。每个校园都有自己的传说，如校园里闹鬼的建筑、从未上过课但每门课都获得 A 的学生，以及能够用希腊语背诵书籍的教授。

文献引用规范为学生传说提供了肥沃的土壤。下面这些内容来自一位教授，他听到的传说比迟交论文的借口还要多。

## 只有书呆子才遵守引用和文献格式规范

如果你正在读这样一本书，那么你就是那个书呆子。大学里充满了书呆子，要为此感到自豪。

书呆子是学者的代名词，世界需要更多的书呆子。学术引用和文献格式规范适合书呆子和非书呆子，适合任何不想因挂科而让学费打水漂的人。

它们适合任何希望参加学者对话并尊重他人学术成果的学生。你可以说自己是书呆子，也可以说自己是学者，但一定要遵守文献规范。

## 我的信息是准确的：我不需要学术引用和文献格式规范

这种想法有一半是对的，虽然只对一半，但它仍然比轻率地得出结论要好。需要准确可靠的文献来源（参见第 5 章）并不是荒诞的说法，因为不标注来源的准确资料可能构成剽窃（参见第 3 章）。

有标注的准确、可靠的信息是任何对话尤其是学术对话的基础。正确使用来源包括引用来源并将其纳入参考文献。

你的文献来源需要记录（参见第 8 章），因为它们属于合法的所有者，也就是创造它们的学者。

准确性和规范引用并不冲突。你需要正确、规范地标注来源（参见第 8 章），因为这是创造它们的学者的合法所有权。未标注来源地使用他人的知识产权就像拿走他们的笔记本电脑一样。前者是剽窃，后者则称为偷窃（参见第 3 章）。这两种行为都会带来严重后果。

寻找可靠、准确的文献来源，并用规范的方式引用和标注，因为它们是他人的资产。

## 我的教授没教过学术引用和文献格式规范

没错，沉默是金，但这个成语不适用于学术引用和文献格式规范。如果你的教授在这个方面漠不关心，那么你的成绩也会大打折扣。

从撰写第一篇研究论文开始，引用和标注文献来源就成了你的必修课。你的教授未必会在这方面大费口舌，因为这是你应该具备的基本素养。

下面这些问题也是教授不会过多强调的，但你应该重视：

- » 按时出勤。
- » 准备并参与每一次活动。
- » 尽最大努力达到每一项要求。
- » 对要求提交的每项作业进行校订、排版和文档处理。
- » 用课堂标准用语完成作业。

规范标注来源和遵守引用及文献格式就像支付大学学费一样天经地义。

## 我过去的学术引用和文献格式规范行之有效

好消息是，你认识到了标注来源的重要性，但混合使用不同的文献规范，就好比将学校的篮球队和排球队混起来，让他们参加游泳比赛。

混合使用不同的学术引用和文献格式规范可能会让你的作业不及格。请熟悉教授要求的文献引用规范。这就像是，如果你要参与游泳比赛，就必须上游泳课程。

> 章节提要
>
> » 了解你所在大学的剽窃政策
>
> » 探讨一个新话题：AI 与剽窃
>
> » 避免剽窃的六个简单步骤
>
> » 回答有关剽窃的常见问题

# 第 3 章
# 杜绝剽窃：秉持学术诚信

　　想象一下：你早早就开始准备，和教授一起制订了研究计划，咨询了参考馆员，还在写作中心进行了反复修改。论文终于完工了，你非常兴奋地提交了。你从未对一个作业如此自信，你需要一个好分数来拿奖学金。

　　你通过邮件将论文发送给了一位上同一门课的朋友，他的作业开始得比较晚，他提出想看看你的论文，找点灵感。收到邮件后，你的这位"朋友"进行了一系列快速查找和替换，并提交给了你们共同的教授——用他的名字。你该怎么办？这是一个关于友谊的故事还是关于剽窃的事故？

　　抛开友谊不谈，这是一种抄袭，超过半数的大学生承认他们在过去一年中曾在作业中抄袭或以某种形式虚假地呈现自己的文章。学术不端行为就像白蚁肆虐，侵蚀着高等教育的根基。

　　那些努力学习、全心投入的学生以诚实、公平的方式获得了学位，然而，作弊的学生也获得了同样的学位，这无形中让学位贬值了。财富 500 强公司的首席执行官们私下议论，他们低声说："那所大学的毕业生都是骗子。"

　　本章将探讨剽窃对学术诚信的威胁、学术不端的最新趋势以及避免剽窃的六个简单步骤。本章还将诚实地审视剽窃和学术诚信这两种相互冲突的力量，并介绍了支持诚实学生的一项最新法院判决。

# 界定学术诚信：双赢之策

学术诚信就像蜿蜒山路上的护栏，让你朝着诚实的方向前进。意外的确会发生，但对道路的了解有助于保证你的安全，同时也能避免剽窃。

学术诚信包括：所有学生以公平的方式完成自己的作业，遵守协作和使用资源的规则。大学和教授建立一个公平的竞争环境，让学者们能够取得学术成就。

下面这些内容将深入探讨学术诚信及其对学习和获得学位的影响。

## 诚信与剽窃的碰撞

家庭的基石是家庭成员之间无私的信任，彼此帮助与支持。当信任崩塌，家庭结构就会瓦解。

教育机构建立在所有利益相关者的互信之上——信任所有参与者的诚信，相信学位和证书是通过正当和公正的手段（而非通过虚假手段）获得的，而不是随意颁发的。学术诚信保护那些正直、诚实、有毅力、尊重他人、辛勤努力的学生的成果。

高校通过实施以下程序来确保公平的学术行为：

» 促进诚实工作和处理各种学术不端行为的政策。
» 传达可接受和不可接受的学术行为的培训。
» 处理违规案件的途径。
» 根据最新的剽窃趋势定期审查政策。
» 承诺提供资源，打击剽窃和其他形式的作弊行为。

## 了解你所在大学的政策

大学里有多少种学费支付方案，就有多少种学术诚信政策。虽然有多种选择，但交钱是必需的，学术诚信也是必需的。

抄袭政策委员会通常包括学生成员。如果你所在大学的委员会没有学生代表，可以通过辩论（参见第7章）强调其重要性，或招募学生自愿加入。

大学委员会制定学术诚信政策，其中包括不诚实行为的定义、作弊实例和处理违规行为的程序。剽窃的例子通常是最近发生在校园中的案例。

记住

大学政策通常以描述学术诚信重要性的声明开头，并包含如下措辞。

**所有学术参与者都应遵守学术诚信标准，避免不诚实行为。**

政策中还会包含以下具体信息：

> » 学术不端的例子（请参阅本章后面的"你有责任检视各种学术不端的行为"）。
> » 教授报告指控的程序。
> » 大学处理剽窃行为的程序。
> » 对不端行为的纪律处分。
> » 提醒所有人员了解相关政策，以防止剽窃行为。

## 诚信守则的争议越来越多

诚信守则起源于殖民时代，当时威廉玛丽学院针对学生课堂内外的行为制定伦理标准。现在让我们来看看什么是诚信守则、诚信守则的演变以及对当今校园学术诚信的影响。

### 早期的诚信守则

20世纪中叶，美国的军事学院建立了正式的诚信守则。其争议源于某些准则中的"容忍"一词，意思是目击到违规行为的学生有义务举报违规学生，否则将被视为自己违规。在一些实施诚信守则的学校，考试没有监考，学生有义务相互揭发学术不端行为。

传统的诚信守则包括不尊重他人财产，不尊重其他学生、教职员工的行为。许多教育领导认为，"尊重"条款难以强制执行，并逐步将其从诚信守则中删除。

### 诚信守则与合作

另一个诚信守则问题涉及学术项目中的合作，主要区别在于"未经授权"和"经授权"。合作（比如共同撰写论文）是大多数职场要求的技能，但在许多诚信守则中，合作是不可接受的，因为它意味着指定人员之外的人参与了写作。

一些学校调整诚信守则，只处理与剽窃和作弊有关的错误行为，而不管自我剽窃、编造和不公平考试优势等违规行为。

## 揭秘最新的网络剽窃趋势

令人担忧的是，学术不端事件频发，已成为全世界教育领域的一个普遍问题。疫情后的数据显示，在线剽窃的情况越来越多，一些专家说"剽窃威胁着在线学习的未来"。

以下是过去几年有关学术不端的调查结果。

- **新的检测工具**。新软件不断推出，现有软件也在升级。例如 Turnitin 改进了对复制粘贴的检测，还发布了 AI 检测软件。
- **保护性任务设计**。教授学习设计具有挑战性的任务，以防范学生使用帮助作弊的软件。例如要求作业引用特定的课堂活动。
- **增加纪律处分**。数据显示，越来越多的学校开始对不诚实的学生采取纪律处分，在过去 5 年中，受处分的学生人数翻了一番。

  2023 年春季，得克萨斯州最高法院投票决定，撤销学术不端的已毕业学生的学位。州方指出，这些学生的学位并非凭努力获得，因此不应该授予。这一裁决在打击剽窃方面具有里程碑式的意义。
- **诉讼增加**。数据还显示，针对学术不端行为的诉讼也在增加。不少大学将相关案件提交法院审理。
- **财政投入增加**。各大学继续增加资金投入，以应对抄袭盛行，包括组建联合会，以提高资金利用效率。一位专家表示："学校结合多方资源打击剽窃，让有不端行为的学生无处遁形。"相信会有越来越多的数据显示抄袭行为的减少。

⚠ 警告

# 你有责任检视各种学术不端的行为

每个人都知道大学校园里作弊行为的严重程度，作弊的群体，他们的方法、理由，以及道德高尚、努力学习、以公平方式获得成绩的学生的怨恨。

下文将解释学生作弊的原因和方式，包括学术不端的分类，还有新出现的作弊工具——人工智能。

## 认识学生作弊的原因

一些学生在剽窃一篇论文上花费的时间比他们亲自写作的时间还要多。研究表明，同学之间的压力（"每个人都作弊，你不作弊就不合群"）以及过度自信（认为自己不会被发现）是学生作弊的主要动机。

以下是学生作弊的几个原因。

- **计划不周**：许多学生作弊是因为计划不周，比如把在网上购买论文作为通过课程考核的唯一选择。研究表明，拖延或计划不周是作业成绩不理想的主要原因。

你越早开始一项任务，你的成绩就越好。早起的鸟儿不仅有虫吃，还能拿到 A。将这句话存入你的大脑硬盘。

» **过度自信**：许多传统时代的大学生相信自己是不可战胜、无所不能的，他们认为自己能用学校发现不了的"取巧"方式获得好成绩。这些"敢于冒险"的学生利用各种途径作弊，包括远程更改成绩、把答案藏在计算器里、在考试中远程"协作"、在同步在线考试中共享答案，以及合作作弊。

» **低估影响**：有些学生认为剽窃是无害的，不会对任何人造成伤害，他们认为学术论文是一个开放市场的商品，不需要注明出处。（参见第 2 章）。他们看不到这样做的后果：不诚实的学生获得了本不属于他们的好成绩，甚至高于诚实学生的成绩。学生花费数百万美元作弊，他们没有被抓住，催生了数十亿美元的作弊产业。大学花费资金来抓这些作弊者，这些资金来自那些诚实学生的学费。

» **同侪压力**：这不是第一次，也不会是最后一次你听到"同侪压力"这个词。你的"朋友"（其实你不需要这些给你施加压力的朋友）可能会让你帮助他们写论文、"参考"你的论文，或者为你的论文推荐参考来源。根据课程的合作准则，所有这些行为都可能构成抄袭行为。当朋友提出未经授权的合作时，你需要作出成年人的决策。

有时，剽窃被认定为无意或无心之过，比如由于格式错误，让你的论文看上去没有正确标注来源，导致你被错误地判定为剽窃。有关无意剽窃的更多信息，请参阅本章后面的"我是否无意中剽窃了他人的成果？"。

## 学术不端行为的不同表现形式

学术不端有很多标签和分类，其共同点在于它们都是"非法占有"他人的成果，以及它们都是错误的。

下面我们来看看作弊和学术不端行为的分类。

» **承包**：最常见的做法是在线购买论文、花钱请人代写论文、帮自己做作业或参加考试。

» **捏造**：捏造或篡改学术成果，包括编造引用和参考文献的要素、制造虚假数据、歪曲证据以及在文献上标注虚假日期。

» **不端**：不诚实有多种表现形式，无一可取，包括在论文或考试中访问未经授权的信息来源，向之前参加过同样考试的学生套取信息，使用未经授权的笔记，以及与未经授权的权威人士交流信息。

学术不端还包括"自我剽窃",即在未获得教授授权的情况下,将自己为一门课程撰写的论文提交给另一门课程。

**》协助**:包括参与不端行为,如帮助他人撰写论文,调取用于剽窃的材料。

其他形式的学术不端行为包括出售试卷和答案、伪造教员签名、在重新评分前更改答案以及让家长完成作业。

## 探寻人工智能

ChatGPT 是一款人工智能聊天机器人,于 2022 年 11 月问世,主要功能是模拟人类对话。写作和教育领域的专家对其褒贬不一。

由于人工智能的对话语言与书面语言存在差异,学生可以将从 ChatGPT 中获取的答案编辑成作业所要求的书面语,以逃避检测。目前的软件还不能精准判断,但未来可能会开发出相关的人工智能检测软件。

ChatGPT 帮助一些人通过了州律师考试和 MBA(工商管理硕士)考试,还成功编写了计算机程序、创作了音乐和通关儿童游戏。

教育专家预测,人工智能可以成功撰写参考文献列表、研究摘要和初稿。它甚至还能进行"头脑风暴"。

教育工作者对人工智能的反应毁誉参半:一些人称赞人工智能帮助非英语母语的学习者在写作中精准措辞;另一些人则认为,人工智能将导致大学写作的没落。批评者指出,人工智能无法使用尊重性用语(参见第 10 章)。当前版本的 ChatGPT 会使用带有文化偏见和歧视性的语言。目前,人工智能在高等教育中的作用还存在许多不确定性。

## 了解剽窃行为的严重后果

剽窃会在整个大学产生连锁反应。作弊的那一半学生对没有作弊的那一半学生产生了影响。例如,在教授评估他们的教学时,他们会分析学生作业的结果,其中包括不诚实的成果。下面我们将探讨剽窃的后果和影响。

### 名人效应

一些名人被指控剽窃(比如记者错误地使用文献或没有标注来源),他们受到了上司的训斥,并被要求向读者道歉,但仍保留了职位。

两次剽窃事件可能让名人职位不保，甚至声名狼藉。同样，对于大学生而言，一次剽窃通常不会导致被开除，但两次就不好说了。

购买论文或伪造记录等作弊形式被认为是更为严重的不诚实行为，会导致当事人被开除或解聘。一些名人曾因伪造学位或编造学术成就等行为而承受后果。

在大学，也有学生因参与有组织的作弊、大规模考试作弊、试图入侵软件修改期末成绩等行为而被著名学府开除。在很多这样的案例中，大学都通过法律顾问对学生提起了诉讼。

### 诚实学生受到的影响

当学生在考试中表现良好，其中包括作弊学生时，教授们会认为"自己的教学富有成效"。然而，由于纳入作弊学生的成绩，因此教授的判断是基于有缺陷的学生数据。如果他们拥有准确的数据，教授们就可以更好地评估自己的教学，并针对所有学生作出调整。

学生表现是行政决策的依据。例如，当数据显示学生成绩不佳时，院校就会为他们提供更多的学业支持。作弊行为剥夺了诚实学生获得这些支持的机会；通过作弊获得学术荣誉的学生也抢走了那些诚实优等生的荣誉。

研究表明，大学里的作弊行为会增加未来职场的作弊事件。换句话说，在考试中欺骗教授的人未来会欺骗同事或客户。证据显示，作弊和欺骗会逐渐演变成一种认为"错即是对"的思维模式。作弊不仅对教育构成威胁，也对整个社会造成危害。

## 课程大纲中对剽窃的界定

一位教授在一门课上定义为剽窃的行为，在另一位教授的另一门课上就不属于剽窃行为。两位教授都是对的，同时他们也都有义务在他们的大纲中明确自己的原则。

认真解读所有课程大纲，将它们视为教授对大学剽窃政策的诠释。就像收到交通违规罚单一样，你不能辩称你不知道规则。开车的人有责任了解交通规则，读大学的你也有责任了解剽窃政策。

各门课程的大纲揭示了教授们在剽窃问题上的经验、他们对学生的经验，以及对可能的违规行为的解释。例如，如果教授在大纲中警告你不得参与未经授权的合作、篡改文献条目和在线购买论文，那么他们就是在告诉你，过去曾有学生违规，并且他们很关注此类问题。

# 避免剽窃的六个简单步骤

"剽窃"这个词听起来就像一种疾病,一种会损害你学术健康的疾病。更糟糕的是,剽窃在学术上可能是致命的,在某些情况下还会触犯法律。好在你可以像避免瘟疫一样避免它,只需遵循以下步骤。

## 第 1 步:计划和组织

在撰写研究论文的过程中,如果学生没有迈出正确的第一步,即及时开始任务或提前准备,会导致他们因为时间不足或缺乏准备而作出错误的选择——抄袭。老师至少会提前 4 周布置大作业或论文。从布置论文的那一刻就开始思考,让你的大脑在你不经意的时候为你提供灵感。

如果你被冤枉剽窃,你的笔记将成为你的主要辩护理由。因此,从一开始,笔记就要有计划、有条理。在撰写论文时,记笔记至关重要。

记住

## 第 2 步:边搜索、边写作、边引用

在写作过程中不标明文献出处,就好比靠记忆力来回忆作业的截止日期,然而,你的大脑并不是为这一功能而设计的。正确的做法是:边写作、边引用(参见第 6 章),并完成参考文献条目。找到一个可靠的文献引用自动生成器来帮助你提高效率(参见第 8 章)。

不及时引用和列出参考文献,可能会丢失一些来源信息和资料,进而产生伪造文献的念头,这是一种剽窃行为。

## 第 3 步:掌握文献基础知识

如果你不能准确记录和引用文献,就无法避免抄袭。第 8 章详细介绍了文献来源的记录方式,并展示了三种常见的记录样式。

学习文献基础知识,创建摘要、改写和引用模型,从书籍、学术期刊和学术网站中创建引用。建立一个可以嵌入引用的模型库。如果你不能准确记录文献,你可能会无意中抄袭,这在本章后面的"我是否无意中剽窃了他人的成果?"部分有详细解释。

## 第 4 步：使用可靠的来源

一个快速搜索文献来源的小窍门是：优先使用图书馆数据库和参考馆员推荐的其他图书馆文献来源。有关图书馆数据库的更多信息，请参见第 5 章。

可靠的来源确保我们的论文不会被质疑抄袭，可疑的来源可能存在抄袭或不准确的内容，引发剽窃嫌疑。当教授们在你的论文中看到图书馆的文献来源时，他们会在"优秀文献来源"一栏打钩。

## 第 5 步：个性化的模型

创建一套完整的模板，可以随时添加引用条目示例。为你的所有文献引用和格式创建个性化的模板，包括扉页、目录、摘要、参考文献、注释书目等。一套个性化的模型也表明你在主动预防抄袭。

## 第 6 步：专门进行一次针对文献和引用的修订

文献就像一门外语，你不会每天说它。它需要一次"专属"修订，你需要专门审查格式的准确性。例如：

- 句末的括号是否在句号、问号或感叹号内。
- 是否包含了所有引用要素。
- 页码。
- 与参考文献条目相对应的引文。
- 参考文献（有的指南称其为"引用文献"或"参考书目"）中的悬挂缩进。

# 避免最恶劣的剽窃行为

诚实和勤奋的学生无须担心抄袭。在大学阶段，知识是避免抄袭事件的保障。
以下四项措施可帮助你避免最恶劣的剽窃行为。

- **研究你所在大学的剽窃政策**：像分析写作任务一样反复研究你所在大学的剽窃政

策（参见第 14 章），重点关注剽窃的例子，因为它们通常代表最近的违规行为。找出一些你从未想过可能构成抄袭的例子，比如向朋友提议一个研究课题。还要关注未经授权的合作的例子。

» **列出每门课程中未经授权的合作示例**：如果不了解规则，你将很难在高风险的环境中生存。记住（好吧，也许这有点夸张）每门课程的授权合作规则和非授权合作规则。举个例子，允许和其他学生讨论作业吗？在使用资源方面有限制吗？

» **了解小组作业的规则**：小组作业会带来新的抄袭问题。个人作业的合作与小组作业不同。建议在课堂上问问老师，清楚地了解合作方式，以及每门课程针对自我剽窃的判断依据。如果小组成员抄袭了一部分作业，你要怎么办？了解教授对小组作业合作的规定，并在课程开始时提出问题。在开始小组作业前，明确团队抄袭问题以及如果有一名成员抄袭，是否会牵连其他成员。

» **倡导学术诚信**：充分了解学校有关剽窃的规定，以便回答同学的问题。让同学知道，你坚决捍卫学术诚信。

# 教授如何维护学术诚信

学术诚信是学术机构最宝贵的财富，需要得到每一位成员的全力支持，尤其是教授这样的"一线卫士"。

下面举例说明教授如何培养学生诚实地完成作业，避免剽窃行为。

» **鼓励学生规划和组织**：所有教授都学习过如何设计作业以防止剽窃、如何提供清晰的指示，减少学生的困惑。教授们通常会在截止日期前一个月或更早布置研究论文任务，并安排课堂时间解答学生的问题或进行相关讨论。这些计划和组织策略可以帮助学生跟上进度，打消他们作弊的念头。

» **强调准确记录**：让学生准确记录文献来源，包括引用的要素，为学生在撰写初稿时引用资料做好准备。方便查阅的笔记和引用可以帮助学生持续推进论文，掌握完成论文所需的知识。

» **注重文献基本要素**：基础研究课程的教授们强调文献基本要素，使你能够自信地引用和参考诸如期刊文章、书籍和网站等基本来源。掌握了这些技能，你就不会再受到剽窃的诱惑。

» **确保可靠的文献来源**：教授们鼓励使用可靠的文献来源，比如图书馆数据库中的资源，这样就能解决大部分文献方面的问题，让学生保持在正确的轨道上。持续的研究进展可以减少学生的挫败感，避免采用不诚实的方法。

» **鼓励学生收集样本模板**：许多教授鼓励学生使用文献格式的样本模板，这为他们的研究论文提供了个性化的示例，可以直接套用。

### 不可信的网站和毫无戒心的学生

负责任的学生经常会在网上搜索有关研究论文引言、研究论文结构、学术论据、大学研究策略等信息。在信誉度很高的学术网站，如 Purdue OWL、哈佛大学、北卡罗来纳大学、得克萨斯农工大学和波士顿学院等大学的写作中心，都能获得可信的信息。

但有些网站看似提供可信的信息，却包含不可信的意图，如链接或弹出聊天窗口，询问你是否需要帮助你搜索，甚至帮助你写论文。他们的意图是卖给你论文，帮你剽窃。

他们对你作出宏大或夸张的承诺，却无法真正兑现。他们给你的可能是对你学术生涯的毁灭性打击。他们保证给你一份无法检测出剽窃痕迹的论文，许多学生用它来证明自己没有抄袭。想想看：一个非法出售论文的公司向你保证，你购买的论文不是抄袭的，有多荒唐。

除了作弊，下面这些做法也能让你得到高分：

» 投入更多时间学习。
» 培养成长型思维模式，即"成功源于勤奋，勤奋让人变得更聪明"。
» 利用学校提供的帮助资源。
» 相信自己有能力取得成功。
» 认识到成功路上总是会有挫折，传奇人物在成功之前都要经历失败：亚伯拉罕·肯在当选美国总统之前，至少经历了六次政治挫折。

**记住**

本章的引言讲述了这样一个故事：一名学生将自己的论文通过电子邮件发送给同门课程朋友，朋友提出想看看论文，结果朋友将论文改成自己的名字提交给了教授。根据教学大纲第二点的规定，两名学生都可能被判为剽窃。伪造名字并提交论文的人显然有学术不端的行为。原作者同意与朋友（曾经的朋友）分享论文，参与了未经授权的合作。

# 关于剽窃的常见问题：最终答案

关于剽窃，你肯定有很多疑问，多得就像你们学校的毕业要求。以下是关于剽窃的常见问题及解答。

## 问题就这么严重吗

当州最高法院明确维护学术诚信时，问题就大了。

许多学生低估了剽窃的严重性和后果。剽窃让辛勤学习的学生所获得的学位贬值，学位不再是辛勤努力的果实，而成为偷奸耍滑的战利品。

## 大学的剽窃和高中的抄袭一样吗

高中抄袭和大学剽窃的区别就好比小学生在教室打闹和成年人在大学教室里听课的区别。上大学意味着以前所未有的方式对自己负责，要是你对此心存疑虑，看看你的学费账单就知道了。

在大学里，学术不端的后果比高中更严重。你听说过高中生因为抄袭被学校开除吗？但大学生因为剽窃被开除的事例却屡见不鲜。

从大学对剽窃问题的重视也可以看出区别。大学有针对剽窃的学校政策、课程政策和作业政策，还有一套完善的处理剽窃指控的程序。

## 我把所有内容都加标注，是不是就安全了

你能为你访问的所有网站创建一个万能的用户名和密码吗？显然不能。你也不能一次引用满满一页参考文献。虽然你不太可能被指控抄袭，但是由于对引用的理解有误，你的论文可能会不及格（参见第8章）。

常识性知识无须标注出处（参见第5章），你对引用资料的描述和论述也无须作为引文（参见第7章）。但是，在写论文时，你必须引用文献（他人的言论和观点）作为支持你论点的证据，你还必须引用有关你主题的背景信息。

## 被指控剽窃时，我能说我不懂吗

离开中学后，你就失去了以无知为借口的权利。不正确使用资料和剽窃是一件严肃的事情。各个大学都在投入资源，打击作弊，以防止毕业生学位贬值。

得克萨斯州最高法院撤销剽窃学生学位的做法（见本章前面的"揭秘最新的网络剽窃趋势"）很可能会被其他州效仿。

得克萨斯州的新法律和其他州的类似法律，让通过作弊获得学位的学生寝食难安，他们知道自己的学位（以及由此获得的工作）随时可能不保。购买论文的那150美元可能成为你此生最昂贵的代价。

## 如果我被指控剽窃怎么办

很多学生以为，每个人都会作弊。但研究表明，几乎一半的学生没有作弊。

如果你被指控，请尽快（在几天内）与教授见面，诚实地陈述过程。记住，教授已经与行政人员见过面了。如果你买了论文，请解释这一错误决定的原因。陈述完后，认真倾听并做笔记。这次会面后，你需要花很多个小时来为后续流程做准备，你不会有太多时间休息。

下面我们来看看涉及作弊的各种情况。

### 我真的作弊了吗

学术不端包括任何类型的作弊、剽窃或违反作业规则的行为。如果你违反了规则，请勇敢承认，希望这是你的第一次（也是唯一的一次！）违规行为。

作为没有剽窃历史的初犯，你很可能会受到严重扣分和记过等处分，而不会被停学。如果是惯犯，你会被开除。

### 我是被冤枉的吗

如果你没有违反大学政策和教学大纲的规定，请对你被指控的问题作出合乎逻辑的解释。如果涉嫌剽窃，请出示你的研究笔记，并解释你是如何在论文中使用这些笔记的。

例如，如果教授怀疑作业不是你写的，请出示你写论文时的笔记记录以及你的初稿、二稿、三稿……

### 我是否无意中剽窃了他人的成果

如果你被怀疑无意剽窃，如在整合或使用文献时忘记了标注来源，请详细说明你的写作过程，以及作为证据的笔记轨迹。大一新生无意中抄袭往往可以被原谅，但对于大二及更高年级的学生来说，这种错误不太可能被接受。

> **章节提要**
> » 解答有关作品集的问题
> » 概述作品集反思性陈述的要求
> » 撰写作品集的步骤
> » 呈现超越期望的作品集

# 第4章
# 满足要求：研究论文和作品集

以下两种做法，哪种更能体现对某一问题的理解？

> » 仅提交数学题的答案，没有解题过程。
> » 只提交解题过程，却没有答案。

答案是：第二种做法更能体现对问题的理解。它展示了解决问题的思路，得出答案的过程比答案本身更能证明思维。同样，研究论文集展示了从收集信息到提交最终论文的研究过程，以及可以应用到未来的研究论文中的思考。

这可能是你第一次被要求提交作品集，但肯定不会是最后一次。早在1 000年前，就有了展示艺术成就的作品集，这种做法一直延续至今。作品集已成为普遍做法，用来展示课程和教学、艺术等领域的工作证据。

本章将介绍作品集的内容、撰写的理由和方法，讨论其好处和完成过程中会遇到的挑战，详细说明完成作品集的要求，并展示其在职场中的应用。

## 深入了解作品集

把研究作品集想象成比赛后的评论节目，它们评述并反映你的研究论文有多出色。如果你的论文获得了好成绩，请反思并将成功归功于你的研究过程。如果没有获得好成绩，反思出错的原因，并说明你为下一篇论文制订的新的改进计划。

回顾一篇出色的研究论文很简单。但如果你的研究论文存在问题，作品集就是展示你的研究过程的另一个机会，也是向读者委员会展示你在写作过程中学到的知识的机会。

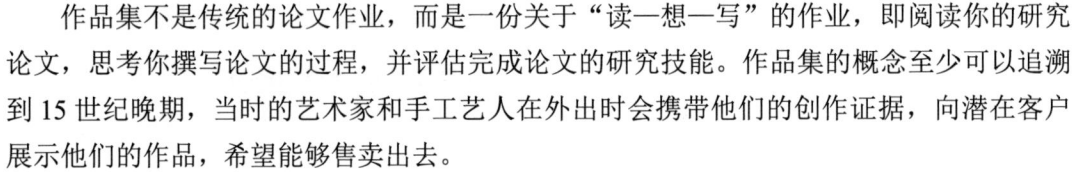

作品集不是传统的论文作业，而是一份关于"读—想—写"的作业，即阅读你的研究论文，思考你撰写论文的过程，并评估完成论文的研究技能。作品集的概念至少可以追溯到15世纪晚期，当时的艺术家和手工艺人在外出时会携带他们的创作证据，向潜在客户展示他们的作品，希望能够售卖出去。

你的作品集无法变现。你的目标是获得一个合理的成绩，体现你对研究过程的理解。以下几节将详细介绍作品集。

## 了解作品集的方方面面

作品集就像一个菜园，需要精心照料、培育和关爱。在整个学期中，需要给予作品集定期关注。

你的作品集旨在展示一系列研究技能和经验，这些技能和经验是研究论文的产物。撰写论文需要具备广泛的研究技能，就像组装电子手表和智能手机的软件与硬件一样复杂。

这些研究技能包括：

> 选择主题并与研究馆员进行讨论。
> 提出论点、论据和研究问题。
> 确定关键搜索词。
> 从可靠的来源搜索资料。
> 收集作为论据的文献来源。
> 正确引用和调整格式。
> 撰写引言、正文和结论。
> 获取和评估初稿反馈意见。

根据教授布置的具体任务，你的作品集将展示一系列技能，以论证你论文的成功之处。

## 作品集的好处和挑战

作品集评述就像是把一个短篇小说拉长，最终成为一本畅销小说，其中有许多角色。

作品集对学生的主要好处在于，它们提供了第二次机会来证明这是一篇成功的研究论文。

作品集有以下好处：

- 对研究过程进行反思，发现有待修改和改善的地方。
- 对研究型写作过程进行批判性分析。
- 加深对研究型写作过程的理解。
- 为今后的作品集提供实践经验。
- 与一次性的考试相比，作品集可以展示学生在一段时间内的表现。
- 对学生的实际情况作出真实评价。
- 锻炼辩论学术立场的能力。
- 让学生参与评价对话。

撰写作品集的挑战包括：

- 长期研究尚未证实作品集的有效性，但收集和评估作品集所需的过程与时间妨碍了长期研究。
- 学生论证的有效性取决于研究过程中所使用的材料，有时学生会选择不适合的材料。
- 一些学生难以收集和整理大量资料。

# 作品集要求

作品集作业的两个主要部分是反思性陈述和支持性的作品或证据，这些实物或证据能展示你的思维过程，比如修订过的草稿或在写作中心会面时的笔记。教授通常会要求提供多项实物，作为证据。

将你的作品集作业视为证据展示，借此告诉教授你如何撰写了一篇成功的研究论文。接下来的几节将讲解如何完成研究作品集任务。我将告诉你如何撰写反思陈述、选择支撑作品、整理作品集证据、按要求排版、组织材料以供展示，并在需要时准备一个电子作品集。

## 反思性陈述

反思性陈述（有时也称为"反思书"）解释了作品集的格式、方向和内容，以及具体作品入选的原因。在作品集正文中，你可以阐述某篇作品如何帮助改进了你的论文。反思

陈述的长度为两页到三页。

以下面这样的开场白开始你的反思陈述。

> 在给泽勒教授提交研究论文后，我以为我完成了这门课程所有的研究性文章。没想到，我还需要写反思作品集，它和我做过的任何作业都不一样。
>
> 作品集让我有机会思考我的研究过程，对其进行评估，并对我选择的展示性作品进行说明，它就像我的成功轨迹。反思我的思考过程真是一件超酷的事情。
>
> 我选择的展示性作品是我与参考馆员（豪瑟博士）的会面记录，以及搜索图书馆数据库的过程。
>
> 这份反思性陈述解释了我为什么选择将它们纳入我的作品集。

## 展示性作品要求

作品集通常包括你所选择的作为辅助证据的展示性作品。

- **素材建立**：写一篇简短的描述，回溯论文要素（如主题、论点、论据、研究问题、引言和关键检索词）的建立过程。
- **检索过程**：详细说明你运用了哪些策略来检索、确定关键搜索词、参数，搜索的数据库和搜索结果。
- **为寻求支持与其他人的会面**：描述与参考馆员、教授或写作指导老师的会面，并附上会面记录。你的描述和笔记就是这里的展示性作品。
- **章节初稿**：说明你如何根据反馈意见修改论文的主要章节（如证据部分，参见第6章）。请参见第17章，了解修订说明。此处的展示性作品是带有修改痕迹和个人笔记的草稿。

## 作品集内容

作品集反思文档紧随反思性陈述（请参阅本章前面的"反思性陈述"部分）。作品集展示了帮助你的研究取得成功的证据。你要说明每一件展示性作品如何推动你的论文进展。

作品集内容部分常见措辞包括：

- 我与……会面的收获是……，这使我改进了如下论点……
- ……我对初稿的修改包含……，结果是……，向读者展示了……
- 当我将……改为……时，我了解到使用……搜索参数的重要性，最后我搜索到

- 了……结果。
- 泽勒教授建议我的结论……，于是……，这对我的读者很重要，因为……
- 我收到的最有价值的反馈来自……，后面我将……改成了……
- 我在提出研究问题时遇到了困难，直到我……，结果我把研究问题从……改成了……
- 作品集作业让我意识到……，并提高了我的研究型写作水平，这很重要，因为……，例如，我……

撰写作品集内容的技巧如下：

- 从你作为研究作者的角度来写。
- 参考研究论文中的总结、改述和引用。指出每件展示性作品所代表的技能和知识。
- 说说你收到的反馈（参见第 17 章）如何帮助你成功完成论文写作。
- 将重点放在研究过程上。

# 格 式 要 求

你可能已经发现了，有些教授对格式要求非常苛刻。如果你碰巧遇到了这样的教授，请在格式上格外小心。第 13 章详细介绍了研究论文各个部分的格式要求。下面是作品集的格式要求。

**扉页**

图 4-1 显示了大多数教授认可的扉页。

```
[四边边距均为一英寸]
[标题距页眉四个双倍行距，加粗，居中]
            研究论文作品集
[标题下方两个双倍行距，你的姓名和联系方式居中]
              [学生姓名]
              [课程名称]
              [教授姓名]
              [作业到期日]
[本页剩下的四分之三页留空]
[本页以硬分页符结束]
```

图 4-1　作品集扉页示例

记住，教授的要求优先于学术引用和文献格式规范指导原则与本书中的指导原则。

## 目录

目录让你的作品集以及大多数超过六页的大学作业显得专业而有条理。教授不一定看，但你应该添加一个（除非教授明确说明不要目录）。图 4-2 是大多数教授接受的目录。

---

[ 四边边距均为一英寸 ]

目录

反思性陈述 ·································································· 1
作品集反思 ·································································· 3
　　素材建立 ······························································ 4
　　修改 ···································································· 5
参考文献 ······································································ 6
附录 A：展示性作品 ···················································· 7
致谢 ············································································ 8

[ 以硬分页符结束目录页 ]

---

**图 4-2　目录示例**

**参考文献**

如果你想超越教授的期望，请在作品集中加入参考文献部分（APA 术语）。在你的作品集中引用一个来源，并将该来源包括在参考文献中。

如果教授要求你列出参考文献，那你必须遵照要求。作品集参考文献格式与研究论文中的参考文献格式相同。

在作品集参考文献部分，请务必删除作品集中没有真正参考过的文献。

**附录**

作品集中的每一项作品都要有附录页。第二个附录被标记为附录 B，并附带标题。务必在作品集中提及每个附录。更多关于附录的信息，请参阅第 16 章。

在本书中，我一直提醒大家在每个章节的结尾以及摘要、参考文献部分和附录等主要章节的开头插入硬分页符（详见第 16 章）。在 Microsoft Word 中插入硬分页符的方法很简单：将光标定位到你希望插入硬分页符的位置。进入主菜单中的"插入"选项，然后选择"分隔符" ⇨ "分页符"。如果你没有插入硬分页符，可能会导致参考文献部分从页中部开始。

## 展示你的作品集

排版和美观几乎影响所有复杂的大学作业的成绩。如果你的作业达不到教授明确规定的重要要求或指示，你的成绩会很糟糕，甚至挂科。

除了第 18 章中的指南外，这里还有一份建议清单：

- » 校对扉页，确保美观；关键字和名字（如教授姓名和课程名称）的拼写准确无误。
- » 检查目录页是否准确，确保目录措辞与论文标题的措辞相同，页码从内容起始页开始。
- » 确保每页都按规定顺序排列并编号。
- » 检查是否签署过任何授权表格。
- » 确保将作业提交到指定的邮件地址（或门户网站）；如果是纸质作业，确保交到指定地点。生活中没有想当然，大学也一样。

## 准备电子作品集

如今，几乎所有大学都要求提交某种形式的电子作品集。它们需要更高层次的组织和展示方式。糟糕的是，它们经常出故障。

以下是关于准备电子作品集的建议：

- » 核实是否符合数字格式要求，通常是 PDF 格式。
- » 确保在转换前对各页进行正确排序，并包含所有项目，如授权表。
- » 请务必使用硬分页符，确保标题始终位于页顶部。
- » 先将文档通过电子邮件发送给自己，确保能顺利发送并能打开。当教授无法打开你发送的附件时，大多数教授会通过电子邮件通知你，但仅限第一次。
- » 回顾第 18 章中的校订和格式检查表。

# 成功的作品集：循序渐进

只有在确定目标并规划实现目标的步骤之后，你才能到达目的地。在成功完成作品集之前，你需要了解要求，并思考如何达到这些要求。

你可以用简单、无压力的方法完成作品集作业，也可以选择困难的高压模式。高压模式包括在截止日期前一周才开始动笔，别忘了，此时你还面临着期末考试和学期末的其他课业要求。下面的步骤教你如何无压力地完成作品集，可以总结为八个字：尽早开始，小步前进。

## 第 1 步：分析需求

要想作品集受到教授的认可，首先要理解任务、确定可交付成果（请参阅本章前面的"作品集要求"一节），以及确定完成时限。在课程开始的第一周，分析任务并开始列出待办事项清单。尽早开始可以消除压力。

## 第 2 步：确定可交付成果

作品集包含各种可交付文档（作为展示性作品）。例如，你可以选择提交与参考馆员会面的分析报告，也可以提交检索会话的分析报告。尽可能选择你熟悉的项目，并提早规划，在课程开始之初就着手动笔。

> **建议**
> 将作品集的要求分为主要任务和次要任务。主要任务包括撰写针对特定受众的反思书；次要任务包括创建扉页、编制目录和列出参考文献。

## 第 3 步：收集和整理资料

在开课第三周之前，开始在你的展示性作品上做标记，比如标注写作进展、描述成功的修改、评估搜索课程，还要记录帮助过你的人（教授、参考馆员或写作中心工作人员）提供的建议。

## 第 4 步：创建组织标题

大约从第四周开始，为你的作品集创建组织标题：创建扉页，列出目录提纲，并为"与其他人会面以寻求支持""提出研究问题"和"撰写初稿"等单个项目编写小标题。

## 第 5 步：概述你的反思性陈述

在作品集提交截止日期前一个月左右，列出你的反思书提纲（请参阅本章前面的"反思性陈述"部分）。在截止日期前 3 周左右，记录每个部分要包含的内容。

# 准备职业作品集：对未来的投资

多数大学生读书是为了找一份好工作，获得稳定的经济收入。你的作品集反思作业让你做好准备，像成年人一样展示和推销自己。在面试中展示你的工作成就，并向你理想的公司推销你的技能。

大多数雇主认为，过去的成绩是未来表现的参考。你的职业作品集展示了你过去的成就，以及你能为组织创造的价值。

在课堂上，展示和推销可以为你赢得分数；在职场中，你也可以运用同样的策略展现自己的技能。下面是写成职业作品集的步骤：

- 收集能代表你职业成就的展示性作品。
- 简短描述每项技能，说明作为一名员工，它对你有多重要。
- 将资料整理成易于管理的数字文档。
- 用一页纸的反思性陈述介绍你的作品集，类似于你的研究作品集。
- 添加目录。
- 准备随时可以呈现的电子版。

职业作品集应包括以下几项。

- **简历**：一页简历（应聘初级职位），内容涵盖你的技能、学位和证书清单，以及个人信息。
- **推荐信**：至少两封有联系方式的推荐信。
- **专业奖项**：优秀员工奖、月度最佳员工奖、总裁表彰奖等奖项。
- **工作成果**：带头实施的项目，如员工培训计划、年度报告、新产品推广和五年预测计划等。
- **社区服务**：社区志愿服务，如食品银行组织、游乐场建设和地方筹款等。
- **技术技能**：视频会议、音频和视频制作、社交媒体经验、数据分析和在线客服。

作品集展示技巧也适用于企业家向潜在投资者展示能力。

记住

管理你的社交媒体，说不定未来雇主在聘用你之前会搜索你。

警告

# 第 2 部分

## 构建研究的基本要素

**本部分将教你如何……**

在检索资料之前，确定一个新颖的主题，通过深思熟虑形成论点，提出富有洞见的研究问题，从主要问题中拆解出子问题。

利用图书馆的全方位服务，与参考馆员会面，学习使用图书馆检索系统，掌握图书馆数据库资源的使用指南，获取学术搜索引擎的访问权限，并利用源管理工具。

通过评估出版日期的相关性、作者的权威性以及信息与主题的关联度，识别符合你教授期望的来源。

通过略读，了解内容梗概，阅读摘要，确定论点及其影响，查阅关于该主题的文献，并研究引用和参考文献，对学术期刊文章进行分析。

明确立场，提供支持性证据，思考与某个主张或论点相矛盾的证据或观点，运用学术学科的观点，得出结论并提供洞见，形成有说服力的论证。

掌握文献引用的原则，包括说明每一项引用的出处，了解所要求的文献引用规范的重点，尤其是总结和改述。在引用他人的文字、观点或研究成果时，标明所引用的内容在原出处中的页码。确保每一处引用都有相应的参考文献条目，并判断不需要引用的常识性知识。

学习研究型写作的主要结构，如展示问题或过程元素的相互关系，分析问题的各个要素，解决问题，得出超越问题本身的解决方案，以及说服读者采取行动。

> **章节提要**
>
> » 做好检索准备：主题、论文和研究问题
>
> » 选取可靠的学术资料
>
> » 探索大学图书馆的丰富资源
>
> » 管理你的资源

# 第 5 章
# 管理信息：收集和整理文献来源

在计算机大规模普及之前，做研究就像在一个家庭装麦片盒子中找到一片幸运麦片那样困难。在研究过程中，你要找到图书馆唯一的一本《期刊文献读者指南》（*Reader's Guide to Periodical Literature*），搜索你的主题，记录期刊的信息，提交资源请求，并在一个星期后返回查看你的请求是否被批准。偶尔，一个过于热衷研究的同行会不负责任地撕下你需要的那一页。

今天，收集学术资源虽然不像过去那般富有戏剧性，但其重要性却有增无减。在你心里，这些资源可能不如手机和 Wi-Fi 重要，但如果不具备基本的检索技能，你的学术生活将像过热的设备一样崩溃。对大学生来说，收集和整理资源等研究技能就像上网与睡觉一样重要。

本章介绍了搜索前的准备工作：主题选择、论题构建和研究问题制定。它还将向你展示如何搜索和管理资源，这将决定你论文的成败。我会提供一些建议，教你如何最大限度地利用你大学生活的智库——图书馆，并介绍研究论文的五个步骤。

请把自己调整至学术状态，告诉朋友你将暂别社交媒体，全身心投入研究中去，加速迈向你的学业目标。

# 什么是好主题

作为一名大学教授，我批改过 10 000 多篇研究论文，我给你的建议是，在动笔写第一稿之前，务必认真思考，选择一个好的主题。记住：主题是影响成绩的头号要素。新颖的主题至少可以让你得一个"B"。

创新或者与众不同的主题向你的受众和教授表明，你的思维超越了常规，并且你认识到了引人入胜的写作和有趣内容的重要性。以下是教授喜欢的一些主题，他们会为此奖励你。

> 莎士比亚戏剧中的烹饪趋势：它们对旧时代营养的启示。
> 会让推特爆炸的 19 世纪文学巨匠以及他们对当今第一修正案的影响。
> "好"独裁是否胜过"坏"民主？

这些主题将意想不到的元素结合起来：莎士比亚和营养、文学人物和第一修正案，以及与主流观点相悖的论证（好的独裁统治）。

**记住** 你最初的选题、研究问题和论文要被"改进和塑造"，你通常需要在研究背景时和撰写论文的初期对它们进行修改。

以下内容将引导你完成选题过程。

## 识别主题要素

除了新颖独特，教授还喜欢下面这样的主题。

> **直击作业问题**：教授设计研究任务，允许你对主题进行广泛解读，但并不意味着没有限制。教授期望你的选题实现作业的主要目的——通常以论证的形式。第 14 章详细介绍了如何分析作业和确定作业中提出的主要问题。

> **与课程内容相联系**：通过查看课程大纲、复习考试内容、阅读笔记和阅读材料、回顾课堂讨论，将你的选题与课程内容联系起来。确定有关该门课程的主要主题，从中找到与作业的联系。教授期望你在心理学课程中提交心理学研究论文，在教育课程中提交教育研究论文，等等。

> **包含有争议的议题**：确保你的选题具有争议性。如果你主张政府应该帮助学生偿还部分贷款，务必讨论存在争议的原因（参见第 7 章）。

> **吸引学术受众，包括你的教授**：通过分析经济学、健康学、心理学、社会学以及文学等学术领域的主题，与学术受众建立联系。此外，还要考虑教授作为该群体

的代表的兴趣。

- **与你的学术兴趣相关**：在作业的范畴内，选择一个能够让你在 3～4 周内持续感兴趣的主题。考虑选择你专业领域的主题，一个你想要探索的主题，或者一个你经常思考和谈论的主题。
- **要有充足的参考文献**：如果你在第一次搜索中无法找到 15～20 个与你的主题相关的来源，并且参考馆员无法为你提供指导，那么建议你考虑换个选题。

成功的选题能够为相关的知识体系增添新的信息，包括过去的研究人员忽视的方法、新信息揭示的新问题，以及需要进一步阐释的数据。

## 构思主题

在你的日常学术生活中，有许多主题可以探索。以下是一些资源，可用于构思你的研究课题。

- **阅读背景资料**：广泛、深入地阅读相关主题的文献和其他资料。阅读是为了回答"谁""什么""何时""何地""如何"和"为什么"等问题；是为了理解明确的、隐含的、被轻描淡写的、被遗漏的思想。有关背景资料阅读的详细说明，请参见第 14 章。
- **你的教授和其他老师**：和你的教授讨论你计划实施的研究方法，并询问其他可能为你的研究提供资料的教授。
- **其他课程的内容**：教授重视跨学科思维。考虑其他课程中与该作业相关的主题。
- **图书馆资源**：去图书馆看看或浏览图书馆网站，可能会产生一些新想法。
- **校园和社区问题**：考虑可能与作业相关的校园和社区问题，如可以解决社区问题的校园资源。
- **你的手机 AI**：让你手机里的人工智能为你提供选题建议。它的答案可能会让你惊喜。
- **社交媒体**：是否可以在社交媒体上找到与作业相关联的热门话题？

在分析了作业并完成背景阅读后的几小时内确定一个可行的研究主题。避免花过多时间来选择主题。摇摆不定会阻碍你的成功。

## 常见的选题误区

作为学生，你的目标是交付符合教授期望的作业，包括研究学术证据，以论证论文，而一些选题会妨碍你达成上述目标，比如下面这些：

- **过于复杂**。避免超出作业长度、增加作业难度的复杂题目，比如：
  - 浅谈从事全职或兼职工作、学习时间不足的初代大学生绩点下降的原因。
  - 关于AI：使用与滥用、在工作场所的地位以及取代大学写作的可能性。
- **不可争辩**。大学生热衷于捍卫自己的观点。但没有证据支撑的观点根本站不住脚，以下是一些缺乏逻辑论证的话题。
  - 癌症是全世界的主要死因，需要找到治疗之道。
  - 相比捐款较少的大学，拥有大量捐款的大学能够为学生提供更多资源。
- **价值观**。大学生对自己的个人价值观（诚实、真实、同理心、服务等）有强烈的认同感，但是研究论文和大多数其他大学作业（除了研究价值观和伦理的课程外）并不是捍卫这些价值观的平台，因为你很难用学术资源对其进行论证。你可以通过生活方式来捍卫自己的价值观，并在宿舍等封闭的环境中讨论。以下是一些难以通过研究论文论证的价值观主题示例。
  - ××（填写姓名）是有史以来道德最败坏的世界领导人。
  - 大学校长最重要的特质是富有同理心。
- **技术性太强**。避免超出受众技术知识范围并需要过多术语来解释的主题。例如：
  - 高科技泳衣在大学生游泳比赛中的不公平优势。
  - 暖通空调系统的能效与其空气交换能力的直接相关性。
- **个人偏好**。也不要出于个人兴趣而选择主题，如政治、宗教和个人健康。你的情绪会压倒你的逻辑，你的论述通常会包含个人观点，而非基于文献和逻辑。

> **警告**
> 一旦你开始为你的研究项目积累资料，就要养成备份文件的习惯。大学通常会为学生提供足够的存储空间，除了外置硬盘外，给自己发电子邮件也不失为一种好方法。诸如"我的文件丢失了"或"我的电脑死机了"之类的借口只会遭到教授的斥责，让自己难堪。

# 构建主旨句

学术写作中最重要的句子是主旨句，它阐明了论文的立场和走向。它就像设备上的系统设置一样，控制着研究的每项功能。当论文中的这个部分出现故障，整个研究任务将彻底失败。

把主旨句当作论文的起点，每个观点的拓展都围绕主旨句进行。在研究型写作中，主旨句也被称为"主张陈述"，它们主张或陈述论文的论点。

主旨句比任何其他句子都需要更多的思考。主旨句影响整个研究任务的成败。下面几个小节详细讲解了主旨句的内容和写作方法，并提供了撰写研究论文主旨句的五个步骤。

## 将论文聚焦于主题内的一个问题

在分析完作业并完成背景阅读后，找出与主题相关的问题。下面是一个关于大学学位的主题示例。

近60%的大一学生无法在六年内顺利毕业。

这个话题涉及的问题包括：数百万学生未能实现他们的大学梦想，并因此失去了高薪工作机会，他们带着约15 000美元的学生贷款债务从大学辍学。

论文提供了一个经研究支持的解决方案。如果主旨句偏离了问题重点，读者和受众会失去兴趣。想想看，你对下面这句主旨句有多大兴趣。

很多学生被大学录取时都很高兴，包括家长、学生、教授和管理人员。

## 撰写主旨句：如何进行

主旨句点明了研究论文的目的，并谈及论文要论证的论点，比如下面这个例子：

大学录取程序应该要求学生至少展示对三本经典书籍的理解。

上面的主旨句主张，学生在进入大学前应具备重要的阅读技能。论文将入学后六年内近60%的辍学率归因于阅读能力不佳。作者通过研究，支持该观点，证明阅读是在大学取得成功的基本技能。

一般来说，主旨句应该为完成形式：本研究论文的目的是论证……以下是一些可以将该句子补充完整的主旨句示例：

» 生产电动汽车的成本往往超过车辆在整个使用寿命期间所节约的能源。
» 音乐能提高锻炼效果。
» 高校对学生贷款危机负有一定责任。

下面我们来看看好的主旨句是什么样的：

» 学生贷款危机的责任应由借款人和高校共同承担，尤其应改进高校录取程序。
» 莎士比亚笔下的女性角色是当今"Me Too"（反性骚扰运动）的代表。

» NIL（姓名、形象和肖像权协议）对大学学业产生了积极影响。

撰写主旨句最常见的错误是把句子写得太狭隘或太宽泛。下面是一些错误示例。

**太狭隘**：垃圾零食影响了大学生的学习成绩。
**修改后**：锻炼身体并养成良好的营养习惯有助于提高大学生的学习成绩。
**太宽泛**：每个人都应该上大学。
**修改后**：每个有资格、有动力的人都应该上大学，但也有许多其他途径可以通向事业成功和经济稳定，如做生意和创业。

# 简单 5 步，起草研究论文

主旨句概述了研究论文所支持的论点。以下是五个撰写主旨句的简单步骤。

**1. 确定主题**

在分析了作业和完成背景资料阅读后，列出你感兴趣的主题，包含论点和可用的支持文献（参见本章前面的"什么是好主题"一节）。

**2. 找出问题**

确定研究论文要解决的与主题相关的主要问题。

**3. 对你的主题进行深入剖析**

- 通过提出问题，探索问题的多重含义。
- 受该问题影响的人或事物。
- 谁受益，谁没有受益？
- 那又如何？出现了其他情况会怎样？
- 答案对回应该主题有何启示？

**4. 设计研究问题**

这些问题由论文来回答。

这是一个研究问题示例：NIL 对大学生运动员有什么影响？

**5. 将问题转化为立场声明**

主旨句采取了一种可论证的立场，为问题提供了一种解决方案。例如，NIL 使得大学生运动员在社交媒体上拥有了与非运动员学生相同的经济机遇。

以下是一些撰写论文的技巧：

» 根据作业和背景阅读中的关键术语和主题生成论文语言。
» 按照我在第 11 章中的讲解，使用主动语态，即主语加动作动词的句式。

>> 优先使用该主题常用的特指名词和行为动词，详见第 11 章。
>> 删除不必要和过度使用的词语，详见第 17 章。

# 设计研究问题

20 世纪 80 年代，当我在天普大学撰写博士论文时，我的导师给了我这样一条关于设计研究问题的建议：聪明的人知道答案；受到教育的人知道如何提出问题，以得出解决方案。

作为一名大学生，你渴望知道答案，但答案的价值取决于是否正确解决了问题。合理的论证依赖于提出恰当的研究问题和子问题。无论做研究还是在职场，问题都比答案更重要。

只有回答了正确的问题，你的研究论文才算成功。记住，让论文成功的，是一系列恰当的研究问题。始于一个不当问题的研究项目注定会失败。

下面几节教我们如何协调研究问题与写作目的（详见第 19 章）。

## 实现研究问题的目的

设计研究问题就像完成一门必修课程，它让你离学位更近一步。设计研究问题的目的如下：

>> 为研究提供了一个起点。
>> 建立搜索所需的关键字和概念。
>> 突出和明确研究目的。
>> 设置研究边界。
>> 确定研究该主题所需的信息。

糟糕的研究问题通常过于宽泛或过于狭窄。看下面这几个例子。

>> **糟糕的问题**：NIL 对大学竞技体育是好是坏？
>> **修改后的问题**：NIL 对大学体育有何影响？
>> **糟糕的问题**：青少年会受到社交媒体的影响吗？
>> **修改后的问题**：社交媒体上的"点赞"对高中生的自尊和学习成绩有何影响？

第 5 章　管理信息：收集和整理文献来源　55

## 编写有效的研究问题

研究问题和主旨句是同父异母的兄弟。你的研究论文就是研究问题的答案。

通过将你的论文陈述转化为问题,来撰写你的研究问题。表 5-1 展示了主旨句和研究问题的对比。

表 5-1　主旨句和研究问题的对比

| 主旨句 | 主要研究问题 |
| --- | --- |
| 经常进行有氧运动可以改善血液流动,提高大脑的学习能力 | 运动如何改善血液流动并提高大脑的学习能力? |
| 高校对近 60% 的辍学率承担的责任太少 | 高校如何提高学生保留率? |
| 国内一些社区成功地减少了枪支暴力,为其他社区树立了榜样 | 社区如何减少枪支暴力? |

大多数大学研究论文都可以通过回答一个问题来完成,篇幅较长的论文作业往往还需要回答一些额外的子问题。

表 5-2 是由一个主要研究问题衍生出的子问题。

表 5-2　主要研究问题衍生出的子问题

| 主要问题 | 子问题 |
| --- | --- |
| 各方股东在学生贷款危机中承担了哪些责任? | 学生能否就教育资金作出最佳的经济决策?大学录取程序是否助长了学生贷款危机?学生的助学贷款费用是否合理? |

"显而易见"船长会说:研究问题的答案是以研究为基础的,而你的观点不是研究。

# 研究与发现:论文成功的秘密

生活中无时无刻不在建立关系,对你而言,最重要的是与支持你论点的学术资源建立关系。这种说法看似有些牵强,但学术文献的重要性并没有言之过甚,它们的缺失可能会挫伤你的绩点。

大学研究作业的要求越来越高,这也对学生查找学术资料的技能提出了更高的要求。以下章节将介绍如何对文献资料进行分类、确定其目的以及最终找到它们。你应该像重视生活中重要的人际关系一样,重视这些能力的培养。

# 确定文献类型

丰富的资源就像免费大餐，你可以畅享各种美食。但无限量的食物供应也可能导致过度放纵、不健康的选择和未知的健康后果。

同样，在选择文献时也必须谨慎，它们要能够支持你的论文。你要像研究者一样思考，即便是像母爱这样的直观事实，也应该寻求学术引用或证明。

引用学术来源可以增加论题的权威性和可信度。你的学术受众希望你用学术专家的研究成果和经过验证的观点来支持你的论点或立场。没有学术文献来源，你的论证不过是一名学生的未经证实的观点，甚至只能算是一位学术爱好者的观点。没有可靠文献支撑的研究论证就像是一个观点，和"妈妈爱你"没什么两样。

学术研究的文献来源分为一级、二级和三级，类似于大学录取通知的分类。每一类资料都有特定的研究用途。接下来的三个部分将详细说明。

### 一级资料

一级资料是原创作品，如艺术表演和艺术品，从中衍生出二级资料和三级资料。

一级资料包括学术创作（文学和艺术品）、博物馆藏品（罗马工具和埃及陶器）、历史文献（《独立宣言》和《大宪章》），以及展示性作品（日记和原创照片）。如果你在撰写一年级研究论文，一级资料会给教授留下深刻印象。原始资料在高年级和研究生研究中的使用会更频繁。

需要使用一级资料的研究主题包括：

» 历史事件，如19世纪的总统竞选。
» 艺术分析，如埃及壁画。
» 古代文明，如古罗马城市规划。

如果没有二级资料（尤其是艺术作品）的解读，大多数一级资料会失去意义。

### 二级资料

二级资料对一级资料进行解释、分析和综合，如学者对经典小说的评价或对墓穴中发现的古代食具的解释。二级资料是大多数本科生研究论文的基础，也是大学里多数研究和研究论文课程的重点。

大学研究中常用的二级资料包括：

» 数据库和学术搜索引擎（ASE）。
» 同行评议的期刊文章。

- » 分析文学作家和文学作品的书籍。
- » 表演艺术评论与批评。
- » 正规报纸上的文章。
- » 白皮书（参见第9章）。

### 三级资料

三级资料是对某一主题的一般性概述，如专业词典、百科全书、手册和索引。它们一般用作背景资料，如提供某一术语的专业定义。三级文献来源是研究论文的点缀，而非主要参考。使用三级资料让教授对你的投入有更深入的了解，甚至超乎你的预期。

## 利用高收益的研究资源

如果检索资料就像在手机上查找信息和询问Siri或Alexa一样简单就好了，但人工智能还没有那么聪明。要做学术研究，你仍然需要确定适合你论点的学术资料，然后找到它们，并将它们融入你的论文中。请参考本章前面的"构建主旨句"部分，了解更多信息。

接下来，我将介绍大学图书馆的丰富资源，包括参考馆员和高级数据库。我将重点介绍学术搜索引擎，让你熟悉查找论文文献来源的工具。

"同行评议"一词经常用于描述学术资料。同行评议过程包括特定领域的专家对学术期刊上发表的研究文章进行审定。文章在发表之前必须经过审核。

### 爱上你的大学图书馆

如果你珍视时间、想要高效工作，大学图书馆将是你的理想去处。当你爱上图书馆，图书馆也会爱上你，以独立审核、高收益的学术资料作为回报。要想获得A+的好成绩，你的研究论文离不开这些资料，它们会像你的宠物一样忠诚。

图书馆还替你完成了查找学术资料的一项重要任务：排除几乎所有教授不认可的文献来源（参见第6章）。图书馆拥有最庞大的资源库，可为你的研究提供强有力的支持，而且使用方便，几乎所有资源都可以通过登录大学网站远程访问。

### 请教参考馆员

下面这句话是本书中最重要的研究建议：在每个研究项目开始时，与参考馆员会面——面对面地交流。

这不是可选步骤，而是必要环节，这样做能节省时间、减轻压力，帮你积累图书馆实践经验，从而提高你在整个大学期间的研究技能。你的绩点也会感谢你，因为更高效的研究习惯会让你的研究作业得到更高的分数。

会面时，请带上你的作业。参考馆员对大学里的许多研究作业都很熟悉，他们很可能帮助过其他学生完成类似的项目，甚至帮助过你。

许多图书馆都指定了特定学科的参考馆员。

参考馆员（有时也称为研究馆员）可以向你传授有关图书馆中所有数据库和其他资源方面的专业知识，包括：

- 每个数据库的主题内容。
- 用于搜索的数据库过滤器，如同行评议、全文、引用格式，以及PDF可用性。
- 与你的主题相关的专业图书馆资源，如博物馆展品、校园专家建议、展示性作品等。
- 可能和你的主题相关的其他有用资源。
- 学术搜索引擎使用技巧（参见本章后面的"学术搜索引擎定位"部分）

## 利用学术数据库

你一生中的各种选择造就了今天的你。作为一名正在进行研究的大学生，你面临着一个新的选择：使用互联网资源还是图书馆数据库资源？我建议充分利用你支付学费所获得的选择权，特别是图书馆和其中的数据库。

数据库和互联网资源（包括一些学术引擎）之间的区别，就好比拼凑一桌饭菜和享用由获奖大厨精心烹制的美食之间的区别。图书馆中的数据库是你支付了学费后应该享受的资源，它们是一支专家团队在各自领域精选的"食材"。而互联网和某些学术数据库中得到的结果靠运气。爱上数据库，将它作为你首选的文献来源。

数据库是一个或多个学科的独立文献集合。资源经过专家团队的精心审核，被鉴定为学术资源。一个数据库一年期的费用可高达50 000美元。

图书馆数据库包括书籍、学术文章、新闻文章、期刊文章、媒体和其他资源库。

数据库主要分为以下两类。

- 文献目录：使用引用元素对来源进行描述。
- 全文：可下载的文献。

在可用的情况下，优先选择全文来源。互联网在学术搜索引擎（ASE）中发挥着一定的作用，我将在本章后面的"学术搜索引擎定位"部分详细讲解。

### 使用图书馆数据库的好处

- 便捷：你可以随时根据需要，在图书馆或通过大学网页远程访问这些数据库。它们很方便，等待你充分利用。请不要辜负它们的期望。
- » **可靠**：数据库的可靠性意味着，你不会接触到那些可疑、不完整、无法访问和可能不被教授认可的文献来源，而它们往往是导致你进展缓慢和效率低下的原因。
- » **完整引用文献**：数据库确保包含所有的引用元素，这要感谢学术专家团队的查核。此外，许多数据库还能够按照APA、MLA和Chicago等流行的引和格式生成文献条目。
- » **全面支持**：如果你对数据库来源或支持你论点的问题有疑问，我们训练有素的图书馆专家团队将为你提供全面支持。

**记住**

优先选择图书馆数据库来满足你的研究需求。让利用数据库搜索信息成为你的习惯，就像随身携带手机和钥匙一样。与手机和钥匙不同的是，数据库永远不会丢失，它们始终在图书馆中等待你的探索。

### 了解图书馆数据库的特点

数据库往往是由多个图书馆联合购买的，几乎每个图书馆数据库都包含以下高级功能，这些功能是免费互联网来源无法提供的：

- » 几乎全是同行评议的期刊文章。
- » 经学者专家团队遴选过的文献来源。
- » 文献来源随时更新。
- » 完整的检索参数，如全文、摘要、引用、PDF、时限和电子邮件功能。
- » 数据库支持教程。
- » 经过专业培训的图书管理员提供支持。

**建议**

数据库能够帮助你节省时间、减轻学术压力，为你塑造"学霸"形象。大量研究表明，使用数据库和其他图书馆资源的学生往往能获得更高的绩点。

**警告**

要充分使用数据库的服务，你需要通过图书馆登录，无论是在校园内还是远程访问。通过校外Wi-Fi进行访问时，免费数据库功能会受到限制，而且很多有用的信息只能通过支付费用才能访问。

### 认识不同的数据库

图书馆有数以百计的数据库可供选择，选择的依据是课程相关性和预算。大学图书馆常用的多学科学术数据库包括以下几个。

- » **综合学科学术文献大全（Academic Search Complete）**：多功能多学科数据库，也称为"Academic Search"，包括标题、作者、同行评议、出版日期和全文等过滤器或搜索参数。数据库收录了期刊和报纸。

- » **开放获取期刊目录（DOAJ）**：DOAJ 收录了艺术、人文、技术、科学和社会等学科的期刊资源。
- » **JSTOR 数据库**：全称为"Journal Storage"，是一个拥有近 30 年历史的期刊存储工具，专门收录过期学术期刊的全文数据库，包括社会和人文科学领域的电子图书与期刊论文全文。
- » **美国教育管理信息中心（ERIC）**：它是一个重要的数据库，也被作为搜索引擎来使用，因为它包括有限的互联网资源。ERIC 提供近 150 万个文献条目，收录了同行评议的期刊、摘要、图书、会议论文、政府报告和组织政策。要搜索教育方面的主题，你必须用到 ERIC，就像自学的人离不开阅读。
- » **研究之门（Research Gate）**：这个异常受欢迎的混合数据库和社交网络网站通过将社交与研究相结合，吸引了 Twitter 和 LinkedIn 的用户群体。你既可以用它来搜索信息，也可以分享你的研究，还可以提出科学、心理学、写作和计算机科学等领域的问题并获得答案。
- » **科学网（Web of Science）**：该数据库又称"Web of Knowledge"，提供科学、社会科学和人文科学方面的资料。
- » **Scopus**：这个大型多学科数据库存储了十亿多篇参考文献和学术文章，几乎涵盖了所有研究领域。这些资源通常包括摘要、引用和全文文章。

除这些多学科数据库外，表 5-3 还列出了一些针对不同学科的数据库。

表 5-3 学科专用数据库

| 学科 | 数据库 |
| --- | --- |
| 美国历史 | America History and Life：与美国和加拿大有关的历史文化文章 |
| 艺术 | Art Full-Text：与艺术相关的文章摘要和全文 |
| 商业 | ABI/INFORM Collection：有关企业和商业主题的资料 |
| 传播与大众媒体 | Communication and Mass Media Complete：提供有关传播、语言学和大众传媒的资料 |
| 政府 | Congressional Research Service Reports：关于各种主题的政府报告 |
| 健康 | Consumer Health Complete：与消费者保健相关的文章 |
| 法律 | Lexis Web：法律相关主题的首选网站 |
| 医学和生物学 | PubMed：包括医学和生物学方面的摘要、概要和全文 |
| 新闻 | U.S.Newstream：存储了《纽约时报》和《华尔街日报》的新闻全文与档案 |
| 心理学和社会学 | PsycINFO：由美国心理学家协会（APA）赞助，提供心理学和社会学资料 |

**学术搜索引擎定位**

如果数据库是你信息搜索的"主菜",那么学术搜索引擎(ASE)就好比开胃菜和偶尔令人难忘的甜点。数据库的源数据存储在一个封闭的"容器"中——曾经是 CD-ROM(问问你最年长的朋友它是什么)。学术搜索引擎则不同,它会主动搜索互联网上与你搜索词相关的结果(表5-4)。它们的优势在于,它们会根据网络爬虫返回结果,网络爬虫的算法会过滤搜索结果并排序,有时候会利用人工智能和引用频率来进行优先排序。

表 5-4 数据库和学术搜索引擎的比较

| 特点 | 图书馆数据库 | 学术搜索引擎 |
| --- | --- | --- |
| 费用 | 包含在学费里 | 免费在线版本提供有限的资源 |
| 资料收集 | 经学术专家审核的资料 | 从浩瀚的互联网中筛选出的资料 |
| 引和要素 | 极其可靠,包含文献条目生成器 | 包含的要素和文献条目生成器值得商榷 |
| 过滤器 | 图书馆数据库带有高级过滤器 | 在线版本的过滤器有限 |
| 及时性 | 截至数据库发布时的最新资料 | 截至下载之时 |
| 支持 | 图书管理员是图书馆数据库方面的专家 | 图书管理员可以帮助你解决一般的 ASE 问题 |
| 可靠性 | 文献来源几乎百分之百可靠 | 部分资源不可用或无法访问 |

与数据库不同的是,学术搜索引擎是实时搜索的,因此能在第一时间提供时事、社交媒体、法律和政治等搜索结果。这也是它的主要优势。

**常用的搜索引擎**

- **Google Scholar**:一个备受认可的学术搜索引擎,可用于在线搜索,并获取比数据库中现有资源更为新颖的主题。搜索结果包括文章、图书、网站和学位论文。如需深入了解 Google Scholar 的评估,请参阅第 6 章。
- **Wolfram Alpha**:被称为"答案引擎",能够回答计算性问题以及各个学科领域中的事实性问题。它对自然语言提出的问题作出回应。
- **CORE**:这个 ASE 提供超过 2.5 亿篇研究论文的访问权限,几乎所有论文都已提交至 Turnitin,所以请不要有任何不当的想法。请参阅第 3 章关于剽窃的内容。
- **BASE**: BASE 是 Bielefeld Academic Search Engine(德国比勒费尔德学术搜索引擎)的缩写,它是一个超大型多学科搜索引擎,收录了超过 1 亿篇经过审查的文献,涵盖人文学科、社会科学和自然科学等多个学科领域。
- **Semantic Scholar**:这个未来主义的搜索引擎是最早引入人工智能的搜索引擎之一,它能解释搜索短语的语义。其搜索功能不仅限于定位关键词及其布尔变量。

Semantic Scholar 收录了近 200 万篇科学论文。
- **Infotopic**：Infotopic 自称是一个"可替代谷歌的安全搜索引擎"，提供经过审核的多学科资料。
- **Science.gov**：被称为"通向美国政府科学信息的门户"，可搜索数据库和科学网站。Science.gov 提供带有文献条目的全文文档，并且是一个出色的科学工具，适用于各种科学领域。
- **CiteSeerx**：这个由宾夕法尼亚州立大学赞助的公共搜索引擎存储了计算机科学领域的在线期刊和数据库，可生成流行格式的文献条目。

利用专业学科的搜索引擎来补充你的图书馆数据库。对于需要获取一年内的资源的主题，学术搜索引擎特别有效。

**考虑其他文献来源**

资料库就像一个汇集了所有你喜爱的音乐的地方。在这里，你可以找到相似主题的多个文献来源。

- **文献书目**：当你找到来源时，可以在同一个来源搜索更多相关主题的资料，它也称作文献引用（APA 格式）和文献目录（MLA）。
- **文献综述**：除了用于高级研究的文献综述（参见第 9 章）之外，它们还包含针对特定主题的精选资源集合，其中的文献引用是关于特定主题的丰富资源库。
- **图书馆藏书**：图书馆会把类似主题的书籍放在一起。当你找到一本书时，可在附近寻找类似主题的其他书籍。在线图书馆藏书包括 JSTOR 电子书、eBook Central、eBook Collection、Safari Books Online 以及 Library E-Books 等。
- **一般参考**：一般专业参考资料包括字典、百科全书、索引、手册、指南等。其中许多可从图书馆获得，其他可从网上获得。

诸多在线图书馆提供与大学图书馆相同的学术资源。例如，Wiley Online Library 提供农业、建筑学、经济学、法学与犯罪学以及兽医学等领域的资源。

索引是有关商业、科学、教育和心理学等主题的目录。摘要是报告或研究的简要总结。请查阅以下参考来源。

| 《文学符号词典》 | 《浪漫主义文学百科全书》 | USA.gov |
| --- | --- | --- |
| 《莎士比亚大词典》 | 《剑桥文学指南》 | ReferenceDesk.org |
| 《亨德森生物学术语词典》 | 《世界概况》 | 《泰晤士报》索引（《纽约时报》） |
| 《牛津英语词典》 | 《斯坦福哲学百科全书》 | 美国国会图书馆 |

## 有策略地进行搜索：提高搜索词效果的技巧

无论多么深入地分析作业，多么认真地阅读背景信息和设计论文问题，你所获得的搜索结果都只取决于你选择的关键词和其他搜索术语。

设计搜索过程是一个需要认真对待、深入了解和讨论的任务，而不是"选择最便宜的承包商"。

下面这四个步骤将提升你的搜索效果。

**1. 总结和确定**

通过初步阅读和分析，找出与主题相关的关键名词和动词（有关名词和动词的讲解，参见第 12 章）。

**2. 问题**

根据关键词和概念，提出你需要回答的其他问题。

**3. 过滤器**

利用数据库和在线平台提供的过滤器，包括全文、出版日期和文献条目等，进行检索。采用布尔运算符，如 AND 和 NOT；引号用于确切措辞，括号用于对关键词进行分组。

**4. 评估**

每次搜索后，评估搜索词所产生的结果，想想如何更改关键词可以获得更理想的结果。

# 五个简单步骤，完成大学论文研究

你已经完成前期准备工作：分析任务、选择主题、提出研究问题、撰写主旨句以及确定关键搜索词。

接下来，你将进行核心活动——研究。以下是五个简单步骤。

## 第 1 步：明确研究问题和子问题

研究问题是你项目的 GPS，它展示了你的起点、现状和未完成的事项。这些问题有助于你评估进度、了解哪些工作已经完成、哪些工作有待完成。

## 第 2 步：会见参考馆员

在完成第 1 步中的任务分析和背景研究后，立即安排与参考馆员会面，面对面向他们咨询。准备一份简短陈述，说明你的研究目的，并在征得对方同意后，进行录音和截图。在学习之后立即制订实践计划。请参见本章前面的"请教参考馆员"一节，了解与参考馆员会面的指导原则。

## 第 3 步：有策略地进行搜索

从图书馆数据库开始，根据需要使用其他搜索来源，将重点放在能为你的论点提供证据和背景信息的资料上。如果你的主题很新，可以重点使用学术搜索引擎（参见本章前面的"学术搜索引擎定位"一节）。在有条件的情况下，尽可能使用搜索过滤器，特别是出版日期和全文。

## 第 4 步：对文献来源进行分类和处理

根据本章后面"使用源管理工具"中的指导，开发一个收集、处理和检索管理系统。

## 第 5 步：针对反驳找出对立证据

针对你的反驳，通过反向搜索，找到对立证据（详见第 7 章）。例如将"在家工作的优势"反转为"在家工作的劣势"。

# 优化搜索来源：进行细致安排

如果你的桌面上满是搜索来源的图标，说明你缺乏一个体系来梳理你的研究，万一丢失图标，你会非常恐慌。

研究论文往往长而复杂，这就需要有一个有组织的研究计划，以此来查找资料、确定目的、提取文献要素并标注以便检索。只有这样，你才能顺利完成大学的研究作业。

接下来，我将介绍一套组织流程，用于收集来源、标记来源、处理来源和存储来源，以便检索。通过这样做，你只需在桌面上新建最少数量的文件夹和子文件夹。

# 发现组织问题

你可以通过评估你在生活中其他方面（如财务、社交媒体、住房和技术）的组织能力，来判断自己组织研究资料的能力。如果你把研究论文错放在桌面上，而且没有建立一个检索体系，你不仅会难以找到论文，还会遇到组织问题。

从学术角度来看，对各门课程的管理是一个主要的组织难题，包括存储和检索行政与教学材料，以及正在进行的作业和项目。

研究型写作增加了组织工作的难度，但并不像组织大学班级进行快闪活动那样令人生畏。研究型写作同样需要组织许多可变动的元素：文献来源、引用、证据、结论、写作风格和引用风格。

如果你的学术组织能力有所欠缺，以下章节将为你提供建议。

记住

如果你在学习事务方面需要支持，校园内（以及在线上）的写作中心和学术成功中心都能提供帮助。当然，你必须主动寻求支持。

# 实 施 研 究

不同的人有不同的组织策略。例如，爱因斯坦喜欢把他的工作文件整理成堆，放在桌子上和地板上。这种方法对他的科学研究很有帮助，但对他的教职却毫无裨益，据称他正是因为组织不力而错失了某个教学职位。

为确保你不会像爱因斯坦一样错过机会，请遵照以下步骤，合理清理桌面和管理你的研究资源。

**1. 搜索和略读**

使用关键词和问题（请参阅本章前面的"设计研究问题"一节），搜索数据库和其他可靠、权威的网站。略读（参见第6章）文献，判断其时效性、准确性以及与内容的相关性。

**2. 标注和引用**

在确定文献有用后，评估其是否适合你的研究。根据所要求的文献引用规范，确定要标注和引用的要素。

**3. 处理和定位**

以总结、改述或引用的形式，从文献中提取信息（参见第6章）。为每条信息标明页码和在论文中的位置，如背景、引言、正文和结论。

**4. 储存**

使用收件箱或创建文件夹，用于暂时存放。标识"待处理新来源"文件夹，处理完毕后移至"待检索来源"文件夹。

备份！务必备份你的备份！

## 使用文献来源管理工具

记住

如果你能熟练使用记事本和文件夹，而且这种方法适合你当前的年级和作业，那就继续使用这种方法。同时，也请关注新的信息管理技术，其中一些可能通过学校的机构许可对你开放。机构许可通常是学校为学生和工作人员提供的一种许可证，以便他们可以使用特定的软件、工具或资源。

资源管理应用程序一般具有以下功能：

- 收集、组织、引用、存储和共享文献来源。
- 生成流行风格的文献条目。
- 在线存储。
- PDF 和电子书高亮显示、注释和思维导图。
- Mac 和 Windows 兼容。
- 跨 Mac 设备同步。
- Google Docs 兼容。
- 可从任何电脑访问。

以下是一些免费或便宜的应用程序，可帮助你管理研究工作。

- **Mendeley**：一款资料整理和共享软件，具有文献条目生成和在线存储功能。
- **RefWorks**：许多校园都提供高级版 RefWorks，提供许多常用功能。
- **MarginNote**：商业版 MarginNote 可整理大型文件，支持 PDF 高亮显示，兼容 Mac 设备。
- **Zotero**：以流行的方式收集、整理、共享和引用文献来源。有 Mac 和 Windows 版本。

> **章节提要**
> » 评估文献来源
> » 审查证据
> » 证据的阅读、注释和使用
> » 准备好使用资料

# 第 6 章
# 评估和准备文献来源

你在大学的成功与否取决于你解决问题和在学术迷宫中找到路径的能力。你已经学会在线注册、解读教学大纲、质疑考试成绩以及选修自己喜欢的课程和教授。

接下来，你要学会找到适合的文献来源，以支持你研究论文中的论点。

在本章中，我将介绍评估文献来源的标准，说明如何将文献转化为证据，并告诉你哪些差异化因素能为你赢得好成绩。你唯一需要做的，就是翻动书页并投入精心。

## 找到可靠的来源：增加论证的可信度

没有好的证据，你就没有好的论点（参见第 7 章）。以下部分将详细说明评估文献来源的标准，帮助你筛选出符合教授要求的资料来源。此外，我还将介绍如何将维基百科作为起点（而非终点）来开始你的搜索工作。

### 评估文献来源

你无法用劣质食材作出一顿美餐，如果缺乏可靠的送餐服务，你也无法享用到可口的外卖。同样，有力的学术论述离不开优质的文献来源和可靠的证据。

从搜索的那一刻起，文献来源评估过程就已经开始了。从图书馆数据库和类似文献来源开始搜索就像定制学位帽和学士服。许多搜索通过对出版日期、同行评议资料和全文文章进行过滤，加快了文献来源评估过程。

如果你使用的是图书馆资源，下面的指导原则只需作为一个参考；如果你使用的是开放式互联网或学术搜索引擎资源，则必须严格遵循下面的原则。这些指导原则将帮助你筛选出教授期望的文献来源。

> » **时效性**：查看教授对来源日期的限制。出版日期必须契合你的主题，尤其是当代主题。学术搜索引擎通常比数据库拥有更多的最新资源。在选择来源时，时效性是重要的考虑因素。举例来说，当代主题（科技和时事）需要使用最新的来源。文学类话题（经典文学和艺术）则可以使用8年到10年前的来源提供支持。
> 
> 通过验证出版日期可以回答以下问题：该来源何时出版？其中的数据与主题是否相关？
> 
> » **可信度**：作者的可信度包括对主题的了解，以及诚实、客观和道德等个人品格。可信的作者通常来自可信的机构。对于你不熟悉的来源，需要进一步调查。
> 
> 作者的可信度还包括作者本人引用其他可信的作者，并回答以下问题：作者是否展示了充分的可信度，对你论文的成功有所助益？
> 
> » **准确性**：从文章中间挑选几个段落来阅读，确定信息的准确性。其中的观点应该是学术性的、有文献支持并得到充分论证的。
> 
> 在信息准确性方面，你要回答的问题是：信息是否准确、是否公正、是否达到了论文的目的？
> 
> » **写作规范性**：学术资料的作者应该像学者一样写作，否则，你就应该质疑他们的可信度，同时质疑文献来源的可信度，因为学术期刊都是经过专业编辑的。
> 
> 作者的写作风格回答了这样一个问题：写作风格是否具有学术性，是否有助于理解文献来源中的观点？
> 
> » **相关性**：就算你的文献来源符合所有条件，但如果与你的研究问题不相关，那么这些资料对你来说也是无用的。
> 
> 信息相关性回答了这样一个问题：信息是否有助于你的论证？

图书馆数据库中的几乎所有文献都经过审查，具有极高的准确性和可信度。让它成为你的首选。

第6章 评估和准备文献来源

## 分析作为文献来源的网站

许多网站缺乏对数据库的审查和质量控制,甚至许多学术搜索引擎也如此。尽管用于评估资源的大多数标准也适用于网站,但网站有一个显著的评估标准:视觉感受或外观。

可以通过以下问题评估网站的外观。
- 是否定期维护和更新?
- 链接是否相关和实用?
- 是否显得专业并使用学术证据(参见第10章中的"语气"一节)?
- 是否包含学术性、非商业性扩展名,如 .org、.gov 或 .edu?
- 文章是否避免宣扬"9·11袭击事件从未发生"等离经叛道的说法?
- 网站的所有权是否明确和可信?
- 信息是否得到引用来源的支持,并且包含这些来源的有效链接?
- 信息提供者是否持中立立场、对所表达的信仰没有偏见?

研究表明,很多学生缺乏必要的评估技能,难以区分事实性质的网站和虚构性质的网站。

## 避免教授不喜欢的文献来源

评估文献来源至关重要,它有助于你选择来源,确保学术证据能够支持你的论述。

**建议** 以这样的方式审视你的选择:在一篇研究论文中,你有12次到15次机会给教授留下深刻印象。为什么要选择一个非学术的可疑来源,让你的教授不满?在能使用图书馆数据库的情况下,为什么要使用维基百科(有关维基百科的更多信息请参见下一节)?

教授不喜欢某些文献来源,就像他们不喜欢学生上课迟到一样,比如:

» 非学术性大众杂志上的文章。
» 普通词典中的定义。
» 课本上的参考文献。
» 一些自费出版的书籍的参考文献。
» 非学术性博客、网站和社交媒体。
» 开放编辑的信息共享网站。
» 有偏见、不道德和非主流的文献来源。

## 重新认识维基百科

于 2001 年问世的维基百科可能是大学课堂上最受教授争议的研究来源。问题在于，其信息是由志愿者社区编辑的，这意味着缺乏明确的问责，也没有权威专家负责审核。

作为一名教授，我的建议是将维基百科（也包括人工智能）作为背景读物，如果要使用其中的信息，必须进行核查。我不希望在大学课程的文献条目中看到维基百科，因为这无法彰显你的研究能力——查维基百科就像在佛罗里达州克利尔沃特海滩看日落一样轻松。

事先问问教授他们认不认可维基百科。与大学里的所有权威问题一样，教授的意见和你的课程成绩都是最终决定。

# 证据的基石

你可能知道，在寻找真相时，应该直接查阅文献。但是，你是否了解过，找到文献来源后，应该怎么做？以下各节将告诉你如何将文献转化为证据，并赋予其意义。

## 通过阅读挖掘证据

阅读不仅是学习的根本，也是将文献转化为证据的基础。

通过略读，从文献来源中提取证据，以评估文献是否有用。换句话说，阅读的目的是获取能回答你的研究问题并支持你的论点的信息。

» **读大字体**：通过阅读标题、主标题和引用部分，对素材进行概览。略读补充部分，如摘要和附录，识别与你的论证相关的标题。

» **读副标题**：阅读与研究目的相关的中间部分的副标题，并查找与你的论文相关的副标题中提及的来源。

» **着重看图**：找到匹配你研究目的的图形（如项目符号、数字、字母和步骤）。

» **回顾论文和证据**：判断论文和论证是否与你的问题相关。

» **接受或拒绝**：如果该来源对你的研究有价值，请按照下面几节中建议的方式进行注释和记录。

记住

第 6 章　评估和准备文献来源

# 阅读期刊文章

回忆一下你第一天进校园，试图找到教学楼的情景。几天后，你很快摸清了路径，并最终找到了准时到达教室的捷径。同样的练习也适用于阅读大多数期刊论文，目的是让自己熟悉各种独特的阅读风格。

关于期刊论文，我想说的是：阅读学术论文的目的是回答你的研究问题并获取可用于你的研究的信息。在阅读过程中，你要寻找作者所论证的论点，以及作者的证据与你的论点之间的联系（参见第7章"论证"部分）。在阅读过程中，你需要评估文章在提供证据、背景信息以及关于你课题的新见解方面的价值。

在为阅读期刊论文做准备时，第一步是反思你的研究问题并确定你要寻找的信息。以下是阅读学术文章的步骤。

» **浏览全文**。略读整篇文章，找到标识主要章节的标题，如摘要、引言、问题陈述、文献综述等。如本章开头所述，在阅读过程中，判断作者的权威性和可信度。一边读，一边建术语表。

» **阅读摘要**。根据摘要中对文章的概述，确定论点、论据和主题的重要性。

» **明确受众**。期刊文章是为学术读者撰写的，大学本科生可以读懂大部分。然而，有些学术期刊文章是为专业学者撰写的，超过了本科生的知识范畴。如果主题过于复杂，需要技术背景，则尽力而为，然后换一篇文章。一些学者会用比较通俗的语言阐释同样的主题。

» **阅读结论**。阅读结论有助于你理解论点及其意义，在结论中寻找分析和总结，以及你希望在论证中支持和捍卫的观点，还要寻找该主题的更广泛的应用，想想这篇文章对你所研究主题的知识有何补充。

» **阅读引言**。在引言中寻找有助于你理解主题的背景信息，在引言结尾处找到主旨句，设计你的论文要回答的研究问题。

» **阅读文献综述**。文献综述可以作为单独的标题，也可以作为引言中的文字。在文献综述中，你可能会找到支持你论点的新证据来源。文献综述包括对文献来源的分析和综合（参见第9章）。

» **阅读论述**。论述通常位于正文或中间部分，它们展示了支持论点的证据。你可以从中寻找适用于你的研究的证据和文献来源。

» **阅读引文和参考文献**。别忘了阅读引文和参考文献，注意作者和出版物来源，并将其作为研究的潜在证据存档。

» **识别论点**。学术期刊文章即学术论证（详见第7章）。评估各个论点对你的研究是否重要、是否有用。

阅读期刊论文的另一个目的是熟悉研究写作和组织结构。

# 对文献来源进行注释

如果你喜欢自言自语，那么边读边注释就是为你量身定制的思考活动。注释促使你提出问题，加深你对所阅读内容的理解。

通过注释，你将能够回答这样一个问题：作者希望我从阅读中得到什么？要找到这个问题的答案，你就需要评估、分析、排序和质疑，以这样的过程与文本互动，培养批判性思维。

在本节中，我使用"注释"一词来描述对所读内容进行思考的过程。注释也是记笔记的一种形式，它可以用来提取文献中的信息，为创建证据做准备。这些将在下一节中讲到。

记住

## 认识到注释的好处

通过注释，记录对文本产生的新想法，就像创建待办事项清单的过程会促使大脑记住要做的事情一样。

注释的好处包括：

- 促进对文本的理解。
- 记录主要观点和你对这些观点的反应。
- 为分析和综合观点做准备（参见第 9 章）。
- 帮助深入理解资料。
- 组织观点，将其融入写作中。
- 找出需要进一步查证的信息。

## 注释：如何注释

注释是一个将思考付诸纸笔或数字的过程，通常写在空白处。注释记录了你在阅读过程中的思考，以下是注释的策略：

- 提出问题：为什么？为什么不？所以呢？如果……会怎样？
- 圈出第一次见到的名称和术语，并在空白处列出它们的特点。
- 找出与其他材料不同的观点，进行比较和对比。
- 对主要内容进行改述（参见第 6 章）。
- 找出与课程作业和讨论相关的信息。
- 标注需要进一步解释的信息。

**设计注释和笔记缩略语**

从上小学我们就知道,我们无法逐字记笔记,除非我们能够以声速(文字)书写或打字。但我们可以借助缩写——自成体系的、自己能看懂的缩写来注释和记笔记。

表 6-1 列举了大学生经常使用的注释和笔记缩写。

表6-1  大学生经常使用的缩写词

| 缩写 | 缩写的含义 | 缩写 | 缩写的含义 |
| --- | --- | --- | --- |
| ! | 出乎意料地好 | ? | 需求评估 |
| AP | 咨询教授 | Ex | 示例 |
| 5-S(星级) | 非常有价值 | C | 需要标明引用出处 |
| Au | 作者 | Qt | 引文 |
| Ou | 新奇的观点 | P | 标点 |

## 文献来源注释

笔记是你的外部存储器,用于存储超出大脑处理能力和短期记忆空间的信息。文献来源注释的一个重要作用是防止剽窃(参见第 3 章)。你的笔记构成了论文信息的基础,用于识别来源,为引文和证据提供来源与证明。

下面这些部分将讲解如何进行资料注释、为什么要记笔记、如何记笔记以及记笔记的目的。

**了解记笔记的重要性**

除了繁重的课业,大学生还要社交和工作,他们不可能记住所有的东西,笔记就是他们的记忆辅助工具。以下是笔记对你和你的研究至关重要的三个原因。

- » **催生想法**:笔记促使大脑产生更多想法,就像写作本身能促使你产生更多观点一样。
- » **处理信息**:记笔记是一个用自己的语言书写观点的过程,这些语言也将出现在你的论文中。注意,这里的重点是"用自己的语言"。
- » **帮助整理**:笔记就是完成研究的拼图块,没有这些拼图块,就无法完成研究。

**做笔记:方法**

当你找到一篇可能成为论文来源的文献时,要记录文献条目的信息,包括页码、章节标题以及节标题的名称。如果 PDF 文档中省略了页码,则只需要记录章节标题以及节标题。

别忘了用你自己的话概括文献来源，并用一句话说明其重要性，再简要说明你计划在论文中的什么地方（如引言、正文或结论）使用它。用自己的措辞表达可以节省时间，你可以直接将这些想法应用到论文中。

下面是文献来源注释示例。

» **一句话总结**：赫尔曼·梅尔维尔的《白鲸》讲述了捕鲸船"皮廓德号"的船长亚哈和他执着地追逐咬断自己腿的鲸鱼的故事。

» **用一句话说明出处的重要性**：梅尔维尔是一位杰出的美国作家，尤其擅长复仇主题。

» **在论文中的位置**：在正文中作为证据。

» **在论文中的作用**：作为主要证据，论述美国文学中复仇主题的运用。

将你的研究问题作为从来源中获取信息时的限制条件，它们将引导你逐渐形成论点。

## 将文献来源转化为证据

在提取笔记并将其作为文献来源时，你有三种选择，以下是针对每种选择的笔记建议。

» **引文笔记**：用引号标注引文，除了记录参考文献要素外，还要记录页码、章节编号、标题和章节名称。下一节详细讲述了如何在论文中使用引文。

开始记录文献来源时，记得创建参考书目页（参见第 8 章），列出论文中的所有参考文献，并将其放在研究论文的末尾。

» **改述笔记**：用括号标出你打算改述的信息，并用大小写字母"Pa"标注。"Pa"既表示改述，也表示括号。

» **总结笔记**：用括号标出你打算总结或强调的内容。

整理好来自各个来源的笔记后，完成以下步骤：

» 通读一遍，澄清不明确的缩写、词语和观点。

» 将笔记整理到论文的特定部分：引言、正文或结论。

» 分析和综合文献来源（参见第 9 章）。

## 整理笔记的方法

选择适合你的笔记组织系统。下面是许多大学生用来整理研究笔记的三种常见方法。

» **索引卡**：以前的学生被教导使用 3×5 和 5×8 索引卡来组织研究。较小的卡片（3×5，如果你不是数学专业的话）用于文献条目元素和引用来源。较大的卡片（笔记卡）用于引用、改述和总结。

- **文字处理文件夹**：可以使用来源和注释体系原则，也可以列出来源要素并在其下做注释。同样的文献来源也可以复制并粘贴到参考文献页、引用或文献目录中。
- **文献来源管理应用程序**：喜欢学习新技术的学生可以使用文献来源管理应用程序（参见第5章），它们非常方便，只需轻触屏幕，即可完成文献管理。

# 转换文献来源：支持论证

我在讲授引文时，问一个学生为什么把引文放在段落中间，就像空降一样，他回答说："引文本身就能说明问题。"引用、改述、总结和其他证据无法表达意义，需要写作者赋予它们上下文，使它们与所处的段落互动，从而具有意义。

接下来的部分将讲解如何为论文中的引用来源提供上下文或赋予它们含义。

## 改　　述

改述时，假设自己代表文献作者对其他人讲话，用自己的话（而非文献中的话）讲述文献来源。

改述是将来源观点整合到你的文本中的首选方式。与引文不同，改述让你可以灵活地用自己的话来支持某个观点，记得注明出处（有关改述的详细讲解，请参见第8章）。

### 何时使用改述

使用改述将文献来源转化为证据。在以下写作场景中运用改述：

- 提及文献中的一两个观点段落。
- 将你的想法与文献中的想法结合起来。
- 与多个文献来源进行知识对话。
- 在分析和综述中介绍文献的立场（请参阅本章后面的"构建争议：与文献来源进行互动"）。

### 改述的方法

改述就像数1、2、3一样简单，只需遵循以下步骤即可：

1. 阅读你要改述的文献。
2. 把它放在一边，用自己的话写出要改述的主要观点。
3. 检查是否包含主要观点，避免用原话，要用自己的语言。

下面是一个改述证据的例子，摘自《独立宣言》。改述时要避免剽窃，记得对照原文，看是否相似。

**原文：** 当一个民族必须解除他们和另一个民族之间的政治联系……由于他们对人类舆论的尊重，所以必须把他们不得不独立的原因予以宣布。人人生而平等，造物者赋予他们若干不可剥夺的权利，其中包括生命权、自由权和追求幸福的权利……人民就有权利，也有义务推翻这个政府，并为他们未来的安全建立新的保障。

**改述：** 杰斐逊的《独立宣言》明确指出殖民地脱离大不列颠及乔治三世统治的原因。造成反抗的原因包括过度征税、驻扎军队于私人住宅以及缺乏陪审团审判。

第8章介绍了记录改述、总结和引用的方法。

## 改述时要避免拼贴式写作

与所有其他工具一样，改述也需要正确使用，以免被滥用——修理眼镜可不能用锤子。

改述不是用同义词替换作者的词语，也不是调换作者词语的顺序，这叫拼贴式写作（通过拼凑、重组或稍做修改，借用他人的原文来表达自己的观点，而没有充分进行原创性的创作），也叫剽窃。第3章阐述了拼贴式写作和其他形式的剽窃以及它们对职业生涯的重大影响。拼贴式写作是一个不明智的选择。

## 总　　结

在进行总结时，你展示了对所总结内容的理解，这将给教授留下深刻印象。总结就像是重要文献的"精简"版本，不要使用原始来源的原话。总结就像回答朋友的问题：Chein教授的哲学课怎么样？记得"长话短说"。

总结适用于以下情况：

» 提及大量背景信息，如书籍、法庭案例和历史事件。
» 比较书籍或其他大篇幅文章。
» 使大量信息易于管理并纳入写作中。

下面是《独立宣言》中的一个总结句范例，解释了宣布独立的原因。

**建议** 杰斐逊的《独立宣言》指出了殖民地脱离英国独立的原因，包括将军队驻扎于私人住宅、加税、限制国际贸易以及拒绝接受陪审团审判。

总结的标题通常包含作者和文献来源，如上一个示例所示。

# 引　文

你是否有过这样的经历：在课堂讨论中，另一个同学在提问之前，赞扬你之前说过的话？有人引用你的言论，你感到十分自豪。

在研究中，引用引文是对权威的最高认可。运用引文表明，作为作者，你无法用比原文作者更准确的措辞更好地阐述一个论点。

**记住** 运用引文要适度，口若悬河的人往往不太会被倾听。在研究论文中，当专家的措辞能够清晰、简明、直接地阐述一个观点时，才应使用引文。引文听起来应该像短音频片段。

在研究中使用引文的情况如下：

》 强调权威人士的原话，因为这些原话非常契合你的写作目的。
》 展示专家在某一主题上的权威性。
》 展现与情境相符的语气（第11章将讲解语气）。

引用不是孤立的行为。它需要一个引入和一个结束语来设定与推进内容。以下是一个带有引入和结束语的引文示例：

为了解释美国为何从英国宣布独立，杰斐逊写道："我们都曾用最谦卑的言辞请求救济，但我们一再的请愿求所得到的答复却是一再的伤害。"这些反复发生的伤害导致了莱克星顿和康科德的第一次革命战役。

"为了解释美国为何从英国宣布独立"这句话为引文做了铺垫，"这些反复发生的伤害导致了莱克星顿和康科德的第一次革命战役"为引文画上了句点，就像戏剧的开场和谢幕。

第12章将介绍引文的标点符号规范。

## 使用可视化数据和统计数据

对于大学写作来说，太多描述性语言会显得啰唆，可视化数据和统计数据有时胜过千言万语，它们比文字更能突出信息，还能以趋势、比较和对比的形式直观地展示信息。文字处理程序有很多方便快捷的功能，用于创建表格、图表和图形。

硕士和博士研究论文中会用到大量统计和表格。在商业、心理学和科学等学科的本科研究论文中，有时会使用包含照片的图表。

图形、表格和其他形式的可视化数据需要在文中进行标注和说明，不能孤立存在，它们本身无法说明问题（参见第 8 章中的"引用用法"）。

向教授咨询在研究论文中使用视觉数据的指导原则，并查看格式手册。

# 构建争议：与文献来源进行互动

没有人有权要求你构建争议，比如不同意、争论和怀疑某个观点。但是，如果你的论文想得高分，构建争议就是一种必备技能。

与文献来源进行互动可以展示你对以下知识的了解：

>> 每个来源的一般要点。
>> 与其他来源的关系。
>> 文献来源的模式。
>> 将文献来源融入文本的写作技巧。

以下各节将介绍如何与文献来源进行互动。

## 作者与文献来源的互动

作者与文献来源的互动是一种基本的交流形式，它表明了你对文献来源的立场。下面是一个 APA 风格的示例：

吉布森（2023）认为学生贷款危机纯粹是由大学学费的迅速上涨所导致的。对于吉布森使用的"纯粹"一词，我持有异议，因为他低估了大学在其中的作用：大学录取了一些不合格的学生，他们中途辍学，偿还不起学生贷款。

作者与文献来源的互动以吉布森对学生贷款危机的立场和信号短语"吉布森（2023）认为"开始（有关信号的更多信息，请参阅本章后面的"发出信号：表明文献来源意图的短语"部分）。学生作者的不同立场以信号短语"我持有异议"开始，与文献来源展开对话。

## 作者与多个文献来源的互动

作者与两个文献来源的对话引出了第三个立场，类似于三人对话。下面是一个 MLA 风格的示例：

麦克亚当斯对政府资助的减轻部分学生贷款的计划提出了质疑（83）。斯旺同意麦克亚当斯的观点，即个人应该承担责任，但也补充说，由于学生贷款利息"高于平均贷款利率"且从放贷起开始计算利息，放贷机构在这场危机中也负有责任（232）。我理解麦克亚当斯的个人责任立志，但斯旺的观点表明，学生贷款利率是不合理的，导致了难以偿还的巨额债务。

## 文献来源之间的互动

有时，文献来源之间也会"互相讨论"，而作者则在一旁倾听。以下是一个 APA 风格的示例：

约翰逊（2023）研究了学生贷款危机，并得出结论，近 60% 的大学辍学率，加上 14% 的学生贷款违约率，是由于大学录取不合格的学生所导致的。德里森（2023）不同意约翰逊的这一观点，称"为学生提供上大学的机会"是美国的原则（p. 42）。卡特（2023）对德里森的观点提出异议，补充说："向不合格的学生提供入学机会会带来很高的经济风险，这类大学缺乏经济判断力。"（p. 27）

第 8 章将讲解如何记录文献来源。

在"让文献来源进行互动"之前，要充分理解作者的立场，仅仅了解其中的一两个点是不够的。最近的一项关于学生引用的研究表明，学生们在选择要讨论的文献来源观点时，缺乏对整体的全面把握。

# 发出信号：表明文献来源意图的短语

信号短语就像路标，帮助读者找到目的地。在研究型写作中，信号短语用来识别文献来源的作者，并表明他们表达立场的意图。

信号短语指示引文、改述、总结、分析和综合。它们表明作者的态度，如同意、不同意、猜测、质疑或证实。

信号短语的目的如下：

» 表明要使用某个文献来源。
» 指定学生作者为发言人。

- » 明确同意、不同意、质疑等立场。
- » 提醒标明出处的必要性并预防剽窃行为。
- » 将文献来源的立场与你作为学生作者的立场区分开来。

以下是创建信号短语和提及文献来源的指导原则。

- » **以作者姓氏的所有格形式开头，后跟文献来源的名称**：津科夫的《大学是新赌场吗》。
- » **列举一个信号词动词**：津科夫在《大学是新的赌场吗》中质疑。
- » **以总结、改述等形式添加参考文献**：津科夫在《大学是新的赌场吗》中质疑了大学生成瘾性赌博行为。
- » **纳入必要的引用**：参见第8章，了解三种主要的引用方式。

下面是信号短语动词的示例：

| 同意 | 不同意 | 问题 | 介绍 |
| --- | --- | --- | --- |
| 承认 | 矛盾 | 怀疑 | 说道 |
| 争论 | 反对 | 质疑 | 推测 |
| 证实 | 争执 | 争辩 | 建议 |
| 赞成 | 拒绝 | 质询 | 分析 |
| 支持 | 反驳 | 存疑 | 强调 |
| 赞同 | 争议 | 盘问 | 写道 |

# 高级搜索策略：不仅限于大学一年级的研究

设计主题、主旨句和研究问题。完成！
区分数据库和学术搜索引擎。完成！
了解Google Scholar（谷歌学术）的局限性。完成！
管理研究来源。完成！

掌握这些基本技能后，你就获得了进入更高一级研究的通行证。以下资源不仅可以用于传统的研究论文，还为你展示了高级项目中的研究部分，包括可获得证书的由导师指导的研究和毕业设计。

第5章介绍了如何在随后的研究项目中从参考文献中查找信息。下面几节将展示如何从高级研究论文中提取有组织的信息。

# 汲取更高层权威的智慧

从高级项目中获取信息，就好比赢得了在成人餐桌上用餐、享用高档美食的权利。高级研究项目的组织策略在本科生项目中并不常用，但在高级项目中却很普遍。

随着大学研究的深入，你会被要求使用高级策略。以下内容将让你熟悉文献综述和研究生阶段常用的研究标题。

### 文献综述

研究人员写文献综述就像大学生下午上课一样平常。一年级的研究论文往往不要求写正式的文献综述，只需要写一个有关该主题的当前研究摘要。第9章将详细介绍作为高级任务的文献综述。

一些研究论文的文献综述比较简短，像一份总结，并被合并在引言中。高级研究中的文献综述是一篇单独的文章。

### 本科毕业论文

毕业论文是一篇重要的、篇幅接近一本书的文章，是获得硕士学位或认证课程结业证书（如荣誉论文或高级论文）的前提条件。它们展示了课程结束时，一位经验丰富的学者的研究计划模型。

除了专门的文献综述外，毕业论文通常还包括以下几个正式的部分。

- » **摘要**：对论文的简要介绍，一页纸篇幅。
- » **引言**：包括问题陈述、研究目的、理论依据、研究局限性、样本量和术语列表等。
- » **研究方法**：介绍研究设计和信息收集过程。
- » **分析**：也称为"讨论"，说明信息的重要性。
- » **图表清单**：支持研究的可视化数据。
- » **原创研究**：自行设计的研究，用于收集原创信息。

第16章将进一步讲解这些高级功能。

### 博士论文

要获得博士学位或教育博士学位（被称为终极学位），必须撰写一篇合格的长篇博士论文。博士论文的要求比本科毕业论文高得多，其中必须包含由该领域最优秀的研究人员所做的研究，它们是学术研究的典范。

# 原 创 研 究

你擅长解决问题吗？你能针对复杂的问题提出原创性的解决方案吗？试试在你的研究项目中，通过原创性研究展示你的创造力和创新能力，比如：

## 调查

考虑设计一份一页纸的、包含四个项目的、强制回答的调查问卷，以收集与你的研究主题直接相关的随机人群的数据。例如，如果你的主题是通过减少校园设施来降低学费，那么你可以设计几个简化的问题。教授会很欣赏你的主动性和创造性。

## 观察

一手研究还包括观察，即在参与者执行可观察的行动时，收集数据。例如，研究大学生在校园内的回收模式。观察结果将在你的研究论文中作为参考被引用，如下所示：

根据我的个人观察，如果附近有回收容器，62%的学生会将塑料水瓶投入容器。

## 访谈

访谈是另一种轻松收集信息的方法。校园里的教授们在各个领域拥有丰富的专业知识，很多教授都非常乐意接受访谈，并帮助你完成研究。

> 章节提要
>
> » 像学者一样分析论点
>
> » 鼓励争论
>
> » 破解逻辑谬误
>
> » 揭穿争论误区

# 第 7 章
# 发动攻势：从证据到论证

在大学里，争辩是"家常便饭"。但大学里的争辩不是大声争吵、相互指责、打很多个感叹号，大学里的争辩是理性的、非情绪化的争论。

学术争论是获得新知识和新见解的机会。学者们会审视对手的观点和证据。例如，反对免除学生贷款的人认识到，学生贷款存在两个问题：学费上涨导致贷款增加，过度的贷款服务成本增加了债务。辩论性写作是你进入学术对话的通行证，它有时也被称为"学术论述"。

本章将介绍如何将证据转化为论点，以及如何处理驳斥你论点的证据。你将学会如何通过六个简单易行的步骤来论证论点，以及如何避免使论点丧失说服力的谬误。

将手机设成静音，准备来一场痛快的争辩吧！

## 学者混战：分析论点

学术环境是安全、包容的，允许学者与学生在讨论与研究中表达各种观点。其中，争论是高等教育的本源，就像跑步者在奔跑、舞蹈者在跳舞、作家在写作一样，学者总是在争论。

几乎所有的学术论文写作和发表都是一种学术争论。但是，我们要把这种争论看作一种平和情绪下的讨论，参与者的目的是获得知识，而不是争面子。

争论的理想结果是每个人都对新知识有所领悟、对旧知识提出质疑。异议为学术论点增添了力量，因为它引发了反思和评议。

学术争论是友好的、经过深思熟虑的和富有启发性的，它是高等教育的语言，也是学术写作和演讲的基础。学者们在争论中茁壮成长，他们的智慧得到启迪。争论是学术之塔、象牙之塔中的对话。

以下几个部分将探讨论点及其影响。

# 定 义 论 证

学术论证是一种基于证据的辩护，旨在捍卫一个复杂问题上的争议立场，同时认真考虑相反的观点，这被称为"反驳"。学者们推崇精彩的学术论证，对那些缺乏支持和逻辑混乱的立场嗤之以鼻。（请参阅本章后面的"从逻辑上进行论证：揭示谬误"一节）。

论证不是辩论、分歧、讨论、共识或立场争辩，而是以学术的方式，庆祝新观点、新启发和新思路。

以下是学术论证的示例（第 5 章介绍了主旨句形式的论证）：

» 在线约会本身就很危险，有时甚至会致命。
» YouTube 上的内容大多不受监管，可能危害很多人的安全。
» 公立学校的儿童必须强制接种疫苗。
» 社交媒体是让很多人感到孤独和抑郁的因素。
» 有学习天赋的学生有义务利用自己的才能改善社会。

在学术上，无论做名词还是动词，"论证"都指支持某一观点的理由和证据。

记住

# 认识论证的各个部分

古典形式的正式论证以各种不同的风格呈现。研究论文的论证则更为随意，可以简化为以下几个主要部分。

» **主张**：你的论断或论点，对问题的立场。
» **证据**：支持你论点的学术资料，也包括反证，即与你的论断相反的立场。
» **意义**：你的主题对学术界的重要性及其对更多受众的广泛影响。

除主要论证要素外，还包括以下特征。

- **可辩的主旨句**：请参阅第 5 章"构建主旨句"。
- **对证据的逻辑表述**：请参阅第 6 章。
- **认可对方的立场**：请参阅本章后面的"反攻之策：反驳"部分。

## 使你的论证具有学术价值

教授在学术论证方面经验丰富，他们常年备课、设计作业、担任委员会成员、撰写报告、开展研究，为职业发展撰写大量专业文件，所有这些都是学术论证。

作为学术论证方面的专家，教授希望你也具备同样的能力。研究表明，教授对学生的期望越高，学生的成绩就越好。你要珍惜和感谢那些对你严格要求、寄予厚望的教授。他们是你的盟友，而非敌人。

### 在日常生活中运用论证原则

论证技巧不仅适用于写作和课堂，它们也能在日常生活和决策中发挥作用，包括评估证据、反驳相反论点、考虑影响，并分析由论证过程产生的新信息和新见解。

在日常生活中，我们经常运用这些技巧来作出以下决定。

- **早晨买饮料**：多少盎司算过量？长期健康成本和财务影响是什么？
- **网购**：方便的代价是什么？当前选项的成本如何？是刚需还是欲望？
- **每日通勤**：通勤是为了方便还是必需？有哪些公开和隐藏的成本？

论证技巧也适用于重大决定，例如：

- **选择人生伴侣**：选择朋友的标准是否适用？他（她）的长处和短板分别是什么？哪些因素会促成/破坏这段关系？
- **选择研究领域**：哪些你感兴趣的领域也能创造你所需或想要的收入？某个职业有哪些硬性要求？有哪些工作限制，如搬迁？
- **申请助学贷款**：获得和未获得助学贷款的后果是什么？短期后果和长期后果是什么？有哪些较为经济实惠的教育替代方案？

**记住**　论证的目的包括说服你的学术受众，让他们相信你的立场在学术上是站得住脚的。当一篇研究论文通过学科内涵来构建时，其学术性得以彰显。以下是学术论证由于有了各学科的支持而得以成立的典型范例。

- **经济学**：经济学论证包括商业和金融方面的问题，例如，损益如何影响论题？什么是可控和非可控成本？货币如何影响绩效？该论题的经济前景如何？
- **心理学**：心理学论证涵盖态度、行为、社会压力、习俗和动机。回答以下问题：该论题是否基于当前的心理学研究？近年来，关于该论题的心理学概念发生了什么变化？有哪些不同的动机？
- **文学**：文学论证需要参考与论题相关的文学作品，包括文学运动、作者和批判性评价。回答以下问题：这部文学作品与同时期的其他作品相比如何？对作品的批判性评价是否合理？主题及其扩展应用是什么？
- **历史学**：基于历史的论证以历史背景作为参考，探讨该主题的起源、演变、重要里程碑以及当前新闻。需要考虑以下问题：该主题的历史意义如何？在同一时期的类似主题中地位如何？谁是该主题的支持者和反对者？

下面是一个非学术用语的例子，它不属于论证或大多数类型的大学写作：

- 每个人都有权发表意见。
- 因为我就是这么想的……
- 根据我的经验，我认为……
- 我一直被教导……
- 因为它不可能是别的……

## 用你的论证打动教授

在满足教授的论证要求前，先做一个有上进心和责任感的大学生，做到：

- 按时上课，不缺席任何课程。
- 课前准备并参与讨论。
- 完成规定的作业。
- 必要时主动承担责任，不依赖他人。

下面将介绍教授对你的论证的期望。

### 更广泛的联系

教授对你的论证有以下期望。

- **教授**：将你的论文与教授的学术兴趣联系起来，如教授的研究、发表的文章和出版物，或特定的主题。以既有创意又讨喜的方式与教授联系起来，展示你对该选题的广泛应用。

» **课程**：将你的选题与课程要求挂钩，如其他作业、测试、报告和课堂讨论。
» **校园辩论**：学术争论在校园生活中司空见惯，就像志愿者组织一样普遍。考虑与你的论证相关的校园话题。
» **时事**：考虑全国热点话题，如气候变化和移民及其与你的论点的相关性。

**满足期望**

教授对你的研究论证有何期望？他们希望在你的研究论文中看到：

» 你对论文、其价值、重要性及应用的了解。
» 将学术资料转化为证据。
» 证据与论题之间的联系。
» 通过发现的信息，揭示了更深层次的含义。
» 按照要求的文献格式撰写论文的能力。

# 用6个简单步骤进行令人信服的论证

论证就像堆积木，每一步都是下一步的基础。因此每一步都要坚实有据。
论证是大学学术的基础。无论阅读还是写大学作业，都离不开论证。
通过下面这些步骤进行论证，你会得到一个满意的分数。

## 第1步：明确立场

从你的主题、论题和背景阅读中构建你的论证。澄清你在这个主题上的立场。你的论证如何达到作业要求？在引言中（参见第15章）说明你的论点及其对该领域学术研究的意见，并解释为什么受众应该关注它。

如果你撰写的是一年级研究论文，应在论文后附上该主题的研究摘要。如果是高年级研究论文，则应向你的教授咨询撰写综述所遵循的规范。

## 第 2 步：研究问题

在确定论点后，你需要搜索更多的背景信息，为论证提供更广泛的基础。阅读相关背景信息，寻找以下问题的答案：

> » 关于该问题，有哪些既往研究？
> » 该议题有哪些利弊？
> » 该议题有哪些标志性事件？

第 5 章介绍了特定研究领域或主题中的资源集合。

## 第 3 步：应用支持性证据

在论文正文部分运用证据支持论点。提出证据，解释它如何支持你的论点，并将它与主旨句联系起来。第 5 章介绍了如何构建主旨句、如何查找文献来源；第 6 章阐述了如何将文献来源转化为证据。

运用你的证据来论证你的观点，就像你用证据证明某所大学最能满足你学术需求。使用各种证据（参见第 6 章），尤其是你在图书馆找到的学术资料。

## 第 4 步：学术论证

你的教授和学术界都希望你能进行学术论证，这就要求你提供来自各学科的证据，我在本章前面的"使你的论证具有学术价值"一节中对此进行了解释。学术论证同样需要学术资料的支撑。

## 第 5 步：处理反证

反证增加了你论证的复杂性，同时展示了你立场的客观性。后面的"反攻之策：反驳"部分将详细介绍反证及其在研究中的作用。

## 第 6 步：得出结论并提出见解

这一步将为你赢得学术荣誉。解释你通过论证得出的新信息和新见解。请考虑回答以下问题：你的结论有何意义？你对该论题的信息体系作出了什么贡献？信息之外的延伸意义是什么？你的论证如何用于学校以外的地方，比如本地、国家和国际层面？第 15 章将详细讲解如何撰写研究的结论。

**记住**

在高级研究项目中，结论部分通常标为"结果"和"讨论"。

# 反攻之策：反驳

反驳就像改造之前的拆除。反驳是你在改造和建立可信论点之前需要解决的问题，它表明你对自己的论点有全面的了解，并能讨论相反证据的优缺点。它是充分披露。

像一名优秀的出庭律师一样，你必须预测对你论点的反对意见，并研究如何回击这些反对意见。要避免谬误（参见下一节）。当反证与你的论点相悖时，不要贬低它，理性、智慧、冷静地进行论证。

在回应反驳时，要使用尊重性用语。第 10 章介绍了适合受众的语言，使用尊重、得体的语言，不要使用粗俗、不文明的词汇，要像和长辈说话一样回应反驳。

**建议**

如果你找不到反对你论点的文献来源，说明你的论题缺乏可争辩的问题，你很可能需要调整你的论证。

如果你同意某个反证，请解释原因并重申你的立场。

反驳内容应体现以下几点：

- 深入了解论题，包括相反意见。
- 针对你的立场的反对意见。
- 作为研究者的责任。
- 了解主题。

从三个方面进行反驳：

- 找出对立的观点。
- 明确你的观点。
- 解释你的不同意见、中间立场或论点的整体优势。

下面是一个 MLA 风格的反驳范例：

研究综述显示，许多文献支持为首次上大学的学生提供无息和低利息的学生贷款。里格认为，低利息贷款无法解决学费不断上涨的问题。她的观点是正确的，高昂的学费将继续阻碍着数百万学生上大学。

但是，低利息贷款将为一批首次上大学的学生提供上大学的机会，研究显示，这将促使更多家庭成员选择上大学，因为家里的第一位毕业生树立了成功的榜样。

如果你的初步研究表明，相反的论点比你的证据更有力，请考虑推翻你的论点。

建议

# 从逻辑上进行论证：揭示谬误

如果你不知道什么叫非逻辑思维，请看下面这个例子：

你所在的大学决定提高学费。政策制定者认为，提高学费不仅能提高毕业率，还能帮助毕业生获得平均工资10万美元的入门级职位。

他们的想法是：美国东北部的一些大学将每年的学费提高到8万美元，随后一年毕业率和毕业生的起薪都有所增长。

你信吗？肯定不信。一个理性思考的人会马上发现其中的谬误——因果关系谬误。提高学费并不能增加毕业率和起薪。

错误逻辑或逻辑谬误代表着思维中的错误，它们会破坏你的论点、污染你的证据、损害你的论证。它们就像笔记本电脑里进了沙。

以下是大学研究论文中经常出现的其他谬误（很遗憾，但它们确实存在）：

» **把传闻和轶事当作证据的谬误**。这样的谬误在于，把传闻和轶事当作趋势证据。例如，在我的教师生涯中，有几位学生告诉我，他们在户外写作业，大自然的灵感使他们获得了A。自然美景可能会给你带来灵感，但相信大自然能提高你的绩点是不合逻辑的。大自然之所以帮助你获得了A，是因为你本身就是一名优秀的学生。

» **权威谬误**。某个权威人士认可了某件产品，你就认为该产品一定是好的。例如，如果公司的首席执行官每天吃比萨，你就觉得比萨对你的健康也一定有益。不要接受这种思维方式，但可以享用健康的比萨。

» **从众谬误**。大家都在做，所以一定是对的。例如，大学正在实施一项计划，允许学生将宠物带进校园，你因此觉得这一定是个好计划。研究显示，校园里的宠物可以帮助学生减轻压力。遗憾的是，金毛犬并没有聪明到可以帮你写论文，它们更愿意把论文吃掉。

» **非此即彼的谬论**。生活和学习不是非此即彼的选择。这种谬误就好比说，高中毕业后，只有私立大学或公立大学可以选择。这种想法排除了社区大学、入伍、贸易学校甚至是毕业旅行等选择。
- » **证据缺失谬误**。这种谬误的思路是，如果你想不出不应该减免学费的理由，就应该减免学费。这种思维方式是错的。
- » **以偏概全谬误**。这种谬误将一种经验套用于所有经验。例如，一名学生在数学考试前游泳，后来数学考试获得了A，你因此推论，游泳是提高数学成绩的办法。
- » **中庸谬误**。中庸谬误认为，解决问题的办法总是折中的。例如，如果一所大学需要新的技术基础设施，解决办法是今年安装一半，资金充足时再安装另一半。
- » **稻草谬误**。稻草谬误是对证据的错误陈述，就像稻草构筑的建筑一样站不住脚。比如，一个人说："我支持公共教育。"对手说："这就证明你不支持老年人，因为你优先支持儿童。"

# 揭示关于论证的谬误

大学生在非正式场合社交时，会听到一些夸张的故事。当不准确的故事被频繁重复时，不明真相的听众就会以为它们是真的。然而，再多的假故事也不能构成一个真故事。数学不是这样用的，这些故事被称为迷思。以下是有关论证的迷思及其破解方法。

### 我的目标是说服教授接受我的立场

你的目标不是让教授接受你的立场，而是让他们相信你的论证。教授对你的立场兴趣不大，但你可以通过提出论点、用可靠的资料支持论点、分析论点并为论题贡献新的知识和见解来吸引他们的注意。

如果你能通过对论点的原创性思考写出令人难忘的结论，教授会记住你。

### 我可以运用中庸之道获得一个好分数

中庸立场类似于保持中立态度，永远不会取得进展。这种思维与论证的目标相悖，论证的目标是对一个可争论的问题表明立场，反驳对立观点，并讨论学到的知识及其影响。

中庸立场在高中可能有用，但在大学里却不会为你赢得及格分数。快去找个鲜明的论点吧！

## 我应该论证我个人喜欢的话题

在根据个人喜好选择题目之前,请参考以下标准并回答有关选题的问题:

- 该选题是否符合作业的主要要求?
- 该选题是否包含可论证的学术问题?
- 该选题是否包含大量可用研究?
- 该选题与课程内容相关吗?
- 该选题是否符合学术受众的兴趣?

在满足这些先决条件后,选择一个你喜欢的、能让你在几周内保持兴趣的主题。

## 工作后我肯定不会再写研究论文了

你说得没错,大学毕业后,你可能永远不会再撰写研究论文,但在日常生活和整个职业生涯中,你都会用到论证原则。请参考本章开头对论证的日常应用的说明。

本章所阐述的论证原则是一种技能,几乎适用于生活中所做的每一个决定。

## 我在预科英语文学和作文考试中得了满分:毫不费力

祝贺你得到高分。你的写作技能很棒,但分析论据是另一个技能,此外,要查找和使用文献以支持你的研究,你还需要额外的技能。

英语文学和作文考试的方法是:阅读文学题目并回答一系列问题,这要求你进行文学分析并结合你的阅读背景。该考试衡量你的阅读和写作能力,是评估你是否具备大学入学资格的有效方式。

该考试不要求你展示顺利毕业所需的技能。预科英语文学和作文写作不是争论性的(尽管考试机构会争辩说它是),不需要进行调查和评估证据,也不需要对证据进行反驳。

5分的满分值得称赞,只有一小部分考生能获得如此优异的分数。我相信你会在大学里取得好成绩,你也会在议论文写作和研究方面有亮眼的表现。

> **章节提要**
>
> » 了解不同的引用规范
> » 谨记文献引用的三大原则
> » 避免在文献检索时过度依赖公共领域的资料
> » 回答有关引用的常见问题

# 第 8 章
# 引用文献和最终确认

作为一名大学生，你知道大学有其规则和传统。例如，只有在支付学费后才能收到课程表，只有在达到所有要求后才能获得最终成绩。

做研究也一样，要符合引用规范，还要标明文献来源。在大学早期的研究中，你会发现文献费用规则是不可商议的，如在参考文献条目中使用复杂的标点符号。随着研究的深入，你会发现像《芝加哥格式手册》这样长达 1 100 多页的风格手册所规定的规则还远远不够。

本章介绍了引用研究文献来源、记录文献来源、确定哪些需要引用哪些不需要引用、创建文献来源列表以及在必要时为文献来源添加注释的严格规则。

让我们进入研究状态，开始引用吧！

## 认识文献引用的目的：学术之路还是高速公路

学术引用和文献格式规范，包括引用和列出出处，就像一个教室同时有很多老师在讲授规则一样，肯定会令人困惑。但作为一位经验丰富的学者，你已经学会分而治之，只关注适用于你的研究、来源和文献记录的规则。

学术引用和文献格式规范会使你的论文更加连贯和一致，这是研究型写作的宝贵财富。不遵循规范，就像不同的作家用自创的字母写作。

学习多种学术引用和文献格式规范就像同时学习多种语言一样，有些学校允许学生在整个大学期间只采用一种规范，而有些教授则有自己的专属规范，其中一些与学校的要求截然相反。你正在撰写的论文必须符合教授的规范。你可能会有两种喜欢的规范，分别应用于同一学期的两门不同课程。

第 2 章概述了三种流行的学术引用和文献格式规范，以下各节将对它们进行深入讲解。

## 了解不同的学术引用和文献格式规范

学习一种学术引用和文献格式规范比同时掌握三种或更多要容易。但通常情况下，你没有选择的余地，因为这由你的大学、院系或教授说了算。

在大学里有三种常用的学术引用和文献格式规范，你至少需要精通其中一种，也可能被迫掌握两种。在某些情况下，你会被要求熟悉三种规范，这就像在同一个海滩上被闪电击中三次一样，概率极低，但也不是不可能。

下面我们就来看看大学中最常见的学术引用和文献格式规范。

» **APA（美国心理学家协会）**：APA 出版的指南《美国心理协会写作手册》为心理学家、科学家和类似专业人士提供学术引用和文献格式规范。最新出版的第 7 版更加注重对学生论文的指导。APA 还包含有关写作风格和尊重性措辞的示范章节。

» **MLA（美国现代语言协会）**：MLA 出版的指南《MLA 论文写作手册》侧重于为文学、传媒及相关学科领域的学生论文提供准则。MLA 的第 9 版包含引用和参考文献示例的章节。

» **Chicago（《学期、学位、学术论文写作指南》）**：《芝加哥格式手册》（CMOS）第 17 版侧重于为图书出版商、人文社会科学领域的作家和编辑提供准则。本书采用 CMOS 风格（但该品牌有自己的风格）。Chicago 包含著名的《学期、学位、学术论文写作指南》，这是 20 世纪 50 年代在高中和大学中广泛使用的规范，包括文稿撰写和语言惯例。

## 关注相似之处

幸运的是，这三种规范在格式上有相似之处，如大写字母、间距和字体偏好。

以下是三种规范在语言方面的共同点示例：

» **序列逗号**：逗号跟在序列中的所有项目之后，"和"之前也要使用逗号。以下是一个示例。

My favorite authors are Ernest Hemingway, Walter Isaacson, Malcom Gladwell, Adam Grant, and Ray Didinger.（我的最爱作家是欧内斯特·海明威、沃尔特·艾萨克森、马尔科姆·格拉德威尔、亚当·格兰特和雷·迪丁格。）

» **所有格**：专有名词的所有格单数形式由一个撇号加上字母"s"（'s）构成（请参阅第 12 章的词类回顾）。以下是一个示例。

**St. James's** Doghouse was damaged by an impaired driver.（圣詹姆斯的狗窝被一个酒后驾驶的司机撞坏了。）

其他规范则要求这样使用撇号：

**St. Jame's**

以下是三种规范在格式上的区别示例。

» **对于标题中的介词**，APA 规定，标题中由四个或四个以上字母构成的介词都要大写，比如：

Realtors **with** Causes（带着使命的房地产经纪人）

MLA 和 Chicago 建议标题中的所有介词小写，比如：

Realtors **with** Causes

» **以下是三种规范的文献列表名称：**

APA 使用标题式"参考文献"（heading reference）。

MLA 使用标题式"引用文献"（heading works cited）。

Chicago 使用标题式"参考书目"（heading bibliography），有时也叫"参考文献"（reference）。

在注释文献来源（参见第 16 章）并简要介绍每种文献来源时，三种规范都使用标题式"注释书目"（annotated bibliography）。

这些列出来源的标题名称对于研究论文有多重要？它们可能成为成绩的决定因素。当教授初次评估你的研究论文时，他们会查看你的文献列表和标题，从而判断你对所要求的引用规范的掌握程度。

在本书中，我交替使用参考文献（APA）、引用文献（MLA）和参考书目（Chicago）这三个术语。

你的教授对引用规范和文献指南的偏好优先于本书中的手册要求和指南。

## 教授们对学术引用和文献格式规范的要求

在大学里讲授学术引用和文献格式规范，就像向数学专业学生教授语法一样不受欢迎。除了基本规范之外，许多教授还编制了专门的引用和参考文献条目提示单。

例如，教授可能需要在两个不同的班级教授 APA 和 MLA，在自己的专业出版物上使用 Chicago，而在他们指导的新闻专业学生的刊物上使用 AP（美联社）规范。如此多的引用规则超出了教授们大脑的存储负荷。

他们还会使用一种你也应该使用的资源：写作中心网站上的规范指南（请参阅 www.dummies.com 上的"小抄"，了解网上可用的文献来源）。

教授们强调杜绝剽窃，并重点关注常见条目的引用和参考文献（书籍、期刊论文、网站和社交媒体）。详细研究教授在课堂上使用的文献模板，并在需要时截屏，在撰写论文时参考它们。

你必须证明基本文献来源的引文和参考条目的准确性。教授不会仔细检查参考文献标点符号等细节，除非是醒目的错误。

如果教授上的那门课程既注重文献引用规范、又注重研究写作，那么对你的要求就会更高，当然，你的收获也会更大。

当你有多种规范可供选择时，请从 APA 和 MLA 中任选一种你更得心应手的规范。

# 了解三种引用规范：APA、MLA 和 Chicago

你可能会问，为什么会有这么多不同的学术引用和文献格式规范？APA、MLA 和 Chicago 的区别背后是否有逻辑依据？为什么作者和页码的呈现会有微妙的区别？思路是这样的。

» **APA 注重作者和日期的呈现**：这一传统由来已久，有半个世纪的历史。美国心理学家协会（除了作者外）认为，科学文献和数据的日期比页码更重要。

» **MLA 和 Chicago 注重作者与页码的呈现**：MLA（现代语言协会）在 20 世纪 50 年代成立之初就认为，作者和页码应成为文献注释的核心，因为在文学作品中定位某一段落比出版日期更为重要。Chicago 风格也强调了页码的重要性。

换句话说，APA 注重作者和日期；MLA 和 Chicago 则注重作者和页码。

## APA 引用

APA 在大学似乎比在高中更受欢迎。一些大学几乎完全使用 APA。APA 遵循许多风格指南，并要求在引用时注明作者和日期。例如：

（史密斯，2023）

如果引用需要页码，或者教授要求在段落或摘要中使用页码，页码应紧跟日期，如下所示：

（史密斯，2023，pp.47-52）

当引用出现在包含研究者姓名的句子中时，其呈现为：

史密斯强调了阅读的重要性，他说："如果三年级到十二年级的所有学生将他们的阅读时间增加一倍，教育系统将节省数十亿美元，补习将显著减少，并且大学辍学现象将几乎绝迹"（2023，p. 47）。

而当句子中缺少研究者的名字时，它会变成这样：

一位扫盲专家强调了阅读的重要性，他说："如果三年级到十二年级的所有学生将他们的阅读时间增加一倍，教育系统将节省数十亿美元，补习将显著减少，并且大学辍学现象将几乎绝迹"（史密斯，2023，p. 47）。

> **记住**：
> "要求"和"建议"这两个词没有区别，如果你的教授"建议"这样做，那就是"要求"。在完成课程项目时，所有格式规范手册中的规则和建议都是强制性的，除非教授有其他要求。

你敏锐的双眼会注意到以下有关 APA 引用规范的细节：

- » 只使用作者的姓。
- » 作者的姓后面加逗号。
- » 页码使用缩写"p."。
- » 引文位于句号内。
- » 引文终止位置位于括号之前。

## MLA

20 世纪 50 年代中期，MLA 取代了凯特·杜拉宾（Kate Turabian）编写的《学期、学位、学术论文写作指南》烦琐的脚注风格，成为当时流行的学术引用和文献格式规范。不同于 APA，MLA 包括两种显示作者和页码的格式。

- » **当文中没有提到作者姓名时，引文是这样的：**
  最近的一项研究表明，如果三年级到十二年级的所有学生将他们的阅读时间增加一倍，教育系统将节省数十亿美元（史密斯，47）。

- » **当文中提到作者时，引文只包含页码，看起来像这样：**

史密斯认为，如果三年级到十二年级的所有学生将他们的阅读时间增加一倍，教育系统将节省数十亿美元（47）。

请注意 MLA 引用的以下细节：

- 同时出现作者和页码时，不用逗号隔开。
- 只出现页码时，不加"页"或其缩写"p"。

# Chicago

它是最不受学生欢迎的学术引用和文献格式规范，尤其是当教授要求使用烦琐的注释和书目格式时。下面我们来看看 Chicago 的两种引用方式：

**作者 + 页码**

和 MLA 的引用样式相同，只需用括号写出文献来源的作者，然后是页码：

（史密斯 45）

"作者 + 页码"是 Chicago 规范引用任何文献来源的基本格式。

但你知道，引用不可能那么简单，细节会影响成绩。更深入地说，当引用中包含引文，或者教授要求为改述和总结提供页码时，引用看起来是这样的：

（史密斯 2023，47）

如果在句子中不提及作者姓名，那么"作者 + 日期"呈现为：

另一位研究人员强调了阅读的重要性，他说："如果三年级到十二年级的所有学生将他们的阅读时间增加一倍，教育系统将节省数十亿美元，补习将显著减少，并且大学辍学现象将几乎绝迹"（史密斯 2023，47）。

如果你是一个细致的人，你就会注意到以下几点：

- 只使用作者的姓。
- 作者史密斯后面没有逗号。
- 括号位于末端标点符号前面。

**注释和参考书目**

最不受欢迎的引用要求是 Chicago 注释和书目，也称为脚注风格。该风格要求在需要脚注的句子末尾设置编号（从 1 开始）。

脚注中的数字被称为上标，位置略高于正文行。你可以想象一下在手动打字机上输入上标是多么麻烦。如果想象不出来，问问你奶奶。

# 引用的异同

每个人都是独一无二的，引用也一样有异同。以下是三种常见规范的相似之处。

» **当作者或创作者的姓名不详时，引用以标题开头，格式如下：**
    委员会的报告认为，疫情之后的工作场所发生了翻天覆地的变化（《今天的职场》，2023）。

» **如果没有页码，则用来源的章节（第 8 章、第 5 节、第 2 部分等）代替页码。**
    Mendez 补充说："当今，管理者面临的挑战在于维持办公场所的协同效应"（第 1 部分）。

表 8-1 显示了不同文献规范的引用差异。根据文中是否提及了作者姓名，表 8-1 中的引用形式可能会有所不同。

**表 8-1　不同文献规范的引用差异**

| 特点 | APA | MLA | Chicago |
| --- | --- | --- | --- |
| 引用重点 | 作者 + 日期 | 作者 + 页码 | 作者 + 日期 |
| 作者 | Barret, J. | Barret, Jose S. | Barret, Jose S. |
| 多位作者 | (Barret & Seal, 2023)<br>(Barret et al., 2023) | (Barret, Jose, and Tony Seal)<br>(Barret, Jose S., et al.) | (Barret, Jose, and Tony Seal)<br>(Barret, Jose S., et al.) |
| 引用格式 | 作者 + 日期<br>(Troy, 2023, pp. 21–40) | 作者 + 页码<br>(Troy 2023, 21–40) | 作者 + 页码<br>(Troy 2023, 21–40) |
| 文献来源列表 | 参考文献 | 引用文献 | 参考书目 |
| 页码显示 | p.（页），pp（页码范围） | 不使用缩写 | 不使用缩写 |
| 标点符号提醒 | 作者和日期后加逗号 | 作者后没有逗号 | 作者后没有逗号 |
| "和"及"&"的使用 | 多位作者间使用"&" | 多位作者间使用"和" | 多位作者间使用"和" |

# 明确需要记录的内容：注明出处

想到文献就要想到引用，想要引用就要想到参考文献列表。记得根据规范或者教授的要求准确标明来源的细节。记住，相比准确的引用，教授更容易发现不准确的引用。

准确引用的第一步，是在找到一篇文献资料时，立即标注来源要素。相比在写作和编写参考文献页时匆忙查到与潦草标注，一开始就关注细节能够显著减轻你的压力并节省时间。当你尝试过这个建议后，你会发现，它是本书中最好的时间管理策略。

许多大学生在决定引用什么和如何引用的过程中都会遇到困扰。但在回答"什么"和"如何"的问题之前，我们先解答"为什么"。

下面列出了需要记录文献来源的原因：

- 说明你的想法来自哪些作者或作品。
- 展示你对各种引用规范的了解。
- 避免以虚假陈述的形式进行剽窃。
- 区分学生作者的观点和文献的观点。
- 为其他学者提供检索文献来源的线索。

以下各节将介绍需要记录的来源信息，并提供 APA、MLA 和 Chicago 风格的示例。

## 总结和改述

总结和改述是一种写作工具，可以将几页纸的信息压缩成几句话或一个段落。
这两种方法都需要标明出处，因为你是从文献来源中获取观点，并用自己的语言加以解释。

- 总结。下面是一个 APA 格式的示例：

  Pirillo（2023）支持的研究表明，家庭环境中词汇的丰富程度与课堂上的阅读水平之间存在相关性（p. 142）。

因为句子中包含了作者和日期，所以括号里只有页码。
而 APA 要求用缩写"p."表示页码。

- 改述。下面是一个 MLA 和 Chicago 格式的改述示例：

  埃利斯和托佩兹研究了中学生的社交媒体职业梦想，这些学生表示，"网红"赚的钱，大学毕业生做梦都想不到（160）。

> **引用句子的样式选项**
>
> 三种流行的规范中，有两种引用句子的样式：叙述式和括号式。以 APA 为例：
>
> - **叙述式**：作者在文中被提及，通常在句子的开头：
>
>   格雷厄姆（2023）解释说，在后疫情时代的工作场所，过去每周四天的工作制出现了新的变化（p. 105）。
>
> - **括号式**：正文中没有提及作者姓名，在括号中包含作者姓名。看起来是这样的：
>
>   在后疫情时代的工作场所，过去每周四天的工作制出现了新的变化（格雷厄姆，2023，p. 105）。

记住

第 8 章　引用文献和最终确认　101

教授们对于总结和改述中的页码偏好各不相同。

# 引　文

我们在生活中要乐于接受各种选择，引文也一样。引文有三种长度，下文将逐个讨论，并说明方法。第 6 章详细阐述了如何创建和追踪引文。

## 全句引文

在研究中，战略性地使用全句引文。下面是 APA 格式的全句引文。

委员会中的一位阅读专家建议："阅读并提出问题，然后继续阅读并提出更多问题。"（迪拉德，2023，p. 56）。

## 部分引文

部分引用更容易融入文本中。以下是 MLA 格式的一个引文示例：

迪拉德通过鼓励学生"阅读和提问"，说明了自我教育的简易性（56）。

当句子中提到作者姓名时，MLA 要求只需在括号中注明页码。

## 整段引文

使用长篇幅引用要像使用漂白产品一样小心谨慎。错误使用会造成不可挽回的后果，比如教授会认为你是为了凑字数。

下面是 MLA 关于较长篇幅引用的规定：

- 适用于长度超过五行的引用。
- 从左边缘缩进半英寸。
- 以冒号引导。
- 如果文中提及作者姓名，括号中只标明页码。

下面是 Chicago 格式的一个例子。

杰克逊描述了第二次世界大战后美国的公立学校：

混凝土建筑有两个醒目的入口，分别标有"男生"和"女生"字样。这几个字刻在石头上，仿佛在说："这就是现状，我们不打算改变。"所传达的信息就像国庆节的压轴烟花一样响亮。教室里，体罚是一种常用的惩戒手段。那些告诉父母在学校被打屁股的儿童，在家还会受到惩罚（47）。

## 分析和综合

第 6 章介绍了这两种重要的证据形式。以下是 Chicago 格式的分析示例：

NIL 改变了大学竞技体育的格局。学生运动员演变为学生运动员创业者。"自由运动员"带着数百万美元的合同离开学校。付费比赛是否已经发展成为聘请运动员的制度？NIL 是否淡化了学生-运动员中的"学生"身份？如果说过去的重点是教育，现在是否变成了建立体育帝国（巴里斯，72）？

下面是 Chicago 格式的综合示例：

NIL 通过将超级明星变成"富有者"，将替补变成"贫穷者"，改变了队友和同学之间的关系。财富差异在校园生活中得以体现，并在课堂上形成经济分化，就像是"快餐店工人与知名运动员共享知识空间"（格罗斯曼，26）。

## 源内容中的统计数据

与引文、特定术语和图形图片类似，统计数据也需要从其来源获得。有时，数据来源会有偏见，而来源的内容有助于识别这种偏见。

这里有一个 Chicago 格式的例子，展示了源背景下的统计数据：

美国环保局估计，西部一些大城市的空气污染率为 11%，比过去两年有所改善（EPA 2023：76）。

## 特定文献来源或领域的专用术语

什么样的术语特殊到需要记录？当一个领域的特定术语的特殊含义不同于该术语的传统含义时，就需要记录：

霍利斯和托马斯以"缺乏读写能力的人群"为研究对象，对识字能力进行了研究，并发现"词汇量"与阅读水平之间存在高度相关性。（布兰森，56）。

引号中的两个术语在研究中的含义不同于其传统含义。

## 照片、网络图片和展示性作品

它们是你创造的吗？这个问题的答案决定了是否需要记录从互联网上获取的图片的出处。你需要简要说明来源和日期。下面是 APA 格式的一个例子：

该照片证实了这个时间段（"1980 年代风格的服装"，2023）。

# 法律参考文献

这是另一个让教授满意的地方。如果你对某些脑神经施加压力，你几乎总是可以将法律参考与你的论文或反驳联系起来。记住，法律总是站在你这边。

APA 手册用通俗易懂的语言解释了如何引用法律文献。表 8-2 列举了著名的最高法院判决和里程碑式的法律文件，它们以 APA 格式呈现：

**表 8-2　引用具有里程碑意义的法律参考文献**

| 最高法院作出判决的案件 | 具有里程碑意义的立法 |
| --- | --- |
| （马伯里诉麦迪逊案，1810 年） | （《民权法案》，1991 年） |
| （米兰达诉亚利桑那州案，1966 年） | （《莉莉·莱德贝特公平薪酬法》，2009 年） |
| （罗伊诉韦德案，1973 年） | （《国防教育法》，1958 年） |
| （欧伯格菲诉霍奇斯案，2015 年） | （《清洁空气法修正案》，1970 年） |
| （布朗诉托皮卡教育委员会案，1954 年） | （《美国残疾人法》，1990 年） |

# 有争议的信息

如果信息与常识相矛盾或不合逻辑，请标明出处。读者需要知道来源。这里有一个 APA 格式的例子：

1964 年的阿拉斯加地震是一场由流氓记者策划的视频骗局（赫兹，2023：147）。

# 个 人 通 信

在研究中，用于支持证据和提供背景信息的常用来源包括电子邮件、短信、帖子、采访和电话。这些来源被标注为个人通信，并按照以下示例中的格式进行引用：

校园赌博的蔓延在布罗根博士的电子邮件中得到了证实。该邮件指出在上课之前，在线预测游戏 Fantasy Sport 是学生频繁讨论的话题（个人通知，2023 年 11 月 17 日）。

下面这些大学里常用的信息来源也需要记录。

| 电子来源 | YouTube 频道 | 会议 | 录制的网络研讨会 |
| --- | --- | --- | --- |
| 互联网资料 | 学位论文 | 公共法律 | 书籍章节 |
| 播客 | 年度报告 | 文集 | 讲座 |
| Facebook 页面 | 授权书 | 道德守则 | 新闻稿 |

续表

| 书评 | TED 演讲 | 信息图表 | 专利 |
| --- | --- | --- | --- |
| 软件 | 条约和协议 | 社论 | 演讲 |
| 纪录片 | 实物证据 | 报告 | 电视剧 |
| 推文 | 应用程序 | 书评 | 公共法律 |

# 不会出错的引用？文献条目生成器的利弊

文献条目生成器就像电动工具，如果使用得当，可以让你的论文翔实、细致和专业；但如果使用不当，则有可能造成破坏和混乱。文献条目生成器是针对特定的引文样式设计的，其准确性取决于你输入的信息。以下几节将说明文献条目生成器的优缺点以及使用它的注意事项。

## 明 确 利 弊

文献条目生成器正被越来越多地用于各个研究领域。它可以节省时间，也可能浪费时间。当文献条目生成器生成不准确的信息或格式时，它还会让你得低分。但不要将错误归咎于文献条目生成器，教授不会买账。

我们来看看文献条目生成器的优点：

- » 节省时间，减轻压力。
- » 创建参考文献列表。
- » 有时与你的学术引用和文献格式规范有关。
- » 经常附属于图书馆数据库。
- » 越来越高效、可靠，并开始融合人工智能。

为了你的方便，几乎每个图书馆数据库都配备了标准的文献条目生成器，这也是你喜爱本地校园图书馆的另一个原因。

下面我们来看看文献条目生成器的缺点：

- » 耗费时间，增加压力。
- » 当输入的信息不准确时，会产生不准确的结果。

记住

第 8 章 引用文献和最终确认

- 要求输入准确的文献来源信息，包括类型（期刊、文章、网站或播客）。
- 复制和粘贴时可能会导致文档格式错误。
- 需要详细校对结果。
- 可能会要求你支付服务费或高级版费用。
- 并不总是包含最新版本的引用和格式规范。
- 必须在正式使用前先练习。

## 使用文献条目生成器的注意事项

寻找一个可靠的文献条目生成器就像在大学组织的会议上试图找到好吃的食物一样困难。如果你认为文献条目生成器是节省时间的最佳方式，使用它时请注意以下几点：

- 输入不准确的信息会产生不准确的结果。
- 拼写错误会导致结果不完整。
- 你的教授可能不赞成你使用文献条目生成器。
- 你不能对结果照单全收：不可靠的生成器会给你一些你不需要的结果。
- 生成的条目可能不是最新的。

# 了解常识

有些信息是常识，有些则不是。常识类信息不需要标明出处，但后者需要。

常识是几乎每个受过教育的人都能轻松回忆起、在普通百科全书中找到，并能要求人工智能为你查找到的信息。你无须标明这些信息的来源，比如：

- 林肯是美国第16任总统。
- 史蒂夫·乔布斯创造了iPhone。
- 英语技能是进入商业领域的敲门砖。
- 大学之所以被称为高等教育，是因为大学阶段的学习比中学更深入，层次也更高。

常识的一个独有特点是，读者在不知道信息来源的情况下，将其作为事实。

但一些看似是常识的知识，其实并非常识。你可能通常知道太平洋是五大洋中最大、最深的一个，但不为人知的是，它的深度超过 35 000 英尺，也就是 6 英里多一点。由于这是详细说明一个事实的专业统计信息，因此你需要标明出处。

一般来说，当你不确定某条信息是否是常识时，请说明出处。如果你担心每句话都需要标明出处，可以咨询参考馆员或写作中心的老师。

# 从公共领域寻找免费资料来源

你发现了一个资源库——免费且不附带任何义务，并且它永远不会上锁。它被称为公共领域，它指的是那些不受版权法保护的内容，意味着像你这样的大学生有权在未获得许可的情况下使用其中的资料。

比如，你在引用《哈姆雷特》时不需要给莎士比亚发短信征求同意，但你仍有义务注明作者姓名、出处，并将其纳入参考文献条目。

在美国，被指定为公共领域、不再受版权法保护的作品包括：

» 作者去世 70 年后的书籍。
» 版权已过期（一般超过 75 年）的书籍。
» 1927 年之前出版的书籍。
» 美国政府或特定州政府出版的作品。
» 莎士比亚戏剧。

互联网资料并不完全属于公共领域，必须符合前述标准才能被标记为公共领域。

## 应用 DOI 和 URL

参考馆员无所不知。询问他们图书馆是否使用新的检索语言——数字对象唯一标识符（DOI）。DOI 正在逐渐取代已经过了社会保障资格年限的、脆弱的统一资源定位符（URL）。

已有 20 年历史的 DOI 是检索期刊论文、书籍和其他文档等数字信息的可靠方法，它为数字文档提供永久地址。你好 DOI！再见 URL！

DOI 在最新版的 APA 和 MLA 中获得认可，成为超级明星。新的数字地址出现在参考文献和引用文献中，受欢迎程度超过了 URL，大多数文献引用规范都推荐使用 DOI。

DOI 通常作为参考文献列表的最后一项出现，一般以 https://doi.org 开头，后跟一串数字。本章的一些参考文献格式中包含了这些数字。请记住，当某个数字资源没有 DOI 时，就用 URL。

# 最终确定文献来源：参考文献列表

最后的文献清单就像谢幕演出，一场明星们盛装登台的演出。

接下来的文献来源列表以正式的条目形式呈现，展示了三种流行格式的示例。请对照本书或其他资源中的示例检查文献格式。如果你愿意，也可结合使用文献条目生成器和模板。

## 两种大小写规范

学术引用和文献格式规范经常出现不一致、不合逻辑的情况。为什么不能有一个统一的规范？

下面举例说明两种截然相反的标题大小写规范：

- "实词大写"是一种书写风格，要求标题中每个主要单词的首字母大写、次要单词的首字母小写。主要单词包括动词和名词等，以及四个或更多字母组成的所有单词。不需要大写的有三个或更少字母组成的连词、介词和冠词。标题和副标题（冒号后面的部分）的第一个单词首字母大写。

以下是标题大小写的示例：

The Great Debate: Veggies or Meat on Your Pizza

这种规范在 APA 中很常见，主要应用于：

- 书籍、期刊和报告的标题。
- 论文章节里的各级标题。
- 图表标题。
- 影视、戏剧、歌曲、电视节目和艺术作品的标题。
- 论文标题。
- "句首大写"是 MLA 和 Chicago 的通用规范，要求标题中的大多数单词小写。例外情况包括标题和副标题的第一个词以及专有名词。

下面是一个例子：

The great debate: Meat or veggies on your pizza

"句首大写"、其他单词小写的标题看起来不那么吸引人。

APA 要求在文章的参考文献部分中使用"句首大写"，即将标题转换为句子格式。而在文章正文中出现的标题则采用"实词大写"。换句话说，文章正文中的标题采用标题格式，参考文献中的标题采用句子格式。

MLA 和 Chicago 要求正文中的标题以及引用文献和参考书目中的标题都符合"实词大写"规范。

APA 和其他格式的参考文献、引用文献和参考书目中的条目有数百种变体，本节只展示其中的一小部分，完整的示例列表可参考学术引用规范和权威网站。

记住

## APA 条目示例：参考文献

下面是 APA 格式的参考文献页条目示例：

### 图书

McAnn,C.A.,&DeLancy,AJ.(2023).Successful workplace practices in the age of technology. National Technology Commission.https://doi.net8:1420/ 888806203-422.

### 期刊文章

Davis,J.L.(2023).When the workplace leaves the workplace.Today's Workplace Journal,8(21),135-158.https://doi.edu8:1420/8888349629-422.

### 博客

Kutch, A.J. (2023, April 5). When reading becomes passive. The Reading Review Blog. http://garnetmedia.org/blog/2023/4/when/reading/becomes/passive.

### 网页

Boyer,J.K.,Kipp,S.J.&Shoeman,A.S.(2023).Engineering in the new age.https:// engineering.careers/strategies/3444/4634356/EGHD3465/.

### Instagram

The Center for Statistical Control [@CSC](n.d).When numbers don't lie.[High- light]. Instagram.Retrieved May 1,2023 from https://bitly.com/33SCht/.

下面是典型的 APA 参考文献页的样子：

---

参考文献

Boyer,J.K.,Kipp,S.J.&Shoeman,A.S.(2023).*Engineering in the new age*.https:// engineering.careers/strategies/3444/4634356/EGHD3465.

Davis,J.L.(2023).When the workplace leaves the workplace.*Workplace Journal*, 8(21),35-58.https://doi.edu8:1420/8888349629-422.

Kutch, A.J.,(2023,May5). Actively reading passive. *Reading Review Blog* http://millstmedia.org/blog/2023/4/actively/reading/passive.

# MLA 条目示例：引用文献

下面是 MLA 格式的文献页条目示例：

### 图书
Herbert,John J.Technologies for New Ages.New York:Carson &Co.2023.Print.

### 在线期刊文章
St.Germain,Celia."Writing Levels and Success Levels." Digital Digest,vol.8,no.6, 2023,https://doi.org/10.00000089-568.

### 博客
Rydell, Penny. "Academic Winners and Losers in Pandemic Times." Education Review, 16 May 2023, www.theeducationreview.org/blog2023/05/12/there view/weekly.

### 百科全书参考
Reilly,Carol."Viruses." Encyclopedia of Computer Bugs.Ed.Allan E.Olsen.Vol.1. 2023.Print.

### 报纸
Selman,Ryan."Fear of Writing." Aston Times 14 January 2023:D1.Print.

下面是典型的引用文献页的样子：

| 引用文献 |
| --- |
| Herbert, John J. *Technologies for New Ages*. New York: Carson & Co.2023. Print. |
| Reilly, Carol. "Viruses." *Encyclopedia of Computer Bugs*. Ed. Allan E. Olsen. Vol.1.2023.Print. |
| Rydell, Penny. "Academic Winners and Losers in Pandemic Times." *Education Review*, 16 May 2023, www.theeducationreview.org/blog2023/05/12/thereview/.Weekly. |
| St. Germain, Celia. "*Writing Levels and Success Levels.*" *Digital Digest*, vol. 8, no. 6, 2023, https://doi.org/10.00000089-568. |
| Selman, Ryan. "Fear of Writing." *Aston Times* 14 January 2023: D1. Print. |

# Chicago 条目示例：参考书目

下面是 Chicago 格式的参考书目页条目示例（有些教授可能喜欢"参考文献"胜过

"参考书目"):

### 图书

Jennings, Carlie. *It Started Without a Cause*. Philadelphia: J.J. Curtis & Co., 2023. Print.

### 书籍章节

Jordan, John Paul. "Travels on a Timeframe." *In Here, There, and Everywhere*, 58-73. Tampa: Clear Press, 2023.

### 期刊文章

Gray,G.W. "Working with our Working Memory." Journal of Neuroscience 85, no.2(2022):138-157.

### 报纸文章

Owen, J.K. "Sports' Life Lessons," *Today's Student Athlete*, November 18, 2022, sec. D.

### 网站

Brown,Erin. "Exploring Errors in Quadratic Equations." *Math Matters Blog*. https://mathmattersblog.com/2023/03exploring-errors-in-quadratic- equations-2023.html.

下面是典型的参考书目页的样子：

---

**参考书目**

Brown,Erin. "Exploring Errors in Quadratic Equations." *Math Matters Blog*. https://mathmattersblog.com/2023/03exploring-errors-in-quadratic- equations-2023.html.

Gray,G.W. "Working with our Working Memory." *Journal of Neuroscience* 85,no.2(2022):138-157.

Jordan, John Paul. "Travels on a Timeframe." *In Here, There, and Everywhere*, 58-73. Tampa: Clear Press, 2023.

---

# 书 目 注 释

我每次布置研究论文，都会要求学生写一份带注释的书目，即在文献来源之后写一小段话，对文献来源在研究中的应用进行说明，这就要求学生了解文献来源。书目注释还有助于将文献来源转化为证据,以支持论证。

下面将介绍一些教授可能布置的注释书目,并说明作业的格式。

### 了解不同的书目注释

注释通常是一个段落,由三句到五句话构成。下面是一些不同的书目注释。

**描述性**:描述每个来源,简短概括其论点和观点。

**评价性**:分析每个文献来源的可信度和作为支持证据的价值。

**相关性**:确定每个来源作为证据在支持论点方面的贡献。

### 书目注释的格式

教授通常会说明书目注释的格式,比如单倍行距,注释段落置于出处之下。下面是一个 APA 格式的示例:

> Brogan, J.,& Daniels,T.(2023). *Capitalizing on a science and accounting major.* (2$^{nd}$ ed.) STJPress.https://doi.org/10.171000000056-084.
>
> 布洛根和丹尼尔斯研究了科学和会计双主修的优势。他们认为,在两门学科中,实践和对细节的关注都至关重要。他们预测,在看似毫无关联的学科领域,例如科学和会计学,会出现越来越多的双主修专业。

# 有关引用的常见问题

学习学术引用和文献格式规范是一个持续的过程,贯穿从大学一年级到研究生院最后一年的数年时间。以下是学生们提出的一些问题,以及我的回答。学生们通常不会在课堂上问这些问题。

## 教授会检查所有文献来源吗

一般来说,不会。教授更喜欢阅读你的研究论文,而不是检查你的文献来源。然而,只要给他们一个动机,他们就会像计算机病毒穿透脆弱的防火墙一样,深入研究你的来源。下面这些就是你给教授的"动机":

- 未注明出处的直接引用。
- 参考文献、引用文献和参考书目列表的标题有误。
- 引文显得突兀。
- 未注明出处的整页文字。
- 未注明出处的统计信息或特殊术语。
- 未注明出处的研究人员和研究名称。
- 文中有引用,但参考文献中没有对应条目;或者反过来。

## 我就不能用"超级引用"吗

就像不存在超级密码一样,也不存在"超级引用"。你不能不加选择地将引用标注放置在长段落或页末,假设它能够涵盖整页上的某处文献来源。

大学生应该知道:

- 没有终身比萨优惠券。
- 没有全球顶级滑雪场通行证。
- 没有大学作业豁免。
- 也没有超级引用。

## 教授会不会检查我是否剽窃

教授不会主动查剽窃。他们信任自己的学生,并积极帮助他们取得成功。但是,当剽窃行为以论文的形式出现并显示出危险迹象时,他们就会履行调查义务。而大学里有很多资源可以帮助他们。

与检查文献来源类似,教授不会怀疑剽窃行为,除非你在论文中给他们一个必须调查的理由。教授们对剽窃有敏锐的触觉,因为他们有捍卫学术诚信的职业义务。如果教授怀疑论文剽窃,他们必须遵循一定的程序,通常要先向系主任报告他们的怀疑。

如果某一门课程是剽窃的重灾区(参见第 3 章),那么教授在看论文时会格外留意。

## 如何学习学术引用和文献格式规范

学习一种学术引用和文献格式规范就像学习一门新语言,需要全身心地投入并经常使用。

以下是帮助你入门的小贴士：

» 学习你的首篇大学研究论文要求使用的规范。
» 阅读使用你正在学习的引用规范的期刊文章。你可以通过论文末尾的文献来源名称来识别：APA - 参考文献、MLA - 引用文献、Chicago - 参考书目。
» 让你的学霸朋友给你一份他们的高分论文，这份论文采用了你正在学习的引用和文献格式规范。
» 掌握基本的引文条目形式（书籍、期刊论文、网站和社交媒体）。
» 收集扉页、正文页和参考文献的格式模型。搜索常用格式的对比图。
» 在权威网站上下载最新版本的学术引用和文献格式规范。
» 如果你使用的是 APA，请参阅我出处的书籍 *APA Styles & Citations For Dummies*，这是一本配套指南。

别忘了，"教学相长"——你在向一群同伴讲解引用和参考文献来源时，你也会加深对相关知识的理解。

## 教授是否会仔细检查参考文献中的标点、斜体和格式错误

记住，教授在开始评分时会浏览你的参考文献、查看格式，以及你所使用的来源的多样性和质量，在心里打一个分数。在评阅论文时，他们会期待提到参考文献列表中的条目。

如果你的参考文献没有通过目测，他们就会仔细检查——检查标点、斜体、格式等。当他们发现错误时，你的论文就有风险了，你的成绩更是"岌岌可危"。

为避免引起教授的警觉，请注意以下方面：

» 按照要求的样式完善参考文献的外观。
» 使用多种可靠、可信的文献来源。
» 检查各类来源的条目格式。
» 通过复制模板，保持每个条目的标点和间距一致。
» 请写作中心的工作人员帮助你校对。

> 章节提要
> 
> » 研究型写作的结构和形式
> » 如何撰写跨学科研究报告
> » 如何进行更高层次的研究
> » 如何让你的论文更有吸引力

# 第 9 章
# 大学研究型写作分类

你是否有过这样的经历：制订了计划，准备外出，却不得不取消计划，失望又沮丧。这个章节不会让你有这样的感受。

本章就像穿上盛装，有了去处——去庆祝！我将教你如何获得研究工具并掌握使用它们的方法。先想想你要首先使用哪种工具：是能够激发深入思考的结构，还是能够承载大量研究负荷的形式。本章将向你展示如何在各种课程中运用研究写作技巧。

在这里，我将探讨适用于多种目的的研究写作形式和结构，并介绍大学高年级常见的研究项目，以及如何撰写开题报告。

## 了解不同的研究类别：作业结构

研究型写作就像遥控器一样灵活，当你在脑中设定好程序后，单手就能探索世界。

下面几部分将介绍如何根据具体作业的要求，有目的地组织和构建研究，以充分发挥研究的效能。你会看到传统作业的结构（说服、比较与对比、说明），以及能激发大脑超能力的结构（分析与综合、解决问题、因果探究）。

给你的遥控器充电，深入挖掘，赢得高分。下面几节将阐述教授经常布置的研究项目的写作结构。

## 分析与综合：决定性因素

优等生会做哪些非优等生不会做的事情？除了大量阅读和攻克作业外，他们还会分析和综合文献来源，它们是在大脑皮层中活跃的两种思维技能，是你大脑最重要的智力资产。分析与综合是如此强大的学术语言，仅仅在课堂上说出这些词就能给教授留下深刻印象。

**记住**

综合通常是学生在积累了几年的大学经验后才会接触到的任务。例如，在重要的研究中，撰写文献综述就需要对文献来源进行综合，这对大学生来说是最具挑战性的任务之一。

这里有一个可以用分析或综合进行构建的主题示例：

制订一个当代的办公计划，将远程办公和办公室结合起来。

分析与综合是将文献来源转化为证据并提高研究成绩的两个关键因素。

### 分析

"分析"是对文献来源的批判性研究，包括判断信息的重要性及其对其他文献来源的影响，解释信息并揭示论证的复杂性。

分析过程包括将文献来源分成几个小部分，并将它们与论文联系起来。分析的过程，就是评估文献来源对论点贡献度的过程。

分析从证据中提取意义，这是结论的必要组成部分，除了在证据部分使用之外，它还为证据提供背景信息。

**记住**

不同于改述和总结，分析的关键在于解读信息、得出结论并讨论信息的意义。段落和总结中的描述性文字不是分析。

以下是撰写分析段落的指导原则：

- » 介绍作者、证据和来源。
- » 总结证据。
- » 解释证据的各个部分。
- » 评估证据的重要性。
- » 说明证据与论文的相关性。

下面是一个 Chicago 格式的示例，它分析了大学录取的评估标准。

近六成的大学新生在入学六年后未能完成学业（奥弗顿87）。在这个令人震惊的百分比中，有的梦想破灭，有的背负着平均14 000美元的学生贷款。截至2020年，近4 000万美国人上过大学，但未取得学位。男生辍学率略高于女生（柯林斯20）。

谁该为学业和经济上的损失负责？早在上高中时，学生就立志上大学。为了获得大学录取资格，他们需要很早就着手做准备和努力——这是一种美式价值观。

未来的大学生需要掌握阅读和写作所需的文学技能。培养这些能力至少需要十年时间，从三年级到十二年级，每天阅读，定期写作，完成家庭作业，创建项目，研究，提问，接受教育。

由于上大学需要如此繁杂而漫长的准备，因此大学并不适合所有人。对于有兴趣、有动力的年轻人来说，技工行业提供了不错的职业机会。对于那些想要打造商业帝国的人，技工行业也提供了创业机会。例如，芬兰是世界上公共教育项目最成功的国家之一，从二年级开始就将各行各业纳入课程。

大学录取了太多不合格的学生，他们缺乏完成大学作业所需的读写能力（盖仑54）。美国是一个充满机遇的国度，但抓住这些机会需要付出艰辛努力。在进入大学之前，边缘学生应该在预科入学项目或社区学院中展示出与大学水平相匹配的读写能力。不合格的大学申请者应该考虑技工行业，且应该得到与大学毕业生同等的尊重（舒曼78）。

为什么女生的毕业率要高于男生呢？研究表明，在许多年级中，女生表现优于男生。我们能否就此推断，女性比男性更专注于学业？

## 综合

如果说分析是水果沙拉的话，那么综合就是水果慕斯，将各种水果的味道融合成一种独特的风味，但不让任何一种水果味道过于突出。综合的关键在于混合多个来源，让它们产生互动。

将文献来源转化为证据需要很多项技能，其中，综合就像是拥有藤校学位的兄长，它是从分析中得出见解的过程。换句话说，在找出文献来源的模式——赞同、反对、猜测、补充观点、缺少观点——之后，综合才有意义。

记住

综合的目的是将文献来源的所有信息结合起来，而不仅仅是总结、改述和引用，并加入自己的见解。可以通过下面这五个步骤综合文献来源。

**1. 将对文献来源的分析结果分类**

分为以下几类：赞同、反对、质疑、增加新信息、回避信息和作为离群值独立存在。

**2. 写一两个主题句，说明所有文献来源的目的**

下面是一个例子：自 1869 年罗格斯大学在主场迎战其邻居普林斯顿大学以来，大学生们就开始在体育比赛中下注。但最近，口头赌约或协议发展成了高度复杂的游戏内投注应用程序。研究表明，这种应用程序会造成同侪压力（即大家都在下注，为了融入群体，我也得下注）、心理抑郁和社交孤立，并导致成绩迅速下滑。

**3. 明确一种组织方式**

确定综合段落的写作结构，例如：

- **按主题划分**。博彩应用程序、心理健康问题、同侪压力、赌博成瘾或广告接触。
- **按时间顺序**。例如，应用程序的出现、体育博彩的发展或大学生赌博的增长趋势。
- **文献来源作者**。每位作者对该主题的论述。

**4. 总结意义**

在阅读了文献来源的内容后，请思考有何影响、结果如何。下面是一个 MLA 格式的示例：

体育博彩和赌博成瘾可能是大学辍学率不断增长的一个因素。布朗、里维拉和陈发现，赌博时间，包括长时间观看自己下注的比赛，导致学生在课堂时间外出现"心理沉迷"，无法集中精力学习。体育博彩对辍学率的影响可能被低估了，这个问题亟待解决（威廉姆斯 202）。

**5. 写**

按照顺序起草带有引文的句子和段落。

# 解决问题

世界上制造问题的人太多，而解决问题的人却太少。因此，提升问题解决能力至关重要。任何组织都需要优秀的问题解决者，他们为组织带来重要技能，卓越的问题解决者很可能成为企业家和行业领袖。

解决问题类似于提出研究问题——没有正确的问题，就不会有正确的答案。如果你一开始没有找对问题，你就不可能得到对的解决方案。与问题不符的解决方案毫无意义，就像教金毛寻回犬游泳一样。

下面的提纲向你展示了如何构建一篇解决问题的研究论文：

> **引言**。指出问题，包括描述各文献来源对问题的阐述及其影响。问以下问题：
> - 该研究对这个问题的重要性是如何评价的？
> - 为什么需要解决方案？为什么是现在？

- 该问题与论点相关吗？

  以主旨句结束引言。

» **正文**。描述支持该问题的证据，反驳与该问题相矛盾的证据。回答下列问题：
- 关于该问题，有哪些过往研究？
- 该问题影响了谁？影响了哪些方面？程度如何？
- 专家们提出了哪些解决方案？

  在正文的最后，分析解决问题的方法。

» **结论**。论述解决问题的方法。回答下列问题：
- 该解决方案为何重要？
- 该研究对该主题的论述有什么帮助？
- 该解决方案在课堂之外有何影响？

以下是一些包含多个问题的主题。你可以试着说出与某个主题相关的十几个问题：

| 公平公正的税务 | 学生贷款债务 | 全球饥饿 | 可持续的中产阶级就业 |
| --- | --- | --- | --- |
| 移民 | 大规模枪击 | 在线约会 | 网络霸凌 |
| 精神疾病与中学生 | 住房短缺 | 大学剽窃 | 低成本可持续住房 |
| 学生学习积极性下降 | 教师挫败感 | 学习和运动的平衡 | 工作与生活的平衡 |
| 剥夺选民权利 | 医疗服务获取途径 | 外太空殖民 | 公平的公共教育 |

下面这个例子是一段 APA 格式的问题解决式写作：

枪支暴力是全国的普遍问题，在一些大城市，每年发生的枪支暴力谋杀案超过 500 起。由于几乎所有的枪支暴力事件都涉及青少年，因此，各地的社区有责任增加娱乐活动，让青少年远离暴力，最终解决枪支问题（瓦洛尔，2023）。

杜安和赫特森（2023）称，大城市暴力事件中使用的枪支 93% 都是非法的——非法购买、非法盗窃或非法组装（p. 84）。沃森（2023）指出，购买枪支时进行的背景调查结果与事实严重背离。

在与枪支和攻击性武器有关的主要问题中，消除非法枪支应该是比较容易解决的，它违反了法律。若现行法律的力度不足以消除非法贩运、非法售枪和非法持枪问题，则应通过更为严厉的枪支法来解决。应该在选举时，将更为严厉的枪支法作为一个独立议题进行决策。

# 因　果

艾萨克·牛顿（Isaac Newton）爵士的第三运动定律揭示了力的本质，即力是物体间的相互作用。具体来说，对于每一个作用力，都有一个大小相等、方向相反的反作用力。这也适用于因果关系。

记住　因果研究论文阐明事件（原因）与这些事件的结果（影响）之间的关系，还包括对结果的分析。

因果主题可以主要探讨原因，也可以主要探讨结果或因果关系。例如，可以关注气候变化的原因、气候变化的影响或两者的结合。牛顿如果在世，会对气候变化有何看法？

记住　区分"影响"（作为动词，意思是引起某事发生）和"效果"（作为名词，意思是结果或后果）。在因果写作中，使用"效果"（名词）表示原因产生的结果（请参阅第 12 章，查看更多因果问题示例）。

教授经常布置因果主题的论文，因为这些主题能引发大学生的思考和研究。就像将两个 2 相加，但结果不等于 4，由你负责提供合理解释。

下面我们来看几个因果主题的示例：

» 音乐对运动的影响。
» 无法管理学生贷款债务的原因。
» 校园宠物对压力的影响。
» 大学生辍学的非经济原因。

由于因果写作十分复杂，因此必须使用专门的语言。表 9-1 列出了因果写作中常见的过渡词和动词。

表 9-1　写作语言

| 过渡词 | 动词 |
| --- | --- |
| 因此 | 导致 |
| 从而 | 造成 |
| 结果是 | 影响 |
| 由于 | 产生 |
| 因为 | 引起 |

## 比较和对比

有时，人们喜欢被比较和对比，有时则不喜欢。但在写作和研究时，比较和对比通常是一种有效的策略。要像思考下一个长假要去哪儿一样，把比较和对比放在心上。

以比较和对比为重点的作业有多种形式。有的专门进行比较，有的专门进行对比，也可以两者兼而有之。比较和对比是研究型写作任务的一种常见结构。比如：

- 专制型管理风格与民主型管理风格的比较和对比。
- 比较和对比珍珠港事件和世贸中心事件中情报的使用。

## 说明式写作

好奇心强的人对事物的运作方式表现出浓厚的兴趣。说明式写作解释流程和程序的运作方式。以下是大学阶段的说明性研究项目范例：

说明以下过程：

- 获得大学学位。
- 实现财务独立。
- 理解非虚构类书籍所传达的信息。
- 展现公民责任。
- 成为成功的父母。
- 成为一个负责任的企业家。

在大学，这些主题需要学术证据支持（有关学术论证的更多信息，请参阅第7章）。例如，论证实现财务独立的步骤需要经济证据，如财务顾问的建议，可能还包括统计数据。

撰写说明性研究论文的建议如下：

- 解释过程中的步骤，论证其重要性。
- 用可靠的证据支持这些步骤。
- 按照要求记录文献来源。
- 在结论中提出该主题的更宏大的意义（参见第15章）。

这些建议的前提是遵循良好的研究型写作规范，如构建主旨句和组织信息（参见第5章）、检查证据和准备文献来源（参见第6章）、引用文献来源和创建参考文献列表。

## 说服式写作

说服式研究型写作是初级版本的论证写作。我们可以把说服式写作视为论证研究的学徒，论证写作是黄金段位的写作。

说服式写作的目的是说服读者采取某种立场或行动，如支持某种立场或认可某种产品或服务。有效的说服需要充分的证据。想想那些支持你当初选择这所大学的证据。

说服式写作的例子如下：

> » 美国宪法需要修订。
> » ChatGPT 将为大学写作提供助力。

# 研究任务的提交形式

我们在中学就学过，$H_2O$ 有三种形式：气态的蒸汽、液态的水和固态的冰。研究型写作也有多种形式，就像 $H_2O$ 一样，你需要确定最适合写作目的的形式。以下各节详细阐述了研究型写作的形式及其可调整性。

## 报 告

你读到的第一份报告，应该是你的成绩单，上面赫然印有你的荣誉；而你写的第一份报告，应该是读书报告。从那以后，你就一直在写报告。报告就像写作体裁的背景设置，几乎适用于任何研究型写作。

报告在信息类写作任务中很常见，在信息类读物中更常见，如健康报告、学术报告、信用报告、员工评估报告。老天保佑，不要有警方报告或事故报告。

报告有多种用途，就像一双你最喜欢的鞋，可以陪伴你去任何地方。下面展示了报告可以实现的多种目标。

| 解决问题 | 制定政策 | 评估计划 |
|---|---|---|
| 披露财务状况 | 预测收益 | 预测业务 |
| 管理开支 | 汇报进展 | 追溯历史 |
| 预测结果 | 暴露短板 | 变更程序 |
| 汇报成绩 | 精简机构 | 赞美成功 |

除目的外，在撰写报告前，还要做几个初步决定。如下：

> » **长报告还是短报告**。可以在 6～8 页内完成，还是需要 10 页或更多？
> » **内部或外部**。是内部报告还是要对外传播？哪些内容需要针对外部受众进行调整？

- » **非正式还是正式**。是针对熟悉的小团队采用非正式语气，还是针对更广泛的受众采用正式语气？
- » **纵向还是横向**。报告是跨部门的横向报告，还是组织层级内的纵向报告？
- » **建议或无建议**。报告是否要求提出行动建议？

在职场中，报告需要以专业的形式呈现，可以是纸质版本或数字文档。第18章将介绍提交大学作业的形式。

撰写报告的技巧如下：

- » 根据教授或上司的要求撰写报告。
- » 确定报告应回答的问题。
- » 加入所需的表格和图表。

## 论说文

论说文是相对初级的小型研究报告，包含一个不太成熟的小论点，缺乏多种文献来源支持，也没有太多引用或令人信服的反驳。

论说文虽然复杂，但它们简洁、焦点高度集中。论文要求有一个论点，并有3～4个支持来源。教授有时会布置论说文，他们想看你展示撰写研究论文所需的技巧和思维。他们评阅论说文的时间比看研究论文短得多。

以下是撰写论文的技巧：

- » 选择一个主题，提出解决作业问题的新方法。
- » 采用大胆的写作手法，如长篇比喻、离群值比较和拟人，以增强文字的冲击力。
- » 将观点与论点联系起来。
- » 重点编写吸引人的标题、首句和尾句。

有关写作风险和论说文写作的详细讲解，请参阅我关于论文和大学写作的书籍 *College Writing For Dummies* 以及 *APA Style & Citations For Dummies*。

## 反馈论文

反馈论文是单一思路的论文形式，其重点在于对指定阅读材料进行回应。反馈论文是历史、哲学、心理学、经济学和政治学等课程的首选作业形式，教授也会布置针对纪录片、TED 演讲、讲座、戏剧、观察、电影等的反馈论文。

反馈论文看上去不像研究论文和论说文那么正式，但大多数非写作专业的教授都希望你的作业具有专业的外观。请遵守相关的文献格式和引文规范，使用标准的格式和页面布局。有关格式的详细讲解，请参见第 13 章；有关提交准备方面的内容，请参见第 18 章。

在撰写反馈论文前，还需要进行批判性阅读，并在参考文献页列出文献来源。通常情况下，你需要与一两个额外的文献进行互动。请查阅第 6 章，了解如何使用文献来源。

以下是撰写反馈论文的技巧：

- 在文章开头简要概述文献来源。
- 经常使用"所以"和"例如"来支持你的论点。
- 用重要文献资料中的部分引文来支持你的反馈。
- 对不同的反馈进行优先排序。

建议

即使不要求你使用外部资料，引用外部文献也会给教授留下深刻印象。

# 构建跨学科研究论文

研究型写作技能就像锚一样，能够为你的学术发展提供牢固的支持。培养这些技能可以提高你在各学科课程中的成绩，而研究型写作是多数大学课程的共同要求。

开创性研究表明，书写和思考课程内容的过程，也是学习的过程。以下章节将向你展示研究型写作在不同学科中的多样化运用。

记住

跨学科研究型写作需要用到很多写作技巧：确定受众和目的（参见第 10 章）、以学术风格进行写作（参见第 11 章）、用证据支持文献来源（参见第 6 章）、计划和组织（参见第 14 章），还需要组织引言、正文和结论（参见第 15 章）。

## 文　　学

文学专业的学生经常阅读、写作、研究和分析，他们生活在幻想和非虚构的世界里。如果你和文学专业的人约会，要准备好偶尔进入他们的小说世界。

大多数文学论文都涉及文学作品分析，比如：

莎士比亚的复仇主题对赫尔曼·梅尔维尔写作的影响。

分析作业还包括比较和对比，比如：

对比简·奥斯汀笔下的伊丽莎白·班内特与F·斯科特·菲茨杰拉德笔下的黛茜·乔丹

有时还要分析动机，比如：

是什么促使塞林格笔下的霍尔顿·考尔菲德寻找自己的身份

以下是文学研究型写作的技巧：

» 在引言部分概述文学作品及作者。
» 部分引用人物的话来支持论点。
» 确保作品标题的标点使用正确（详见第12章）。
» 参考其他专家对文学作品的分析。
» 记录来自指定来源（即文学作品）的参考文献——文学作品。

## 商　　科

对商科专业的大学生来说，做研究和写报告就像睡觉和吃零食一样司空见惯。大多数商科主题的写作都以信息为基础，以研究报告的形式呈现。商业领域的研究型写作包括对以下主题进行分析：

| 损益 | 管理风格 | 员工关系 |
| --- | --- | --- |
| 客户服务 | 营销计划 | 商业道德 |
| 管理费用 | 商业技术 | 广告宣传 |
| 远程办公 | 员工福利 | 资本改善 |

以下是商科研究型写作的技巧：

» 认识到次级受众始终包括企业领导层。
» 将成本纳入支持证据。
» 在适当的时候营造团队氛围。
» 首选特定学科的文献来源作为佐证。

## 政　治　学

政治领域有时缺乏特色，但绝不缺少个性鲜明的人物。政治学研究型写作的重点是以证据为支撑，解释为什么以及其意义。政治学研究型写作和公开论证有助于社会的健康发展。

政治学研究型写作包括分析和论证以下主题：

> » 阐述平价医疗保健的政治意义。
> » 定义公平选举。
> » 评估政党在政治中的作用。
> » 分析民主社会的责任。

**建议** 社交媒体作为一种新闻来源和支持证据，往往缺乏可信度。向参考馆员请教，请他们推荐无偏见的新闻来源。

政治学写作技巧包括：

> » 在有争议的话题上保持客观。
> » 明确解释特定学科的术语。
> » 利用政府报告和公开文件等学科资料来支持论点。
> » 将论点与时事挂钩。

# 艺 术 史

与大多数其他学科不同，艺术史写作主要侧重视觉解读。艺术史研究型写作的常见类型包括视觉分析和艺术史研究。

视觉解读基于观察结果，结合作品本身的描述，同时与权威观点进行互动。艺术史研究主题包括比较、对比和分析传统主题，如艺术形式、艺术家趋势、艺术家的贡献以及艺术运动。

艺术史研究主题示例如下：

> » 比较达·芬奇和惠斯勒的历史肖像画。
> » 阐述中世纪艺术如何影响文艺复兴艺术。
> » 分析伦勃朗和鲁本斯运用阴影与光线的技巧。

**建议** 在有选择的情况下，请选择符合你审美的艺术品和艺术家。

艺术史研究型写作需要用到如下技巧：

> » 注释艺术作品（参见第5章）类似于对文本进行注释。
> » 在引言中加入对艺术和艺术家的描述。
> » 将自己的观点与专家的观点结合起来。

- 将艺术作品作为主要文献进行记录。
- 研究艺术史写作模式。

## 教　育

教育专业的学生经常撰写报告和其他研究作业，就像小学教育专业的学生频繁使用剪刀和毡尖笔一样。

教育领域的写作包括各种专业体裁，如教案、课程评估以及特殊教育、在线学习和技术等专业领域的报告。

教育研究项目的主题示例如下：

- 疫情后的课堂教学。
- 课堂上的健康问题。
- 校园安全。
- 基础或传统课程。

教育领域的研究型写作技巧如下：

- 重点关注特定学科的文献来源，如ERIC（教育资源信息中心）提供的资料。
- 避免个人情绪影响对某些主题的理解。
- 解释特定的词汇。
- 选择适合主题的语气和人称。

# 高级研究项目：高层次学习

如果你的大学学习涉及很多高级研究项目，那就尽情享受它们吧！毕业不再是遥远的梦想，而是近在咫尺的现实。

以下研究项目是对你的学术成就的奖励。过去的研究成就为你打下了坚实的基础，使你具备了一系列研究技能，能够胜任高级研究项目。

## 文　献　综　述

如何才能分配到高级研究项目？你在大学的前两年里，出色地完成了各个研究项目并取得了优异的成绩。

文献综述就像是一份不断循环回馈的礼物，学者们进行着学术活动，而没有哪项任务像撰写文献综述一样令人如此紧张。在高等教育中，学者们分析和整合的资源数量是研究论文的3倍，这是最深入的学术探索。

在撰写文献综述时，你需要单独分析文献来源、不同文献来源之间的关系以及所有文献来源的整体关系。这就像是一场分析和综合的狂欢。

在综合文献来源后，你将获得以下信息：

》 关于该主题已经进行哪些研究？
》 在该主题上已经确定哪些重要内容以及为何重要？
》 该主题有哪些有争议的问题以及争议的程度如何？
》 专家们在该主题上的共识与分歧有哪些？
》 在该主题上有哪些被忽视和被忽略的内容？

文献综述最重要的功能是告诉你如何将你的选题与其他研究作品相比较和定位。第6章介绍了文献综述的基本知识，文献综述是关于特定主题的文献资源的汇总和整理。

## 期刊文章评述

期刊文章评述就像一架钢琴的内部。琴弦和琴槌可能会让你感到不知所措，但你会逐渐学会欣赏那悠扬、和谐的声音。在你毕业之前，你至少会被要求完成一篇期刊文章综述，而如果继续攻读研究生学位，你要撰写的期刊文章综述还会更多。

期刊文章评述为你提供了一个分析专业学者研究成果的机会，这些著名学者的办公室里铺着波斯地毯、摆满了来自世界各地的艺术品。

评述期刊文章的目的包括：

》 熟悉资深学者的论点。
》 读懂深入研究的语言。
》 研究同行评议文章的结构。
》 学习专业研究语言。

开始撰写期刊文章评述前，请阅读第5章中的期刊阅读指南，并按照第6章中的指南，对文章进行注释。请务必按照文献规范记录和引用文献。

按照三部分的组织结构，撰写期刊文章评述。

- » 引言：概述文章内容并标明文献出处（作者、标题、出版物等）。阐明作者的论点。
- » 正文：评估支持论点的各项证据：时效性、权威性、准确性、写作质量和相关性（详见第 6 章）。同时，还要说明一致性、不一致性、差距和异常。
- » 结论：确定论点的扩展含义。这篇文章是否为该主题带来了额外信息？

以下是撰写期刊文章评述的其他建议：

- » 按照我在第 5 章中建议的顺序阅读文献。
- » 按照我在第 6 章中提到的方法做注释。
- » 列出你的评述文章要回答的主要问题。
- » 搜索评述文章范文，研究其结构和语言。
- » 从你的期刊文章中提取文献，作为主要参考来源。

## 期刊文章比较

期刊文章比较作业像是买一送一的促销活动。它是期刊文章评述作业的一种变体，需要运用相同的批判性分析技能：评估、分析和排序。

期刊文章比较作业的目的与文章评述的目的相同，主要对比两篇期刊文章的亮点。

按照以下三个步骤撰写期刊文章比较作业：

- » 遵循第 5 章中的文章评述指南。
- » 辨识两篇文章的相似特点。
- » 分析这些相似之处的重要性。

## 白 皮 书

白皮书之所以被称为白皮书，是因为它们不是蓝色的。曾几何时，蓝皮书是政府沟通的主要媒介。后来出现了白皮书，蓝皮书成为高等教育的"文物"，逐渐退出了历史舞台。

撰写白皮书既需要学术研究技能，也需要企业和机构的产品与服务推广技能。它们是由公司和组织编写的基于信息的学术文献，旨在传播专业知识。

白皮书中的信息综合了读者无法轻易获取的研究来源。它们经常要求读者提供个人联系方式，以获取有关商业机会的信息。最近的一项研究显示，大多数白皮书读者愿意提供联系信息以获取白皮书的内容。

撰写白皮书需要运用相关技能，以支持论点，这与研究型写作类似。白皮书还需要符合 APA 或 MLA 规范，汇编参考文献或引用的作品。

作为学术作业的白皮书长度在 1 000 ～ 1 500 字之间；企业发布的白皮书长度在 2 000 ～ 3 000 字之间，包括图表和视觉呈现。

记住

白皮书分为三个主要部分。

- **引言**：陈述主题相关问题、主旨句和背景信息。
- **正文**：明确问题，以规定的格式列出文献来源，以支持论文。
- **结论**：问题的解决方案和启示，如解决方案的用途和益处。

白皮书主题举例如下。

- 气候调节服装：让每个人都感到舒适。
- 其他学术领域的研究。

# 作业计划书

大学生们永远不知道什么时候需要交作业计划书。

有的教授要求每一次重要作业都必须提交计划书。计划书在几页纸的篇幅内，反映学生对作业的思考和组织，阐明了论文、研究问题、文献和参考来源清单，它还能显示学生是否在正确的轨道上。

作业计划书包括以下内容：

- 论点和研究问题（参见第 5 章）。
- 文献来源的可用性和质量（参见第 5 章）。
- 熟悉相关的文献引用规范（参见第 8 章）。
- 初步的参考文献清单（参见第 8 章）。
- 对文献来源的简要说明或正式的文献综述（参见第 9 章）。
- 作业完成计划（参见第 14 章）。

以下是大多数教授认可的研究计划书的组成部分。

- **扉页**：按照要求的学术引用和文献格式规范（参见第 13 章）撰写的页面，包含论文标题和联系信息。
- **背景**：对主题的描述信息，通常包括文献。

- **理由**：对该主题重要性的合理解释，通常包括文献资料。
- **研究问题**：主要和次要研究问题。
- **方法**：收集信息的计划。
- **文献综述**：根据教授的要求，撰写正式的文献综述或文献来源摘要。
- **带注释的参考书目**：预计的参考文献清单，其中包括对每个来源的简要描述。
- **完成计划**：完成作业的时间表。

# 第3部分

## 研究型写作的基本要素

**本部分将教你如何……**

使用以人为本的语言、不分性别的代词，以尊重和包容的方式表达有关残疾的信息，避免使用贬低或歧视性的词汇。考虑种族、民族和年龄的适宜性，展示对受众的尊重。

识别作业的目的，如分析、定义、解释、追溯，当然还有争论。

考虑风格要素，如使用主动动词、特指名词，注意句子长度变化、句子结构的多样性、句子分支种类和并列结构。

复习语法和用法基础知识，包括动词形式、代词一致性、描述性词汇的位置安排和容易混淆的代词。

遵循语言规范，如逗号作为句子中断符号；连词、冒号和分号作为句子分隔符号；破折号表示方向变化；撇号和所有格表示归属关系。

调整文章格式，如扉页、摘要、目录、标题级别、信息列表、参考文献和主要标题。

> 章节提要
>
> » 提升受众意识
> » 根据受众选择语气、时态和人称
> » 通过充分研究,避免紧张时刻
> » 使用尊重和包容的语言

# 第 10 章
# 确定受众和目的

大多数写作专家将写作描述为一个持续的决策过程。成功的作者首先要回答两个问题:

> » 我的受众是谁?
> » 我为什么要写这篇文章?

受众和目的决定了文章的内容、语言风格、语气、人称选择以及详尽程度。在没有确定受众和目的的情况下写作,就像在没有课程表的情况下开始一个学期——关于对象、内容、原因和目的,你一无所知。

研究表明,主动思考受众和写作目的的人可以提高写作水平。如果你正在积极阅读本章,那么你就在思考受众和写作目的。在本章中,我将解释:研究型写作需要考虑的受众,语气、时态和人称对受众的影响,目的的重要性,以及意识和尊重性用语。

## 明确文章受众

当你的作业使用了与受众无关的语言时,教授会意识到你的作业偏离了正确的轨道。错误的受众就像把鞋子穿错了脚一样显而易见。接下来,我将展示如何确定受众、满足他们的期望，并识别其他受众。

## 评估学术受众的期望

在撰写研究论文时，要面向你的教授所代表的学术受众，但不要仅仅写给你的教授。让我解释一下：你的教授只是学术受众中的一员，他们对教学和研究有着特定的兴趣，但教授非唯一的受众。

例如，你的教授的学术兴趣可能还包括艺术史、亚洲旅游、历史小说和流行文化。更广泛的学术受众可能包括对莎士比亚、国际足球、欧洲旅行、披头士乐队和希腊文物等感兴趣的教授。你的受众涵盖所有对上述领域感兴趣的读者。

把你的读者想象成你所在大学的教师、像你的教授一样的学者，他是众多具有不同兴趣的学者之一。你的学术受众包括所有拥有这些兴趣的读者。

建议　在大学研究型写作中，请避免将你的同龄人想象成你的学术受众。真正的受众应该是学术水平远超你同学的人。

受众的不同兴趣与你的研究论文的学术受众有什么关系？学术界的人士拥有各种学术背景，他们可能会有以下学术兴趣。

- » **学问**：他们推崇研究和学术论证（参见第 7 章）、文献的一致性（参见第 8 章）以及对于各种学术主题的新思维。
- » **语言能力**：他们尊重语法规则和惯例，并使用包容所有人群的语言。他们欣赏正式的词汇、多样的句子结构，以及通过过渡词连接的观点（参见第 11 章）。
- » **逻辑**：他们尊重支持观点的逻辑证据，讨厌逻辑谬误（参见第 9 章）。
- » **道德责任**：学者们重视准确引用他人的研究成果，将作者的观点与他人的观点明确区分，并承认对某一问题的多种观点（参见第 18 章）。

建议　在说话时，你不太可能认错或忘记你的听众，因为他们就在你的面前。比如，当你对兄弟姐妹或教授说话时，你不太可能认错他们。但在写作时，你很可能会忘记或错误地识别你的受众。为了始终记住你的写作受众，你可以想象他们的形象，并写在草稿版本的顶部。

## 确定研究对象

由于主题不同，读者的背景也各异，因此写作者要根据读者的要求调整内容，并通过回答读者提出的以下问题来确定读者的要求：

- » 受众对主题的熟悉程度如何？他们需要多少背景信息？
- » 你希望受众了解的首要信息是什么？
- » 受众对主题的哪些部分最不感兴趣？对哪些部分最感兴趣？
- » 怎样的写作结构（参见第 9 章）能让受众更好地理解主题？
- » 哪些术语需要解释？
- » 受众熟悉哪些例子？
- » 你的受众需要哪些类型的文献来源？
- » 读者能否接受包含缩略语、第一人称、个人经历和娱乐性语言的文章？

如第 3 章所述，你的研究受众要求你使用一致的文献引用规范。例如，如果你使用 APA 格式写作，他们会期望看到强调日期的、一致的格式。如果你使用 MLA 格式写作，他们则会期望看到强调页码的、一致的格式。第 8 章详细介绍了这两种风格。

我经常在课堂上强调，没有经验的写作者需要决定增加什么内容，而有经验的写作者则要决定删减什么内容。前一个决策会妨碍受众；后一个决策会帮助受众，因为它删减了不必要的句子和观点。

## 确定第二受众

绩点接近满分的学生很早就知道，他们的成绩取决于他们在多大程度上达到了作业要求，尤其是那些含蓄的要求。优等生们往往很注重其他学生忽视的细节。

研究型作业有时要考虑第二受众，比如"一份写给大学校长的研究报告，主张在校园内使用可持续能源，最终有助于降低学费"。

向第二受众提供信息包括指明校长的姓名，以及向校长提供支持性证据。

通常情况下，教授不会在课堂上告诉你谁是第二受众，但希望你在作业分析中洞察这一要求（参见第 14 章）。教授设计作业是为了让你体验面向各种受众写作，这些受众类似于你进入职场后将要面对的群体。

### 不同的受众及其需求

不同的作业有不同的学术受众。例如，阅读研究论文的受众与阅读论说文、报告和学科作业的受众不同。

下面我们来看看大学作业以及它们所针对的特定受众。

» **论说文**：论说文的读者包括学术界的群体，但他们对研究元素的关注较少。考虑对你的主题感兴趣的、受过教育的读者。论说文读者喜欢俏皮的语言，而不是研究报告中严肃的语气。当你想象你的论说文读者时，别忘记纳入学生代表。

» **报告**：报告的读者受众很容易辨认，他们是报告所针对的组织的成员，尤其是内部使用的报告。如果是对外使用的报告，应避免使用公司内部信息（有关内部报告和外部报告的说明，请参见第9章）。

» **反馈论文**：在你的课程中，反馈论文和论说文的读者群体包括学术界人士，重点关注专业领域。例如，哲学领域的反馈论文受众是对哲学感兴趣的人，他们期望看到准确的哲学内容。在你的学科领域，内容至关重要。

## 满足教授作为受众的期望

以下是来自"显而易见"船长的建议：你的成绩由你的教授评定。满足学术界的要求让你达到作业要求，但满足教授非明示的要求则会为你赢得优异的成绩。

教授往往有自己的独特喜好和个人关注点，他们认为这些关注点对于合格的作业很重要。在评分时，他们会注意到这些重点。例如，如果教授强调行为动词（也叫动作动词），就像我在第11章中解释的那样，缺少这类动词会让你丢分。

留意教授在课堂上提及或在教学大纲中强调的重点，包括内容方面的重点，如下所示。

» **强调研究**：不使用超过五年的旧资料，不使用".com"网站，只使用图书馆资料。

» **强调阅读**：阅读教学大纲中列出的文章和书籍。

» **强调格式**：扉页和注释书目等部分的格式准确性。

» **强调规范**：避免过度使用感叹号，准确使用标题标点。

## 识别未明示的受众期望

学术机构对受众行为有重要影响，包括教授的职位、系部委员会和大学委员会。你的作业经常会被随机提交给委员会，用于课程和系部评估。其目的是进行质量控制，维护系部和大学的标准。

除了满足学术界的要求外，你还需要确保课程内容的准确性和背景信息的真实性，以满足这些受众的期望。

### 思考你的受众——价值几何

针对受众的最新研究表明，"思考受众"这一微不足道的行为，会对受众产生巨大的影响。换句话说，不断提醒自己，你正在面向大学教师这样的受众写作，可以提高你的研究写作水平。

你可以在写作区域注明"受众"字样，或张贴一张代表你受众的照片，以帮助你进行关于受众的思考。

## 根据受众选择语气、时态和人称

作为一名大学生，你的成功取决于你能否在学习和生活中保持一种稳定、连贯的行为模式或规律，如按时上课、学习、社交等。你的写作受众也需要类似的一致性，如语气、时态和人称。它们对受众接收到的语言和内容起着重要作用。下面的几节将详细讲解语气、时态和人称。

### 语气：表明态度

语气就像房间里沉睡的爬行动物，你不想唤醒它；它是你言辞所传达的态度。研究型写作要求保持一致的、正式和尊重的语气，避免使用俚语、缩略语、陈词滥调或发短信的语气。就让那只沉睡的爬行动物安静地躺着吧，与破坏性的语气保持安全距离。

语气也叫"口吻"，想想你对受众的态度。如果有人告诉你，语气就在你的脑海中，请相信他——它是你在阅读时在脑海中听到的文字声音。

#### 满足受众的需求——使用学术语气

你的论文受众要求（你感受到"要求"这个动词的语气了吗？）你使用正式（参见第11章）、严肃、学术和尊重的语气（见下一节）。对于同行评议的来源、带注释的参考书目或有严格格式要求的扉页，学者们不会觉得有任何幽默可言。引用是一件严肃的事，研究人员不会记得大学时代的周五晚上，他们在当地卡拉OK酒吧度过的欢乐时光。

你可以去图书馆数据库中看看同行评议的期刊文章（参见第6章），感受里面的学术语气。

关于使用学术语气写作的其他建议如下：

- » 避免使用缩略词。
- » 避免用太多形容词（比如受人尊敬的、有名的、优雅的、深奥的等）来过度修饰正式语气。教授们在职业生涯中至少有一次会被称为"受人尊敬的"，而那一次通常是在他们退休时。
- » 避免不必要地使用被动语态（第 11 章将详细讲解主动语态和被动语态）。
- » 避免冗长的句子结构（参见第 17 章）。
- » 避免语言错误（第 12 章对此进行了回顾）。

**一些应避免的语气范例**

下面这个例子展示了研究型写作中不尊重的语气，以及修改后尊重的语气。

- » **不尊重的语气**：其结果是，研究人员**无法理解**其研究结果的意义。
  "无法理解"的语气显得研究人员很无能，他们不喜欢被这样描述。
- » **修改后的尊重语气**：因此，研究人员**低估了**研究结果的影响。
  这句话的语气要柔和得多，研究人员可以接受这种语气。

以下是在几乎所有学术写作中都应避免的非正式语气的例子。

- » **口语**。避免使用以下常见的日常口语表达。
  要我说的话……他们简直觉得……他们看了一下……根本弄不清楚。
- » **陈词滥调**。避免使用以下这些陈旧的、过度使用的表达方式。
  不需要太聪明就能明白……一个绝佳的例子……简直让我大跌眼镜。
- » **夸张**。避免夸张，下面是一个例子：
  这是我听过的最愚蠢的事情……有些教授认为自己是抽屉里最锋利的刀，这种想法一千年也不会改变。
- » **以偏概全**。避免一概而论。例如：
  每个人都知道……，自古以来……，所有人都了解……

**记住**　我们每天都在发短信，你有自己的风格和语气。但要注意，不要让短信思维渗透到你的正式写作中，避免使用短信缩写和表情符号。发短信有其目的，写作也有其目的，两者交集甚少，尤其是在研究作业中。

# 时态：事情发生的时间框架

时态和语气一样，都是房间里的爬行动物，都不应该被"打扰"，即使是微小的变化，也会引起教授的警觉。"时态"显示事件发生的时间，教授希望看到一致的时态，不喜欢频繁改变时态。

学术写作对时态有严格要求，对时态错误的容忍度很低。要注意，正文中的时态与文献引用中的时态有不同的要求。

接下来的几节将介绍如何避免时态混乱。

### 熟悉研究论文中使用的时态名称

研究论文中的动词时态显示研究和研究事件发生的时间。共有三种：现在时（正在发生）、过去时（以前发生）和将来时（尚未发生）。

下面是这些基本时态的示例。

- 现在时：Whitby **agrees with** Agnew.（惠特比同意阿格纽的意见。）
- 过去时：Whitby **agreed with** Agnew.（惠特比曾经同意过阿格纽的意见。）
- 将来时：Whitby **will agree with** Agnew.（惠特比将会同意阿格纽的意见。）

现在完成时是研究型写作中使用的一种附加时态。它由动词助动词 has 或 have 加动词的过去分词构成，一般用于表示从过去开始并延续到现在的动作。若需快速复习大学写作相关的语法，请参阅我的另一本书 *College Writing For Dummies*（约翰威立父子出版集团）。

这里有一个例子：

Bennett **has followed** Leon's theory on analytical accounting.
贝内特**沿用了**莱昂的分析会计理论。

现在完成时（has followed）的使用表明，贝内特过去遵循莱昂的理论，现在继续遵循。使用时态的一般规则是始终使用一种时态，即"时态一致"。例如，如果你用过去时讲述一个故事，那么所有动词都要用过去时。换句话说，不要变换时态，比如下面这个例子：

I **walked (past tense)** to the Capital Theater and the manager **recognizes (present tense)** me.
我**走到（过去式）**首都剧院，经理**认出了（现在式）**我。

### 了解 APA 时态规范

不同的文献引用规范指南都提供了关于研究论文中时态使用的建议。以下是 APA 的时态使用指南。

- 现在时。APA 建议参考文献使用现在时。如下：
  - 与作者互动：I **agree (present)** with Cruz and others who **support (present)** colleges' responsibility to improve retention rates.

我同意（现在时）克鲁兹和其他支持（现在时）"大学有责任提高学生留存率"的人的观点。

- **总结结果**：Sanchez **surmises (present)** that one-on-one mentor programs **improve (present)** graduation rates.

  桑切斯**推测**（现在时），一对一导师计划**可以提高**（现在时）毕业率。

- **建议开展的研究**：Topics for future research **include (present)** research- ing causes of increasing test scores.

  今后的课题**包括**（现在时）研究考试成绩提高的原因。

» **现在完成时**。APA 建议使用现在完成时态来表述始于过去并延续到现在的行为。下面是一个例子：

James **has supported (present perfect)** the principles of microeconomics.

詹姆斯**一直支持**（现在完成时）微观经济学的原则。

» **过去时**。对于过去发生的参考文献内容，APA 建议使用过去时。比如下面这个例子。

- **提及其他研究者**：Simpson **argued (past)** that early interventions improved student writing.

  西蒙**认为**（过去时），早期干预能提高学生的写作水平。

- **描述方法**：Participants **were asked (past)** to complete a writing sample.

  参与者**被要求**（过去时）完成一份写作样本。

- **讨论结果**：Hinson's conclusion **was supported (past)** by others.

  Hinson 的结论得到了其他人的**支持**（过去时）。

### 看看 MLA 和 Chicago 如何处理时态

由于 MLA 和 Chicago 更注重文献要求，因此它们为文献相关的时态使用提供了详细的指导。

MLA 和 Chicago 的时态要求与 APA 类似，但在提及其他研究人员时所使用的时态与 APA 存在一个明显的区别：MLA 和 Chicago 要求使用现在时。

下面是 MLA 和 Chicago 建议使用的文献相关时态。

» **现在时**：MLA 和 Chicago 建议在以下情况下使用现在时。

- **提及其他研究者**：Zozak and Tomlin **argue (present)** that programs reduce recidivism.

  佐扎克和汤姆林**认为**（现在时），通过制订计划，可以减少重复犯错。

- **描述人物行动**：In the opening of Pride and Prejudice, Charles Bingley, a young wealthy gentleman, **rents (present)** a room in the house of the Bennett's, whose household **includes (present)** five unmarried daughters.

在《傲慢与偏见》的开篇，年轻富有的绅士查尔斯·宾利（Charles Bingley）在贝内特（Bennett）家租了**（现在时）**一个房间，贝内特家有**（现在时）**五个未婚女儿。

- **情节描述**：The setting of Fitzgerald's Great Gatsby **is (present)** Long Island, near New York City.

  菲茨杰拉德的《了不起的盖茨比》的背景**是（现在时）**长岛，靠近纽约市。

# 人称：判断谁在说话

谁在说话？谁在意？你的受众和你的教授都在意。研究型写作中使用的人称（说话者），以及几乎所有其他大学写作中使用的人称（说话者），都会影响受众和语气。下面是传达信息最常使用的三种人称：

### 第一人称

第一人称使用代词"我"向受众传递信息，比如下面这个例子。

In this book, **I (first person)** explain to you the principles of college research writing.

在本书中，**我（第一人称）**将为大家讲解大学研究型写作的原则。

在大学研究型写作中，第一人称的使用很有限。有些教授不希望在研究型写作和论说文中看到第一人称，因为这显得不够客观。问问你的教授他们对于第一人称使用的规定。

### 第二人称

第二人称用代词"你"向受众传递信息，比如下面这个例子。

If **you (second person)** develop proficiency in college writing, you can write your way to career success.

**如果你（第二人称）**熟练掌握了大学写作，你将能够通过写作获得职业上的成功。

在大学写作中，第二人称的使用比第一人称还要少。在研究型写作中很少使用"你"或"你们"，但论说文和其他类型的写作中有时会用到。问问你的教授他们对于第二人称使用的规定。

### 第三人称

我们经常说"好事成双"，但在大学里，好事往往"成三"，如第三人称。第三人称使用代词"他、她、它、他们、她们和它们"向受众传递信息，如下面这个例子。

**The major citation styles (third person)** developed safety guidelines for people used in research studies.

几个主要的引用规范（第三人称）为研究论文中人称的使用提供了可靠的原则。

这个例句中的名词（styles）相当于第三人称代词 they。

第三人称是学术写作中最常使用的人称，第三人称的好处是，彰显内容的客观性，就像一个人从山顶视角俯视他人的故事。

记住

# 展现意识：尊重性用语的一般准则

我在新泽西州的学校担任顾问期间，经常要求学生将所有校规总结为一条规则，并用尽可能少的字写出来。

温斯洛镇的一名三年级学生写了一条规则，这条规则不仅适用于小学，也适用于世界各地的人和组织，它就是：尊重他人。

这个 8 岁孩子的思维颇有远见，这是一条每个人都可以遵循的简单原则。它适用于课堂之外，几乎为我们知道的所有问题提供了解决方案。

展示尊重可以解决诸如歧视、社会不公、个人差异、政治冷漠、种族主义和战争等问题。人们通过言行表达尊重。人们的言辞和行动具有改变世界的力量。

以下各节将介绍 APA、MLA 和 Chicago 对于尊重性用语的准则，这些准则适用于这些组织所确定的主题。APA、MLA 和 Chicago 的用语建议基于其最新版本（大约于 5 年前发布）对词语的理解。以下各指南代表了当时的用语理念——有些人和群体同意，有些人和群体有异议。

## 首选"先提及人"的语言

语言不断演变，争议从未停止。许多患有残疾的人更喜欢先提到人，再描述他们的身体状况。例如，使用"患有糖尿病的人"而不是"糖尿病患者"，"患有瘫痪的人"而不是"瘫痪患者"。这样的用语强调了个体的身份和尊严，避免将残疾定义为一个人的全部身份。

### 提升受众意识：尊重性用语

语言是一种复杂的、不断发展的、有生命力的工具，人们用它来交流、思考、表达思想和情绪。一个社会的语言反映了特定时期人们的思维方式。几代人以前，一些群体的语言表达缺乏尊重。

例如，半个世纪前，APA 接受了一些描述残疾的术语，包括**"瘸子""聋哑人""白痴""精神病人""神经病""弱智"**等。以今天的标准来看，这些词非常令人反感。

关于尊重性用语的争议在大学中仍然存在，一些学校还在就未能体现其信仰的语言含义进行辩论，尤其是用于标识技术体系的词语，如"slave"（奴隶）和"master"（主人）。不少人和机构对许多其他历史上存在不尊重含义的词语也提出了质疑。

使用尊重性用语包括对所有人和群体持尊重态度。当你尊重他人的思想和行为时，自然会产生尊重他人的语言。随着社会的变化，适用于身份的语言也在不断演变，最好尊重个体的选择，了解他们对于表达身份的语言的偏好。

一些残疾人更喜欢使用"先描述残疾状况"的措辞，强调他们的残疾，如"糖尿病患者"和"截瘫者"。

作为一名写作者，你有哪些选择？如果你没有顾虑，就直接问他们的用语喜好；如果不能，就"先提及人，后说残疾状况"；如果他们告诉你，他们不喜欢先提及人，就先描述残疾状况。

此外，MLA 还建议"避免对他人的经历作出负面评判"，如描述某人患有癌症、心脏病或长新冠。修改对人进行负面评判的语言，优先选择"先提及人"的语言，或者根据个人偏好考虑"先描述残疾状况"的措辞。

还要避免傲慢的语言，如将残疾人称为"勇士、英雄或励志人物"。

写作时，不仅要把读者当作受众，还要把他们当作有情绪的人。关注受众意识就是关注人的意识。

警告

记住

# 使用不分性别的包容性代词

在 20 世纪五六十年代，我小的时候，为了方便，整个社会普遍使用带有性别刻板印象的代词。例如，医生、科学家和首席执行官被认为是男性，在提到他们时使用代词"他"；护士、秘书和办公室辅助人员被认为是女性，在提到她们时使用代词"她"。

几十年后，政府出台了一些计划，鼓励女性学习原本由男性占主导的理科和在组织中担任领导职务。近几十年来，语言开始跟上人们的信念，即职业没有性别之分，任何性别都可以在太空飞行、领导一个大型跨国组织、管理一个国家或进行脑外科手术。同时，任何性别都可以履行护士的职责。

MLA 认识到代词的作用是代替人名，并指出，性别指代经常导致不自然的表达，如下所示：

教授在备课时，**他或她**会审阅用于课堂讨论的读物。

MLA 建议写作者"尽量少用指示性别的代词"，而是使用复数名词和代词，比如：

教授在备课时，**他们**会审阅用于课堂讨论的读物。

优先使用复数名词和代词还可以消除其他尴尬的结构，如交替使用性别代词或"他/她"等表达方式。

近年来，在 APA、MLA 和 Chicago 规范中，"they"既可以作为单数，也可以表示复数。下面是一个被广泛接受的单数名词（教授）与单复数代词 they 搭配使用的例子：

When **a professor (singular)** begins class, **they (singular and plural)** usually take attendance.

教授（单数）开始上课时，他们（单数和复数）通常会点名。

圣母大学在纪念《1972 年教育修正案》第九条颁布 50 周年之际，将性别包容和"女儿"的概念融入其标志性的战歌中，以此来表达对性别包容性的认可。

While her loyal **sons and daughters** are marching...
当她那忠诚的儿**女们**步伐一致前行时……

MLA 的性别建议包括：

» 避免使用无意义的性别表达，如 **NFL 女官员、男护士、变性飞行员**和**女工程师**等。

» 避免使用 "**humans**" "**humanity**" 和 "**human beings**" 等以 "man"（男人）为词根的词语来指代人。

» 避免使用 "**mail-man**" "**policeman**" 和 "**fireman**" 等以 "man"（男人）为词根的词语来指代职业。

» 避免使用 "我们" 和 "我们的" 等词语，以免排除其他人和群体。

有关性别包容的更多信息，请参阅本章后面的"包容性取向和性别认同"部分。

在下面的章节中，我会频繁提到 APA，因为该规范提供了详细的指南。MLA 和 Chicago 与 APA 一致，但其手册中缺乏类似的详尽指南。

## 尊重种族和民族

随着时代的变迁，与种族和民族相关的语言也在不断演进和变化，曾经被认可的语言逐渐变得不合时宜。一些存在已久的职业体育队的昵称被认为是冒犯性的，最近进行了更改。例如，"Washington Commanders"（华盛顿指挥官）取代了华盛顿队的旧昵称，而"Cleveland Guardians"（克利夫兰守护者）则取代了克利夫兰队的旧昵称。此外，还有十几个其他职业体育队和十几所大学放弃了冒犯性的昵称和吉祥物。

美国心理学会将"种族"定义为"被群体和文化认为具有社会意义上的身体差异的一类人"。美国心理学会界定的种族名称包括美洲原住民、第一民族或阿拉斯加原住民、亚洲人、黑人或非裔美国人，以及白人或高加索人。

为了避免产生等级感，美国心理学会建议按照字母顺序、人口数量或地理位置来列举种族名称。

美国心理学会有关种族和族裔的其他建议得到了大多数指南的认可，包括：

>> 避免使用过时的"少数族裔"一词。
>> 更倾向于使用"美洲原住民"而非"美洲印第安人"。
>> 避免使用"彬彬有礼""聪明""守规矩"等与刻板印象相关联的描述。
>> 避免使用"那些人"或"你们这些人"这样的表达。
>> 对于种族和民族名称，应将首字母大写，因为它们是专有名词。
>> 避免与服饰、外貌、配饰、食物等有关的种族刻板印象。

## 尊 重 年 龄

每个人都有年龄，但并非所有人都是同样的年龄。因此，人们可能会使用一些贬低、刻板或不公平的、带有偏见的词语来描述特定的年龄群体。与其他指南相比，APA 更强调尊重性用语，并建议按照以下准则来表达尊重：

>> 用具体的词汇来提及年龄，比如：婴儿、幼儿、青少年、五六十岁的人、80 岁以上的人、90 多岁的人和百岁老人。
>> 避免一概而论的刻板印象，比如：可怕的两岁小孩、刻薄的青少年、体弱多病的老人。

一些老年人不喜欢"老人""老古董""衰老""夕阳红"和"上年纪"等措辞。"老人"等词语和"虚弱"等描述并不适合跑马拉松、高空跳伞、管理国家、服兵役和笔耕不辍的老年人。许多 65 岁以上人群可以接受的用语包括"长者""年长公民"和"高龄者"。

2020 年，美国心理学会通过了一项决议，承认针对老年人的年龄偏见、陈规定型观念和歧视会影响他们的心理健康。美国心理学会建议对学生和心理学家进行培训和教育，以消除年龄歧视的负面影响。有关该决议的具体内容和方法，详见美国心理学会网站。

## 包容性取向和性别认同

在尊重性用语的演变中，性取向和性别认同是两个重要领域。美国心理学会将"性取向"

第 10 章　确定受众和目的

定义为"个体的情感和认同感",并建议使用"异性恋""双性恋"和"同性恋"等术语。

美国心理学会将性别描述为"个体对于自己的'固有存在感',可以是男性、女性或非二元性别"。性别认同与性取向无关,以下是相关术语。

| 无性别 | 性别流动 | 全性别 |
| --- | --- | --- |
| 雌雄同体 | 非常规性别 | 多性别 |
| 双性 | 中性人 | 酷儿 |
| 顺性别 | 非二元性别 | 变性人 |

性别术语在不断演变。选择尊重他人的术语,并询问他们喜欢的身份措辞。

### 使用最符合情境的社会经济措辞

美国心理学会认为,社会经济方面的用语类似于一个装了半杯水的杯子,并建议用语强调成就而非不足。例如,美国心理学会更倾向于使用"获得高中文凭",而不是"没有大学学位"。

美国心理学会建议避免使用"穷人""无家可归者""残疾人""低收入者""贫民窟"和"贫困的老城区"等语言。

总是寻找好的一面,你就一定会发现好的那面。

# 明确你的写作目的

写作目的就是你写作业的原因。明确了原因,也就明确了作业的方向,知道了读者将从你的文章中获得什么。

没有目标的写作就像没有计划的大学生活。没有明确的职业目标,就无法获得事业上的成功。如果你不确定写作目的,就无法实现写作的目标。下面几节将阐述撰写研究论文和其他大学作业的常见目的。

### 作业目的

写作目的往往"藏"在作业题目中,有时很明确,有时需要借助 GPS 才能弄明白。在作业题目中寻找关键词,如解释、追溯、发展、比较、说服等,以确定目的。

以下是大学研究型作业的常见目的。

- **论证**：正如我们在第 7 章中所讨论的，论证是研究型写作最常见的目的。论证的过程会激发关于该主题的对话。
- **分析或综合**：如果你的目的是分析和综合，那么你需要确定主题的各个部分及其重要性。例如分析 NIL 对大学体育的影响。关于分析和综合的详细讲解，请参见第 9 章。
- **定义**：许多作业要求你界定一个术语或概念，如当今世界的移民问题。
- **解释**："解释"指的是阐释和解读信息，以便读者理解，比如解释国家接受外国援助的过程。解释与论证类似。
- **追溯**：追溯的目的包括描述一个主题从诞生到现在的发展历程，如追溯可持续食品供应的发展历程。追溯通常还包括其他目的，如定义、解释、分析和综合。

大一、大二的研究论文作业几乎都离不开论证。

## 教授喜欢的写作目的

告诉你们一个秘密：教授布置的每项作业都有其目的，其中包括给你一个机会，让你展示对他们所传授的知识的理解。有关教授目的的更多信息，请参见第 14 章。

## 未言明的目的

有时，获得好成绩很简单，就像教授们说的那样：把内容亮出来！达到下面这些未言明的要求可以帮助你获得高分。

### 教授们未言明的目的

教授布置作业有一个不言而喻的目的：他们希望你展示对作业内容的理解。例如，如果作业的主题是《哈姆雷特》，那么他们一定希望你在作业中展示出对莎士比亚戏剧的理解。

要达到教授的上述要求，你需要在研究论文中与课程内容互动。你的教授希望看到你解释、分析、综合、比较、对比这些内容，以及将其应用到其他研究领域。

作为一名经常批阅论文的教授，我发现，有的学生说他们对课程内容有透彻的理解，但他们的论文却并非如此。

**读者们未言明的目的**

我经常给学生论文写的一条评语是"缺乏读者价值",意思是作者没有达到"为读者提供有价值的信息"这一目的。例如,一篇论证枪支暴力的研究论文需要提供深入的预防性建议,以减少枪支暴力。

**作者未言明的目的**

作者有义务为读者提供新信息或新见解,以证明读者用来阅读这篇文章的时间没有白费。

最后,任何作业都有一个不言而喻的目的:获得好成绩。想要 A 没有错,但要知道,好成绩是通过努力获得的,而不是凭空得来的。

> **章节提要**
> » 避免使用被动动词
> » 使用形象化的名词
> » 使句子结构更有风格

# 第 11 章
# 有风格的写作

写作风格像是深植于基因中的个性,你的写作风格是你在学术生涯中所做的一系列选择——从选题到修改——的产物。你的写作基因包括你的阅读背景、写作成就以及生活经历,这些都是产生观点和阐述论点的基础。

你的写作基因还包括你用于构建思想的写作工具:选词、句子结构、段落发展和连接过渡……所有将你的思想与其他学者连接起来的写作元素。

在本章中,我将介绍两种词性,它们能使你的写作充满活力。我还将介绍与学者对话的句子结构、能突出你观点的选词,以及能形成论述的段落结构。我将提供数十个句子范例,让你的语言更富有韵律。

写作的目的不是彰显聪明,而是聪明地表达自己。

让我们将所有电子设备调至静音,感受文字的跃动!

## 表达正在发生的事情:动词和名词

从幼儿园到十二年级,我给各个年级的教师举办过写作讲座。讲座结束时,我总是提醒他们:教导你的学生使用动作动词(行为动词)和形象化的名词来写作,以增强写作中的视觉效果。

作为一名大学生，如果你只能记住 8 个词性中的两个，那么首选动词和名词，尤其是行为动词和特指名词。这两个词性是你学术生命中的空气和水，一些教授认为它们甚至比空气和水更重要。

诺贝尔文学奖得主欧内斯特·海明威（Ernest Hemingway）是最早倡导使用动作动词和形象化名词的传奇作家之一。他建议初学者多使用动词和名词，而不是形容词和副词。

在此，我将深入探讨如何选择动词来为句子注入活力，以及如何选择名词来生动形象地展示主题。

## 选择主动动词

主动动词能够直接影响大脑，现代科学研究证实，海明威对主动动词的重视是正确的。大脑扫描仪显示，主动动词，如"实现""捍卫""交付"和"赢得"等，会激活和唤起大脑。

这里有一个例子：想象一下"拿到学位"中的动词"拿到"。你在大脑中看到了什么画面？我猜你不会看到任何生动的画面。当你用"拿到"这个词时，你的读者脑中也不会浮现任何画面。

现在想象一下"赢得你的学位"中的动词"赢得"。你的大脑中会瞬间浮现出你在学习上付出的努力、你写过的论文、你准备过的演讲——无数汗水换来了你的大学学位。这个词在读者心中产生共鸣。作者产生了一个想法，并将其转化为动词，以此将这个想法传递给读者。

下面是一个将模糊动词修改为主动动词的例子。

**模糊动词**：他们从托莱多去了芝加哥。

**修订后的主动动词**：他们从托莱多开车前往芝加哥。

在模糊动词的例子中，"去"这个词只是简单传达了从一个地方到另一个地方。在修改后的示例中，"开车前往"描绘出了旅途的具体样子。你会立刻联想到一条四车道的高速公路、川息的车流、拥挤的服务站。表 11-1 列出了一些模糊动词和修改后的主动动词。

表 11-1　模糊动词和修改后的主动动词

| 模糊动词 | 修改后的主动动词 |
| --- | --- |
| 改错 | 修订错误 |
| 做作业 | 完成作业 |
| 8:00 前到 | 8:00 前抵达 |

# 区分主动动词和被动动词

动词是句子的核心和灵魂，它们传达了谁在做什么，以及做得如何。它们可以轻声细语，也可以大声喧哗，它们喜欢制造场景，不喜欢与其他句子成分脱节。当它们唤起你的大脑时，它们最快乐。

动词有两种语态。

- **主动语态**：当动词为主动语态时，主语执行动作并得到强调。下面是一个主动语态的例子。

  管理员**召集**（主动语态）研究参与者开始实验。

  管理员执行"召集研究参与者"这个动作，是句子中被强调的部分。

- **被动语态**：当动词是被动语态时，主语接受动作，而动作的执行者则被淡化。下面是一个被动语态的例子。

  研究参与者**被**管理员**召集**（被动语态）开始实验。

  行为的接受者（研究参与者）是句子中被强调的部分，行为的执行者（管理者）被淡化。

你的高中英语老师可能把动作的执行者称为主语、把动词称为谓语、把动作的接受者称为直接宾语。

## 知道何时使用主动语态

大学写作几乎全部使用主动语态。这是人们说话和写作的自然模式，也是人们阅读和聆听的模式。读者和受众的注意力都集中在你谈论的话题与发生的事情上。

主动语态也是人们的思维模式。我们一般先想到观点和人，然后再想到他们的行动和影响。主动语态强调，行为的执行者比行为的接受者更重要。下面是一个主动语态的例子。

指挥家**召集**乐团进行最后一场演出。

在被动语态中，动作的接受者（乐队）得到强调。下面是一个被动语态的例子。

乐团**被**指挥家**召集**。

在研究型写作中，我们需要用主动语态撰写论点，一般用主动语态撰写引言、大部分正文篇章和结论。

以下是研究论文中各部分常见的主动语态动词示例。

- **引言**：心理学家**正在研究**清醒约会（没有饮酒）对关系的促进。

第 11 章　有风格的写作　**153**

- » **正文**：大量研究**证实**，酒后约会将产生有害的心理影响。
- » **结论**：研究人员一致认为，有必要研究酒后约会对关系的长期影响。

**判断何时使用被动语态**

被动语态有其用途，但只能偶尔出现。你需要知道何时使用它，以及如何安全地使用它。滥用被动语态会损害你的写作。APA 指出，许多作者过度使用被动语态。不要像他们一样。

下面我们来看看何时以及如何使用被动语态。

- » **主语无关紧要**：行为的执行者不重要。下面是一个例子。

  在大西洋南部发现了 5 级飓风。

  飓风的起源并不重要。重要的是，我们发现了飓风并向路上的人们发出了警告。

- » **主语身份不明**：故意不点明主语。下面是一个例子。

  安装软件后，**出错了**。

  作者刻意不指出错误安装软件的罪魁祸首。

  "宕机"和"罪魁祸首"这样的俚语和非正式用语在研究型写作中是不可接受的。我的书籍偶尔允许这类轻松活泼的词出现。

- » **主语未知**：语法和生活一样，有许多未知数，有时句子的主语也未知。比如，在下面这个句子中，作者也不知道谁是施动者。

  埃及古墓中的绘画**可追溯到**两千多年前。艺术家不详，但这些艺术品有很高的收藏价值。

- » **研究方法部分**：被动语态常用于解释收集信息的方法。比如下面这个例子。

  有关体育博彩心理影响的信息是从国家赌博数据中心**收集来**的。

  在这个句子中，"有关体育博彩心理影响的信息"对读者来说比数据的收集者更重要。

注意，别让被动语态暴露你研究的缺陷，比如：一项研究探讨了缺觉对学习的影响。这个例子没有说明谁进行了此项研究。

此外，被动语态还会导致句子复杂而冗长，比如下面这个句子。

- » **冗长繁复的被动语态**：早在 1903 年莱特兄弟进行历史性飞行前的几百年，早期飞行器和飞行翼**就曾被**米尔姆斯伯里的埃尔默和达·芬奇**实验过了**。
- » **修订后的主动语态**：在莱特兄弟于 1903 年实现历史性飞行之前，米尔姆斯伯里的埃尔默和达·芬奇就**实验过了**飞行器和飞行翼。

## 使用展示而非告知的动词

一些人喜欢活跃的生活,"活跃的"动词也能为文章增色。它们向你展示行动,而不是告诉你发生了什么。建议在研究论文中尽可能使用此类动词。

以下是将"告知型动词"修改为"展示型动词"的示例。

**告知型动词**:研究人员对研究结果不满。
**展示型动词**:研究人员驳斥了研究结果。
**告知型动词**:宣布获奖时,全班同学都很高兴。
**展示型动词**:宣布获奖时,全班同学欢呼雀跃。

不活跃的告知型动词的一种变体是一类被称为"系动词"的动词集合,它们连接主语和紧随其后的名词或形容词。包括几个表示"是"的词:am、is、are、was、were、be、been,以及 seems(似乎是)和 appears(看似)等。

以下是系动词示例及其修改后的版本。

**系动词**:对于一年级学生来说,研究作业似乎很难。
**修改后**:研究作业**超出了**一年级学生的能力范围。
**系动词**:一些大四学生对离开大学**感到**忧虑。
**修改后**:一些大四学生**害怕**离开大学。

一般来说,几乎所有的系动词都可以被修改为主动动词。

## 让隐藏的动词露面

动词不仅喜欢活跃,还喜欢被完全展现,而不是隐藏在冗长的表达中。表 11-2 举例说明了如何将冗长的表达改为主动动词。

表 11-2 将冗长的表达改为主动动词

| 冗长的表达 | 主动动词 |
| --- | --- |
| 就以下问题保留分歧 | 不同意 |
| 达成仲裁结果 | 仲裁 |
| 得出结论 | 推断 |
| 设置规定 | 规定 |
| 提出了一个建议 | 建议 |

第 17 章将介绍更多简洁明了的写作策略。

## 使用特指名词

除了动词,海明威还强调了名词对刚入门的写作者的重要性。具体来说,就是读者可以在脑海中描绘一幅高像素的完美图景,以此来想象特定的名词。特指名词和主动动词一样,能激活大脑成像。

下面是一个例子:就像你在阅读时一样,想象名词"人",然后想象名词"运动员",接着想象"橄榄球运动员",最后想象橄榄球名将汤姆·布拉迪(Tom Brady)。

回想一下刚刚你脑海中的映现。名词"人"让你想起了你认识的数百人中的一个。"运动员"把你的思维范围缩小到运动健将,"橄榄球运动员"进一步缩小了你的思考范围。

汤姆·布拉迪出现在你的大脑中时,就好像他在和你对视。你很可能会想象他穿着队服,上面印着粗体数字 12。

你的大脑可能无法为穿着 12 号球服的汤姆·布拉迪形象记分,但你希望你写下的名词能让读者想起某些形象。表 11-3 展示了泛指名词如何逐步过渡为特指名词。要避免使用含糊不清的名词,如"东西""方式""因素""案子"和"事情"。

表 11-3　从泛指名词过渡为特指名词

| 泛指名词 | 更具体的名字 | 特指名词 |
| --- | --- | --- |
| 座位 | 长椅 | 教堂长椅 |
| 娱乐 | 游戏 | 《我的城镇探索》 |
| 作者 | 小说家 | 托尼·莫里森 |
| 运动员 | 篮球运动员 | 凯特琳·克拉克 |
| 照明 | 天花板灯 | 枝形吊灯 |

# 多样化的句子结构:玩转词汇

音乐被认为是全球通用的语言,吸引着全世界的人们。它能从精神上、身体上和情感上打动人心。句子的模式创造了语言的音乐。研究表明,音乐有疗愈作用,爸爸妈妈们也知道,声音能够安抚孩子。

好文章亦然。它们能触动读者,让读者开怀地、会心地笑,产生共鸣,感动流泪。学生的好文章也会让教授在打分框里画上"A"。

下面这些部分介绍了句子结构的模式，句子结构如音乐般优美，与内容相得益彰，提升写作风格，使你的写作水平更上一层楼。

# 注意句子长度

节奏相似的句子就像音乐中不断重复的打击乐节拍：咚咚、咚咚、咚咚。因此，你可以通过改变句子长度来改变句子的韵律、增加句式的多样性，引起读者的兴趣。

别让你的句式太容易预测，给人一种电梯每到一层都会停的感觉。

### 避免长度问题

有时候，读长句子（35～55 个词）就像在铁路边等待 100 节货车车厢驶过一样有趣。但在研究写作中，它们的目的是解释复杂的信息。

冗长的句子会让一些读者退避三舍，但包含复杂研究观点的长句子不会让教授望而生畏。除了研究论文正文部分偶尔出现的长句外，句子长度最好在 21～34 个字之间。

美国心理学会并未规定句子的长度，但其指导原则更适用于专业研究人员，而非大学生。几乎所有的大学写作课程都鼓励使用不同长度的句子，这也是几乎所有大学教授都推崇的准则。

### 混合使用长短句

搭配使用长句和短句，在写作中制造惊喜和戏剧性。下面是一个长、短句交替的段落。

与用于度假和昂贵交通的个人贷款不同，学生申请学生贷款是为了投资自己和家庭的财务安全，这也将帮助他们打破几十年的贫困枷锁，成功脱贫。然而，贷款成本过于高昂。除了还款外，学生还需偿还高利率和高服务费，而且一旦贷款获批，在大学期间就要开始偿还。下面提供一个解决方案：限制学生可以借贷的合理金额，并由学院为学习成绩优秀的学生提供奖学金，同时将借贷利率降至 2%，从毕业后开始还款。

长句子是专业研究人员的工具，用于研究论文的写作。长句子经常出现在研究论文的正文和结论部分，用于论证和推演。长句子大约有 35 个单词，甚至更多，其中包括很多用"因此""所以"等连词以及定语从句的关系代词连接的分句。此外，还会用到大量标点符号，如分号、冒号和逗号。

注意，长句子不等于枯燥乏味的句子。句子的长度只与句子的复杂程度有关。例如下面这个有 50 多个单词的句子，它适合作为研究论文的结论，提到了本书读者感兴趣的话题。

学生在决定是否申请资助时，需要预测自己毕业后的经济状况和获得所学专业的学位的潜力。如果预测错误或高估自己获得学位的能力，可能导致终身财务不稳定的后果。

避免混淆长句和冗长句。第 17 章将介绍如何减少句子中的字数，使其精练有力。

## 分句变化

句子就像大树，只有分支时，才能充分展现自己。但与树不同的是，句子的分支有三个方向，每个分支都会增加写作的多样性。下文将由表及里，讲解句子如何分支。

### 右分支句子

右分支句子（在主语和动词之后详细说明信息的句子）是句子的基本结构。大脑友好型的右分支元素凸显了主语和动词的重要性，并可作为各种其他句子元素的占位符，包括：

- 带项目符号或编号的列表。
- 一系列项目。
- 带编号的步骤。
- 冒号或破折号后的解释。

右分支句子的构成是：从一个简单的主谓句开始，然后加入介词短语、同位语和从属从句等成分。

下面是一个右分支句子。

研究（主语）始于（动词）图书馆，图书馆是你在大学校园的学术中心（从句），那里的研究馆员可以向你传授数据库搜索的基本知识（从句）。

在上面这个例句中，主语和动词后跟有不少右分支元素：图书馆是你在大学校园的学术中心（从句），那里的研究馆员可以向你传授数据库搜索的基本知识（从句）。

### 左分支句子

左分支句子就像在车流中等待绿灯。在确定主语和动词之前，句子保持中性。比如下面这个例子。

为了鼓励学生在回答有关期刊文章的问题前进行思考，教授（主语）在点名之前等待了（动词）5 秒钟。

在这个例句中，主语和动词前有左分支元素：为了鼓励学生在回答有关期刊文章的问题前进行思考。

要有节制地使用左分支元素，因为它们会延迟读者对主语和动词以及句子主旨的理解。左分支使读者不得不"等待重点"。有策略地使用左分支，在切入正题之前制造戏剧效果，前提是读者没有丧失兴趣。

将左分支句子锁在你的写作工具箱中，尽量少用。它们常见于《独立宣言》等历史文献中。比如：在人类历史事件的进程中，当一个民族必须解除它和另一个民族之间的政治联系，并在世界各国之间，依照自然法则和上帝的意旨，采取独立和平等地位时，由于它对人类舆论的尊重，所以必须把它不得不独立的原因予以宣布。

### 中间分支句

中间分支句作为主语和动词之间一股清新的风，只要有这一抹清新，便能够畅快呼吸，不至于做心肺复苏。

下面是一个中间分支句的例子：

上课一开始，教授（主语）心里想着刚刚发回给学生的令人失望的研究作业，他重新整理了一下思绪，然后开始（复合动词）讲课。

在上面这个例句中，中间分支成分（心里想着刚刚发回给学生的令人失望的研究作业，他重新整理了一下思绪）位于主语和动词之间。

## 追求语法多样性

语法结构是句子的形式和目的，也是句子多样性的来源，它们让作者能够以简单或复杂、肯定或含蓄的方式表达思想。

### 句子形式

句子可以按形式划分为以下几种。

- » **简单句**。简单句通过至少一个主语和一个谓语表达一个完整的思想（一个独立从句）。下面是一个例子：

    新冠肺炎（主语）改变了（谓语）工作场所的结构。

    独立从句包括主语和动词，表达一个完整的思想。上面这个例子［新冠肺炎（主语）改变了（谓语）工作场所的结构］就是一个独立从句。

- » **并列复合句**。并列复合句包含两个或多个独立从句，它们通过连词、逗号或分号连接。以下是一个例子：

    凯西认为，成功需要职业道德和智慧（独立分句），鲁伊兹不同意（独立分句）。

这两个独立分句由连词 and（和）连接。

并列复合句由并列连词连接（参见第 12 章），这些连词连接独立从句等平行结构。常见的并列连词包括 and（和）、but（但是）、for（因为）、or（或者）。

» **从属复合句**。从属复合句也叫"复杂句"，包含一个独立从句和至少一个从属从句。这里有一个例子：

由于大多数大学学费昂贵（从句），多数学生靠打工养活自己（独立从句）。

从属从句，也称为"从属子句"，以从属连词开头，依靠独立子句来表达其意义。从属连词包括 although（尽管）、because（因为）、before（在……之前）、once（一旦）、since（自从）、until（直到）、when（当……时候）和 while（当……时候）。将从属复合句（复杂句）作为大学写作的首选句子。其结构包括一个主句（一个独立分句）和至少一个从句（一个从属分句），它们可以灵活地作出陈述，然后对陈述进行分析。复杂句的平均字数为 25～30 个单词，是比较理想的范围。

» **复合复杂句**。复合复杂句由两个或多个独立分句和一个从句组成。例如：

卡尔森发现，做运动有助于提高绩点（独立从句），前提是运动是有氧的（从属从句），格罗斯曼的研究支持了她的结论（独立分句）。

复合复杂句用于表达复杂的观点，通常出现在研究论文的正文部分。
复合复杂句的长度一般超过句子的平均长度（22～34 个字）。复合复杂句是大学生在研究型写作中使用的有效工具。

## 句子目的

以下分类说明了句子的多种用途：

» **陈述句**。陈述句陈述事实，包含主语和动词。比如下面这个例子。

成功的写作（主语）源于有效的阅读（动词）。

陈述句是最基本的句型，也是表达观点的基础。当你想要表达复杂思想时，回到陈述句的原则：你想陈述什么人或什么事（主语）？主语做了什么动作（动词）？

» **疑问句**。疑问句提出一个问题。例如：

达·芬奇差一点就能成功制造飞行器吗？

疑问句是句子多样化的一种表现形式，能引导读者思考问题的答案。

» **祈使句**。祈使句也叫"命令句"，它们也给出建议。下面是一个例子。

在学术写作中尽量使用主动句。

> **感叹句**。感叹句表达惊讶或激动，比如下面这个句子。

结果出乎意料！

研究型写作中很少使用感叹句，它在论说文、报告和反馈论文中发挥有限的作用。它们就像食物上的麻辣调料——你以为太少，其实已经过多。

## 力求结构多样化

语言结构就像大学校园里的学生个性一样丰富多彩。英语语言结构非常多样，不仅限于基本的主谓宾结构，几乎可以通过无限组合单词和短语来表达丰富的思想。
下面我们来看几个多样化句子结构的例子。

> **介词短语—主语—谓语—复合宾语**：课程开始时（介词短语），一些教授（主语）会布置（动词）作业和学生需要阅读的书目（复合宾语）。
> **从句—主语—谓语—介词短语**：虽然研究耗费时间（从句），但获取新知识的技能（主语）适用于（动词）所有课程（介词短语）。
> **复合动名词—主语—谓语—直接宾语—从句**：研究和阅读（复合动名词）是（动词）大学生需要经常练习的两项技能（直接宾语）（从句）。
> **主语—同位语—谓语—介词短语—从句**：图书馆数据库（主语）——成功研究（同位语）的关键，并未被缺乏研究经验的大学生（从句）（介词短语）充分利用（动词）。

下面我们简要复习一下上述句子示例中的语法术语。

> **介词短语**：以介词开头，包含一个名词或代词，并用作形容词或副词的一小组词。常用的介词有 at（在）、to（至）、from（从）、after（在……之后）、in（在……里）、above（在……上）、into（进入……里）、until（直到）和 with（随着）。
> 例如：Class met **in the library.**
> 同学们**在图书馆**开会。
> **动名词**：动名词是以 ing 结尾的动词形式，发挥名词的作用。例如：writing（写作）、reading（阅读）、thinking（思考）、researching（研究）、celebrating（庆祝）和 coordinating（协调）。
> **同位语**：同位语是紧挨着另一个名词的名词结构，用来解释第一个名词。
> 例如：Professor Stanley, **winner of the achievement award**, is scheduled to lecture in Wilson Hall.

斯坦利教授，**成就奖获得者**，将在威尔逊大厅发表演讲。
- **宾语**：直接宾语（见句子多样性示例），是动作的接受者，通常位于动词之后。

例如：The study results showed **correlation** among researchers.
研究结果显示研究人员之间存在**相关性**。

# 变换词汇

"显而易见"船长建议：学术写作需要使用学术词汇。每个学科都有专用术语。

你的用词选择决定了句子的风格和结构，本章前面重点介绍了主动动词和特指名词，下面这些部分将介绍各领域的学术术语。

## 认识研究用语

词汇选择就像进入消化系统的食物。健康的食物（和锻炼）有益身体健康，不健康的食物会损害身体的营养结构。

动词和名词代表着健康的用词选择，尤其是对于需要大量使用学术用语的研究论文。下面我们来看看研究型写作中经常使用的学术词汇。

- **动词**：澄清、强调、分析、综合、协作、识别、总结、推进、考虑、说服、证实、确认、实施、推测、近似、扩散、传播、限定、论证、归因、生成、管理、附加、修正、纪念、起草、促进、迁移、最小化、调查、资助、设想
- **名词**：调查、问题、结果、结论、评价、对立面、评估、共识、理论、证据、图示、获取、确认、模糊、概念、波动、决议
- **形容词**：稳健、严谨、令人信服、充满活力、易于理解、准确、邻近、任意和分析性
- **过渡词**：因此、所以、导致、由于、据此

## 使用感官词汇

由于我们是通过感官来学习的，因此感官词汇会促进受众的理解，它们的意思会"抄近路"进入大脑，并在大脑中保存数十年。比如：唤起儿时关于声音和气味的记忆。你能回想起游乐场或最喜欢的电子游戏的声音吗？你能回忆起你最喜欢的饼干的味道吗？

大脑能够对感官词汇作出快速反应，非感官词汇进入大脑的文字处理中心则需要更长的时间。研究还表明，感官词汇常用于商业领域并能提高销售额。回想或查找一下广告和

食品菜单中使用的感官词汇。

我们可以在大学写作（包括研究论文写作）中适当地使用感官词汇。下面是一份感官词汇表。

- **视觉**：分支、巨大、凌乱、庞大、精致、粗壮、奇异
- **听觉**：破碎、撞击、单调、低沉、震耳欲聋、刺耳
- **触觉**：稠密、易碎、凹陷、滑溜
- **味觉**：生鲜、清爽、浓郁、温和、清新
- **嗅觉**：防霉剂、恶臭、刺鼻、污浊

感官词也常用于电子邮件中，例如：我今天下午的工作堆积如山（视觉）。明天我可以挤出（触觉）一点时间。中午想和我一起吃香脆的（味觉）比萨吗？

建议

## 使用实词

在课堂上，你会被与课程内容有关的学术词汇所包围。下面是一些例子。

- **健康与营养**：卡路里、胆固醇、蛋白质、维生素
- **数学**：坐标、垂直、平均、半径、圆锥、平行
- **政治学**：联盟、免罚、游说、倡导、妥协、立法
- **哲学**：逻辑、伦理、道德、悲怆、美学、宣泄
- **文学**：人物描写、情节、叙事、独白、主人公、主题

## 辨别需要谨慎表达的词语

由于学术语言讨论的是复杂的问题，所以需要谨慎措辞，避免绝对化的表达，但要确保准确性。例如，当规则不是 100% 确定的时候，可能需要一些限定词。看下面这个例子：

研究结果表明，**过度**参与体育博彩**往往**会导致成绩下降。

限定词"过度"表明参与体育博彩的程度，而修饰语"往往"说明可能性。其他常见的修饰词包括：

- 似乎
- 可能
- 可以
- 一般来说
- 理想情况下

第 11 章　有风格的写作　163

# 构思更好的段落，传达清晰的概念

段落就像你的呼吸系统、循环系统、免疫系统、消化系统……它们如此重要，没有它们，你的写作就没有生命力。

段落是重要观点的基石，它们支持你的论点、展开你的论证，并回答你的研究问题。没有好的段落，就没有好的论文。

段落通常由五六个句子组成，研究论文的段落更长。如果一页纸中一个缩进都没有，说明你的段落太长了。论说文、反馈文章和报告的段落比研究论文要短。以下部分将介绍段落结构的要素。

记住

## 主 题 句

主题句就像段落的外包装，它明确了段落的一个主要观点。主题句位于研究论文的正文部分，用于引出论证。

有些主题句被定位为过渡句，包括一些关键词，如 also（也、还）、added to（又）、**additionally**（此外）和 **another**（另外）等。下面是一个过渡主题句的例子：

奇米内兹**还**提供了证据，支持"大学贷款会导致毕业后终生背负不合理债务"的观点。

下面是一个传统主题句的示例：

斯托克顿的一项名为《导致贫困的贷款》的研究证明，大学贷款会造成学生毕业后终生背负不合理的债务。

## 支持性证据

支持性证据位于段落中间。研究中使用的证据类型包括专家证言、统计数据、研究报告和调查报告。如果段落中包含来自多个来源的证据，论证会更加有力。

下面是一个包含多个来源的支持性证据示例：

**默多克等人**认为，后疫情时代的办公灵活性可能达不到员工的期望。

## 总 结 句

总结句的作用包括总结段落内容和证明论据的重要性。看下面这个例子。

默多克的研究和萨默斯等人的发现都支持以下观点：同时处理多项任务对大脑无益。因此，学生不应该盲目跟风，它是一种无效的学习策略。

## 连　接　句

连接句的目的是将证据与论点统一起来，并说明证据"为什么重要"。下面是一个将证据与论点联系起来的句子示例：

多任务处理能改善学习习惯的说法缺乏现有研究人员的支持，对于相信其有效性的学生来说，这是一种有害的学习方法。

# 平衡各个要素：平行结构

平行结构是一个语法原则，即相似的观点需要相似的语法结构。这一原则有助于作者以合乎逻辑的方式表达复杂的思想，也有助于读者清晰地理解复杂的概念。缺乏平行结构就好比不同的设备在不同的平台上运行。

下面是一个不平行结构的例子：

大学一年级学生面临着许多挑战，包括适应更高水平的学习，第一次像成年人一样承担责任，以及在陌生的环境中建立新的社交关系。

读者理解了"适应更高水平的学习"，但接下来的分句以"第一次"开头，让读者感到困惑，因为它与"适应更高水平的学习"并不平行。

下面我们将它改为平行结构：

大学一年级学生面临许多挑战，包括适应更高水平的学习、像成年人一样承担责任以及在陌生环境中社交。

改为平行结构后，句子清晰多了，读起来也更有节奏。

研究型写作中使用的平行结构包括以下几种。

>> **列表项目：**

求职过程包括以下环节。

- 制作简历

- 搜索公司
- 撰写求职信
- 准备面试

》 以"和""也"等连接词连接的项目：

许多大学生喜欢安静地漫步校园，也喜欢在跑步机上快跑。

在这个示例中，连词"也"连接了两个并列项目："安静地漫步"和"快跑"。

》 一系列项目：

我的最爱体育作家包括埃德·盖伯哈特（Ed Gebhart）、哈里·查伊坎（Harry Chaykum）、雷·迪丁格（Ray Didinger）、斯坦·霍克曼（Stan Hochman）、比尔·里昂（Bill Lyon）和雷德·史密斯（Red Smith）。

APA、MLA 和 Chicago 均要求在英文写作中，在最后一个"和"前面使用逗号。中文不受此规范的约束。

记住

# 行文编排：过渡和语流

把过渡看作一篇文章的组织构架，就像一本书的书脊，将所有页面固定在封面和封底之间。在构建一篇文章时，先考虑开头和结尾，然后才是中间部分。

下面我们来看看研究型写作的组织结构。

》 **开头**：包括标题、首句、开场、论点和对主题的介绍。在研究论文中，还经常包括引言和问题陈述。

》 **结尾**：如何将论文观点应用于更广泛的受众。研究论文的结论部分有时还会设置一个"讨论"小标题。

》 **正文**：开头和结尾以外的内容，包含支持论点的证据。

在组织结构中，过渡句使用"类似""然而""但是""最后""具体来说""比如""所以""因此"和"此外"等词来显示句子和段落之间的关系。

行文编排要符合逻辑，比如从最不重要到最重要、按时间顺序，或按先后顺序。

用一个反向提纲评估你的信息流动。用简短的词语确定每个段落的主题，并评估这些段落主题的逻辑连贯性。

建议

166　论文写作完全指导手册

> **章节提要**
> » 深入研究动词和名词
> » 避免混淆
> » 挑出引人注目的词语
> » 大小写规范

# 第 12 章
# 回顾基础知识：语法和规范

"语法"和"规范"是操场上最不受欢迎的孩子，但老师要求大家和他们一起玩，并和他们成为最好的朋友。

大学教授可不像小学老师那么有耐心，他们对语法和规范的要求近乎苛刻。大学对你有更高的期望，屡次犯错的后果会很严重。

在本章中，我将重点讲解有助于提高写作清晰度的动词和名词变化、可避免歧义的代词规则，以及使头脑中的想法与纸上的呈现保持一致的描述性词语的位置。此外，我还将回顾避免读者分心的标点和拼写规则。

这些语法和用法规则不能为你赢得分数，但可以防止你丢分。

## 遵循语言规则：语法和用法

语法和用法究竟有多重要？最近的一项研究表明，语法使用不当甚至会成为大学生恋爱路上的绊脚石——大学生不愿意和使用双重否定、错误代词和错误句子的同学约会。糟糕的语法还会影响你的写作成绩。如需有关基本语法问题的帮助，请参阅杰拉尔丁·伍兹（Geraldine Woods）的语法书 *Basic English Grammar For Dummies*（约翰威立父子出版集团）。如果你喜欢幽默的语法，可以阅读林恩·特拉斯（Lynne Truss）的 *Eats, Shoots & Leaves*：*The Zero Tolerance Approach to Punctuation*（Profile Books 出版社）。

下面的内容不是为了取乐，而是让你熟悉研究型写作的基本语法。

## 动 词 变 形

动词有三种形式。

- **现在分词**：用于现在时态。
- **过去式**：用于过去时态。
- **过去分词**：与助动词一起使用，构成其他时态。

以下各节将复习不同时态所需的动词形式。

**规则动词的主要形式**

要确定正确的动词形式，首先要辨别它们是规则动词还是不规则动词。这并不复杂，让我来解释一下。

大多数动词都是规则动词，即可以通过在动词原形上加"-d"或"-ed"来构成过去式和过去分词。表 12-1 列出了几个例子。

表 12-1　规则动词的主要形式

| 现在分词 | 过去式 | 过去分词 |
| --- | --- | --- |
| research | researched | (have, has, had) researched |
| revise | revised | (have, has, had) revised |
| contact | contacted | (have, has, had) contacted |
| notify | notified | (have, has, had) notified |
| support | supported | (have, has, had) supported |

换句话说，规则动词的过去式是通过加"-d"或"-ed"来构成的，比如这两个例子：They **researched**.（他们**进行了研究**。）They **revised**.（他们**做了修订**。）

**不规则动词的主要形式**

规则动词的变形有"固定套路"，在日常口语和写作中很少出问题。容易出错的是不规则动词，尤其是不规则动词的过去分词，因为它们需要一个助动词，如 have 或 had。

换句话说，当你说或写诸如"gone"这样的动词时，需要一个助动词与之搭配。不规则动词的过去分词形式需要有意识地记忆。不过，在大学里，你会耳濡目染地学会这些形式。

表 12-2 列出了常见不规则动词的主要形式。

表 12-2 常见不规则动词的主要形式

| 现在分词 | 过去式 | 过去分词 |
| --- | --- | --- |
| do | did | (have, has, had) done |
| be/are | was/were | (have, has, had) been |
| begin | began | (have, has, had) begun |
| come | came | (have, has, had) come |
| run | ran | (have, has, had) run |
| choose | chose | (have, has, had) chosen |

大多数不规则动词的过去分词也是在动词原形的基础上变化而来的。比如下面这两个例子：They **began.**（他们**开始了**。）They **chose.**（他们**选择了**。）

无论是规则动词还是不规则动词，它们的过去分词都离不开助动词（如 have、has 或 had）。助动词是某些时态所必需的动词形式。助动词包括 are、is、am、be、been、can、do、does、have、has、must 和 should。带有助动词的主要动词是这样的：is considering（正在考虑）、will be revising（将要修改）、has been anticipating（一直期待）和 should research（应该研究）。

记住

## 确保代词一致：兼容性

代词及其成分喜欢保持一致，就像人一样。如果出现"分歧"，就需要"改变态度"。当关系"融洽"时，代词会通过以下四种方式与它们的先行词（它们所替代的名词或代词）保持一致。

- » **人称**：第一人称（我、我们）、第二人称（你、你们）和第三人称（他、他们）。
- » **数**：单数（指一个人）或复数（指两个或更多人）。
- » **性别**：女性、男性和非二元性别。
- » **格**：主格、宾格和所有格。

在下面这个例子中，代词和先行词是一致的。

**She** and **David** drove to Boston to visit **their** older brother.

**她**和**大卫**开车去波士顿看望**他们**的哥哥。

代词 their（第三人称"他们"，复数，男性和女性通用，所有格）与先行词一致 [she（她）加上 **David**（大卫）相当于 **they**（他们）]。

下面是数的一致（单数和复数）及相应示例。

» 连接词 "and" 连接的几个单数名词需要一个复数的先行词。

比如：**Philosophy** and **psychology (plural)** have **their (plural)** unique challenges.
哲学和心理学（复数）有它们（复数）独特的挑战。

» **Both**、**few**、**many** 和 **several** 都需要复数先行词。

比如：**Few (plural)** college courses lack **their (plural)** required readings.
很少有（复数）大学课程没有自己的（复数）必读书目。

» 由 **or** 或 **nor** 连接的复合主语需要一个先行词，这个先行词要与离动词更近的那个主语保持一致。

比如：**Wi-Fi (singular)** or **routers (plural)** have their (plural) regular problems.
Wi-Fi（单数）或路由器（复数）有其（复数）常规问题。

» 课程名称要用单数代词。

比如：**Mathematics (singular) has (singular) its (singular)** unique vocabulary.
数学（单数）有（单数）其（单数）独有的用语。

> 记住
> 所有主要指南都接受包含所有人的复数代词"they"，它既可以作为单数，也可以作为复数。比如：The dentist performed **their** implant surgery.（牙医做了植牙手术。）

## 描述性词语的位置

> 记住
> 教授不接受拼写错误，如漏掉一个字母。他们也不接受描述性词语错放位置，这样会导致句子不合逻辑。例如：Isabelle rode horse with smile.（伊莎贝尔骑着马，带着微笑。）描述性要素的正确位置与拼写中字母的正确顺序一样重要。教授很看重这些细节，你也应该重视。

以下指导原则（附有相应示例）可帮助你确定描述性词语的位置。

» 紧接在其描述的词语之前或之后。

错位：The researchers talked about improving math performance *at the conference in Hawaii.*
研究人员**在夏威夷会议上**讨论了如何提高数学成绩。

**修改后**：**At the conference in Hawaii,** the researchers talked about improving math performance.
在夏威夷举行的会议上，研究人员讨论了如何提高数学成绩。

把"在夏威夷举行的会议"这一描述放在"数学成绩"之后是不准确的，它必须靠近它所描述的词"研究人员"。修改后，"在夏威夷举行的会议上"被放在了它描述的词"研究人员"之前。

» 以 -ing 或 -ed 结尾的介绍性分词短语作为形容词，放在主语的后面。

**错位**：**According to Cahill and others**, mentoring must be implemented by schools to solve problems.
卡希尔等人认为，辅导必须由学校实施来解决问题。

**修改后**：**According to Cahill and others,** schools must implement mentoring to solve problems.
卡希尔等人认为，学校必须实施辅导来解决问题。

我调整了主语（学校）的位置，将其放在介绍性分词短语（卡希尔等人认为）之后。

» 合理放置突兀的副词。

**错位**：People who are honest are **usually** truthful.
**通常**诚实的人实事求是。

**修改后**：Honest people are **usually** truthful.
诚实的人**通常**实事求是。

**错位**：I **almost** revised half the research paper.
我**几乎**修改了一半的研究论文。

**修改后**：I revised **almost** half the research paper.
我修改了**将近**一半的研究论文。

**错位**：I **only** submitted half the report.
我提交了**仅**一半的报告。

**修改后**：I submitted **only** half the report.
我只提交了一半的报告。

# 使用连接词

从大一到研究生写作，你都离不开连接词，它们让你的写作水平不断提高，它们将简单句转化为复合句或复杂句，将简单的想法转化为复杂的概念，并让你的写作更加灵活。连接词有三种，接下来我将详细介绍。

### 并列连词

并列连词连接具有同等地位的元素，见下面的示例。

- **and（和）**: Some successful students research in the library, **and** some research remotely.
  一些成功的学生在图书馆做研究，**另**一些则远程做研究。
- **but（但）**: Library databases are your best sources, **but** some students prefer to struggle with Internet sources.
  图书馆数据库是最好的资料来源，**但**有些学生更喜欢在互联网上查找资料。
- **or（或者）**: Research in the library, **or** research at home — but meet with a reference librarian before beginning your research.
  在图书馆进行研究，**或者**在家进行研究。无论在哪里，开始研究前都要先咨询参考馆员。

### 关联连词

关联连词成对使用。它们连接对等的元素，是让句子变得丰富多样的有用工具。

- **both...and（都）**: **Both** working in the library **and** working remotely are successful strategies.
  在图书馆做研究和远程研究**都**能成功。
- **either...or（要么……要么）**: **Either** carefully analyze the research assignment **or** suffer the consequences.
  要么认真分析研究任务，要么承担后果。
- **not only...but also（不仅……而且）**: **Not only** meet with your professor, **but also** meet with the writing center.
  不仅要与教授会面，还要去写作中心咨询。

### 从属连词

从属连词在两个元素之间建立联系，它们被用来构建复杂句子，是表达复杂思想的首选（请参阅以下示例）。

| after 之后 | because 因为 | in order that 为了 | since 因为 | whenever 无论何时 |
|---|---|---|---|---|
| although 虽然 | before 之前 | just as 就像 | so that 以便 | whether 是否 |
| as if 犹如 | even if 纵使 | once 一旦 | unless 除非 | who 指人关系代词 |
| as soon as 一……就…… | even though 即使 | as long as 只要 | until 直到 | which 指物的关系代词 |

下面是几个使用从属连词的句子示例。

> **even though**（尽管）: **Even though** your library invests in academically vetted, peer-reviewed databases, some students prefer beginning their research online.
> 
> 尽管你们大学的图书馆投入了大量资金，用于购买经过学术审核、同行评议的数据库，但一些学生还是更喜欢从互联网上查找资料。

> **when**（当）: **When** your research frustrates you, remind yourself of the big picture of why you're doing the work.
> 
> 当你在研究中遇到挫折时，请提醒自己为什么要做这项工作，想想你的大目标。

> **since**（由于）: **Since** current resources are required on almost every topic, learn date selection features on database parameters.
> 
> 由于几乎每个主题都需要当前资源，所以必须学会使用日期筛选功能，以筛选数据库参数。

> **whenever**（每当）: **Whenever** you're challenged to express your idea, redirect your thinking to identify the subject you're talking about and the action it performs.
> 
> 每当你难以表达自己的想法时，就调整你的思路，明确你想要谈论的主语及其执行的行为。

## 解决关系代词的问题

大学生和许多研究生写作时，经常会混淆一些成对的关系代词。下面我们就来看看这些容易出错的代词：

> **that，which**: that 引入了对句子意义至关重要的从句；而"which"引入的从句对句子的意义并不重要。非必需从句用逗号隔开。看下面这两个例子。
> 
> • The field of study **that** offers flexibility in business is a management major.
> 管理专业是商科中就业较灵活的领域。
> 
> • A management degree, **which** offers flexibility of careers, is popular with many college business students.
> 管理学位，提供了灵活的就业选择，受到许多商科大学生的青睐。

> **who，that**: who 指人；that 指思想、事物和组织。例如：
> 
> • The professor **who** appeared as a guest lecturer also answered questions about artificial intelligence.

以客座嘉宾身份出席的教授还回答了有关人工智能的问题。

- **Students** are expected to use databases **that** are peer-reviewed and vetted by academic committees.
  学生应使用经过同行评议和学术委员会审查的数据库。

》 **who，whom**：who 是主格，whom 是宾格。例如：

- **Who** answered that difficult question in class?
  谁在课堂上回答了那个棘手的问题？
- For **whom** did you go to the bookstore?
  你去书店是为了谁？

》 **who's，whose**：who's 是 **who is** 的缩写，**whose** 是物主代词。下面是两个例子：

- **Who's** responsible for the weather balloon that flew over the country?
- 谁对飞越该国上空的气象气球负责？
- **Whose** backpack was left in the classroom?
- 谁的书包落在了教室里？

# 创造句子节奏：标点符号

9 世纪至 14 世纪印刷机的发明催生了标点符号，这些规则逐渐成为撰写厚重语法书的作者们所推崇的标准，使得学生们头疼不已。

早期的标点符号规则有的写在快干混凝土块上，有的写在水边的沙子里。许多规则起源于印刷工，他们在朗读文本时，需要辨别适当的停顿和间隔。

即使不确定标点符号及其规则的起源，大学生们还是应该掌握基本的标点使用规范，我将在下面的部分加以说明。我们应该将标点符号视为控制语流的辅助工具。以下几节将重点介绍研究论文和其他大学写作中常用的 APA、MLA 和 Chicago 标点规范。

## 逗号：短暂停顿——浅呼吸

逗号是句子中间的短暂喘息，就像坐本地火车去大城市，每一站都提供了一个短暂的机会，重新整理思绪，了解前方的情况。

以下逗号规则及所附示例是几个主要指南突出强调的，并被确定为大学写作的规范。

» **在引导性从句之后**。例如：Since some college students experience high levels of stress post-Covid, researchers are beginning long-term studies of student stress and pandemics.
由于一些大学生在疫情后压力很大，研究人员开始长期研究学生压力与流行病。

北美地区的商业写作者最常犯的逗号错误是省略在开头的引导性从句后面的逗号。这也是大学生写作中常见的错误。

» **在四字或更长的介词短语后使用逗号**。例如：At the start of new semesters, many students create a calendar of assignment due dates.
新学期开始时，许多学生都会制作一份作业日历。

» **在并列复合句的连词前使用逗号**。例如：Some college students embrace the excitement of research, and they develop research skills that complement their careers.
有些大学生热衷于研究，他们培养的研究技能也适用于未来职场。

» **在列举一系列项目时，在最后一个 and 前使用逗号**。例如：My favorite authors include Adam Grant, Walter Isaacson, Malcom Gladwell, and Ray Didinger.
我最喜欢的作家包括亚当·格兰特、沃尔特·艾萨克森、马尔科姆·格拉德威尔，以及雷·迪丁格。

» **使用逗号将分别描述同一个词的形容词分开**。例如：Kiehl's robust, seminal study was recognized at the national conference.
基尔的有力的、开创性的研究在全国会议上得到了认可。

» **用逗号分隔旁注性评论**。例如：Matson's study, for example, included populations neglected in previous studies.
举个例子，马特森的研究纳入了以往研究中忽略的人群。

» **分隔日期和地点**。例如：Leonardo da Vinci was born April 15, 1452.
达·芬奇出生于 1452 年 4 月 15 日。

当日期和年份出现在句子中间时，年份后面要加逗号。如本例：Leonardo da Vinci was born April 15, 1452, and died May 2, 1519.（达·芬奇生于 1452 年 4 月 15 日，卒于 1519 年 5 月 2 日。）

» **将同位语与主句大意分开**。例如：Da Vinci, arguably the most creative person who ever lived, frequently missed deadlines working on commissioned artwork.
达·芬奇，可以说是有史以来最具创造力的人，却经常无法按时交稿。

## 冒号和分号：深呼吸

冒号和分号表示的停顿比逗号长、比句号短。下文将讲解冒号和分号的用法。

记住

**冒号**

将冒号视为一个标记，冒号后是需要重点处理的信息。

日常生活中常见的冒号用途包括显示时间（上午11:13）和分隔时、分、秒（4:23:03）。

MLA 强调的两条冒号规则如下：

» **引出一系列相关项目**。用冒号引出一系列项目，或在"如下"和"以下"等词后面使用冒号：

> 撰写成功的研究论文需要：
> ＊分析作业。
> ＊明确作业的目的。
> ＊设计论点和研究问题。
> ＊利用图书馆数据库收集证据。
> ＊从正文部分开始写初稿。

请注意，各个项目是并列书写的（参见第11章），每个项目都以动作动词开头，都需要首字母大写（因为它们是一个句子的开头），都以标点符号结尾（因为它们是一个句子）。

» **对前一个句子或分句的扩展陈述**。由于许多研究句子都超过了25个单词，因此冒号经常被用来扩展句子。例如：

以下是一条有据可依的建议，可确保大学学业成功：按时上课；认真完成作业；积极社交。

**分号**

分号就像升级版的逗号，又像超级分隔符。分号能够清晰划定由逗号分隔的复杂相关词、短语和从句的边界。

看下面这个例子：

研究写作要取得成功，需要将作业主题与课程参考、更广泛的应用和必读资料相结合；研究图书馆数据库、学术搜索引擎和作品集；撰写和修改初稿，编制参考文献，并将初稿送交写作中心进行审查。

例句包含研究型写作的三个大要求：
结合。

研究。

撰写和修改。

这些大要求中的小内容用分号隔开，上述例句也是连续分号的一个例子。"连续分号"指的是在一个句子中多次使用分号来分隔不同的项目或元素，在最后一个项目之前使用分号，以表示更强的分隔效果。

## 破折号和斜线：礼貌地打断

破折号和斜线具有完全不同的视觉效果。破折号可能会显得有些唐突，但与斜线相比，它的使用并不那么令人困惑，也不会传达出"要么这个，要么那个"的信息。

那么反斜线（\）又是什么呢？它不是标点符号，它只在电脑程序中使用。

### 破折号

破折号就像天气一样，能适应突如其来的变化。破折号有两种长度，用途相互冲突。下面是详细说明。

- **短破折号 (-)**：兼容性极强的短破折号可将等效元素（如竞技比赛的分数和页码）连接在一起，以便日后参考。下面是一个包含这两种用法的例句：

    The Eagles defeated the 49ers 31–7; see pages 21–22.
    老鹰队以 31 比 7 击败旧金山 49 人队；见第 21-22 页。

- **长破折号（——）**：长破折号有短破折号两倍长，且更粗。长破折号在信息密集的句子中制造场景——比如这个醒目的中断——然后再回到主句的思路。如果你没有领会这个例子，下面还有一个。

    公共教育——在疫情前就已经岌岌可危——疫情之后更是面临前所未有的挑战。

    Chicago、APA 和 MLA 都规定，长破折号(——)前后都不空格。AP（美联社）新闻和新闻写作规范指南则要求在长破折号前后留空格。*For Dummies* 一书也前后空格。我的建议是，在写作前问问教授的要求。

### 斜线

斜线正在经历一场身份危机，APA 用 virgule、solidus 和 shill（三个词的中文意思均为"斜线"）等别名来称呼它们，非常有意思。

下面是斜线（/）的用法和示例。

- **表示选项**：教授规定的指南包括 APA 和 / 或 MLA 等常见选项，但不包括 Chicago。

避免使用无所不包的句子，比如：新款多功能鞋专为步行/慢跑/快跑/登山/滑雪和钓鱼而设计。

这个句子看起来就像一个URL，而斜线的使用就像鞋子本身一样毫无意义。谁听说过钓鱼用的鞋呢？

由于斜线会影响读者的理解，所以要少用——你使用它的频率必须像放弃一门课程一样低。想想看，如果你的教授告诉你，你的论文成绩是A/F，你是什么心情？

» **表示分数**：教授要求在截止日期前两周，提交3/4的研究论文。
» **用于日期缩写**：例如，1/14/23。
» **用于分隔诗行**：我曾在一个沉闷的午夜，疲倦萧索地思索/我一边翻看许多被遗忘的古朴而奇特的书卷……

## 省略号、圆括号和方括号：无声的分隔

省略号、圆括号和方括号是标点符号中沉默的少数派。它们不声不响地进入句子，又悄无声息地退出。它们在研究论文中的表现应该获得艾美奖。我将在下面几节详细讲解。

### 省略号

省略号有时候真的很烦人，它们就是不知道什么时候停下来，一直继续，没完没了……但是，从简约的角度来看省略号，它就是一个万能的缩写。

下面举例说明它的主要用途（附带示例）。

» **作为类似内容的延伸**。例如，教授再次向一年级学生说明了按时上课的重要性……
» **引文中的省略**。麦基说："枪支暴力是大城市的一个重要问题……"
» **省略一个句子**。作为替代能源，海洋并未得到充分开发……风险资本家正在寻找机会。

以省略号作为句末标点时，需要用四个点。其中第四个用作结束标点（该用法仅限英文）：Many students disagree that college is the best years of their lives...（许多学生都不认为大学是他们一生中最美好的时光……）

### 圆括号

圆括号（就像演出的开幕和谢幕）是研究中的占位符。它们用于以下情况（带示例）：

» **引用**。例如，一项针对大一学生的研究表明，在过去一年中至少离家一周的学生能够更好地适应大学生活（吉尔伯特，2017）。

- » **列举时使用的数字和字母**。例如，大学研究论文包括以下几个部分：(1) 引言；(2) 正文；(3) 结论；(4) 参考文献。
- » **提及相关资料**。例如，大多数公司禁止在上班时间上网购物（参见公司手册）。
- » **缩写**。请参阅《学生援助表》（SAF）。

### 方括号

方括号的作用是在引文和句子中添加重要信息 [ 比圆括号更重要 ]。方括号的用法 [ 和附示例 ] 如下：

- » **引文中的进一步解释**。例如，史密斯认为，含糖饮料并不像报道的那样不健康。[ 史密斯的研究得到了软饮料公司的资助。]
- » **编辑说明**。例如，学校说他们 [ 大四学生 ] 已经为就业做好了准备。
- » **圆括号内的信息**。例如，(《新闻》，第 34-26 页 [ 第 2 卷 ])。
- » **感叹词**。例如，这颗小行星 [ 非常 ] 巨大！
- » **[ 原文如此 ] 照原文写**：艾莉森的 [ 理科 ] 学分比伊莎贝尔少。

# 引起关注：斜体

有些词需要特别留意或遵循特定规则才能发挥作用。当常见的词汇加上独特的符号、字体和装饰时，它们所传递的意义超越了它们的普通用法。

许多术语传达了研究中常见的含义。接下来的部分将解释具有特殊约定的词汇。

## 斜体字：独特的外观

斜体字，一种时髦的草书字体，最早出现在意大利，自 16 世纪以来一直被用于为英语单词赋予特殊意义。斜体字的常见用途包括：标识重要的创作作品，如书名、艺术作品、法庭判决、期刊、电影、诗歌、戏剧、报纸和网页。

斜体引起读者的特别关注。例如：*Hamle*（《哈姆雷特》）、*Challenger*（"挑战者号"）、*The New Yorker*（《纽约客》）、*The Lion King*（《狮子王》）、*The Magic Flute*（《魔笛》）、*Marbury v. Madison*（"马伯里诉麦迪逊"）、*Titanic*（《泰坦尼克号》）。

建议

第 12 章　回顾基础知识：语法和规范

标题用斜体表示时，标题中的标点符号也用斜体，如：*Who's Afraid of Virginia Wolf?* （谁害怕弗吉尼亚狼？）

手写时，用下画线代替斜体。看起来是这样的：泰坦尼克号沉没的原因仍在调查中。

不要用斜体来强调单词。许多教授认为使用斜体作为强调是写作水平薄弱的表现。正确的做法是选择具体的名词和动词来强调意义（参见第 11 章）。

让我们看看大学写作中斜体的其他常见用法。

> **关键术语**。APA 强调使用斜体来标记关键术语，如在句子中需要进一步解释意义的词汇。
>
> 比如：The significance of a *black hole* has not been clearly defined by scientists. 科学家尚未清楚定义黑洞的重要性。

> **作为词汇本身使用的词语**。当你将一个单词或短语用于其指定含义以外的语境时，请将该单词用斜体标出。
>
> 比如：Two words frequently misused are *farther and further*. 有两个经常被混淆的词：farther 和 further。

# 数字：复杂的使用规范

准确的细节包括准确书写的数字，这可不止 1、2、3 这么简单。下面是被广泛接受的数字书写规范（附有示例）：

> **0～9 的数字用单词表示；10 及以上的数字用阿拉伯数字表示**。
>
> Herzog's study included **seven** books and **12** periodicals.
> 赫尔佐格的研究包括 **7** 本书籍和 **12** 种期刊。
>
> Chicago 要求 100 以下的数字都用单词，数字与计量单位一起使用时用阿拉伯数字（5G，150 磅）。（仅供参考：在 For Dummies 系列书籍中，10 及以上的数字用阿拉伯数字表示）。

> **复数数字加 - s 或 -es**。
>
> Groups of **fours** and **sixes** were eliminated from the study.
> 该研究剔除了 4 人和 6 人小组。

> **用数字来表示日期、年龄、分数和金额**。
>
> A **$100** fuel surcharge was added to all passengers on the flight.
> 该航班的所有乘客都被加收了 100 美元的燃油附加费。

- **避免以数字开头的句子或标题，包括以年份开头。**
  
  **1066** was the year of the Norman Conquest, the war that changed the English Language.
  
  1066 年是诺曼底征服的年份，这场战争改变了英语的面貌。
  
  **改为**：The Norman Conquest occurred in 1066, a war that changed the English Language.
  
  诺曼底征服发生在 1066 年，这场战争改变了英语的面貌。

- **用单词表达分数**。If it's blueberry pie, I can easily eat **one-quarter** of it — if I work out immediately afterward.
  
  如果它是个蓝莓派，我很轻松吃掉四分之一——前提是吃完后马上锻炼。

APA 强调了使用数字的其他指导原则：

- 如果呈现 3 个或更少的数字，考虑使用句子。
- 如果要展示 4 个到 20 个数字，考虑使用表格。
- 如果呈现的数字超过 20 个，考虑使用图表。

如第 2 章所述，每种指南都有与其理念一致的独特格式。请分别查看这些手册或上网搜索，了解不同的格式要求。

记住

# 引号：突出词语

引号标识需要注意的词语，因为这些词语来自专家。研究中引号的常见用法包括以下几种。

- **研究人员的原话**：布罗根和迈尔斯均认为，选修另一门专业对大多数职业来说是一项优势。
- **研究人员说的话的一部分**：布罗根和迈尔斯一致认为，选修另一门专业能"带来就业优势"。
- **书中章节的标题**：伊科内的《会计基础》中有一个名为"纳税人与创新会计"的章节。
- **小作品，如报纸故事、小诗和短篇小说以及广告**：他的写作生涯始于他发表的第一首诗，题为"Writing from Afar"。

此外，MLA 还建议，当一个词用于表达"临时含义"时，给该词加上引号。比如：许多专家认为，词汇的含义是由大脑的"任务控制中心"处理的。

在"引文套引文"的情况下，中间的引文用单引号标识。例如：Nearing 教授说："我最喜欢的莎士比亚的一句话是'简洁是智慧的灵魂，冗长是肤浅的藻饰'。"参见第 6 章中的整段引文示例。

第 12 章　回顾基础知识：语法和规范　**181**

**记住** 标点符号和引用内容考验你对细节的关注，在这些方面犯错可能导致你被指控抄袭，第3章对此进行了详细讲解。你需要校对，确保准确无误，还要让写作中心的工作人员帮助你审阅初稿。如果你请教授修改你的文章，他们很可能会说："我不是你的校对员。"

# 完善外观：拼写

如果你不想他人"以貌取你的论文"，千万不要拼错单词。以貌取人是错的，但"以貌取文"却是客观存在的。

拼写的目标是接近完美，你还要制订一个方案，避免在以后的作业中犯同样的错误。

下面这些部分列出了你可能从未考虑过的拼写错误：大小写、单复数、缩写、所有格和连字符。它们是字母顺序以外的拼写错误，而字母顺序是很容易识别和纠正的。

**记住** 这些规则和示例来自 APA、MLA 和 Chicago 指南，以及你在阅读中学到的规则和惯例。如果你对本章或任何一章中的规则有疑问，请参考教授指定的风格指南，并向他们寻求指导。写作中心也可以帮助你。

## 大 小 写

如果你生活在大约 1 300 年前，你不可能在大小写方面出错，因为当时所有字母都是大写的。但后来，一位有远大理想的年轻印刷商（欠下巨额学生贷款）设计了一个方案，为了将油墨成本降低 50%，她将字母的大小缩小了 50%。

由于新字母较小，她把它们存放在大写字母盒下面的小抽屉里。她称它们为"小写字母"。遗憾的是，她的后人今天仍在偿还她的学生贷款。

### 熟悉的大小写规则

下面我们简要回顾一下我们熟悉的大小写规则，如表 12-3 中的示例。

表 12-3 大小写规则和示例

| 规则 | 示例 | 规则 | 示例 |
| --- | --- | --- | --- |
| historical events 历史事件 | Prohibition 禁酒令 | holidays 节日 | New Year's Day 元旦 |
| time periods 时间段 | Stone Age 石器时代 | continents 各大洲 | Europe 欧洲 |
| government bodies 政府机构 | Parliament 议会 | scientific terminology 科学术语 | Newton's First Law 牛顿第一定律 |

| 规则 | 示例 | 规则 | 示例 |
|---|---|---|---|
| famous events 知名事件 | Constitutional Convention 制宪会议 | professional teams 专业队伍 | Philadelphia Phillies 费城费城人队 |
| adjective from proper noun 专有名词中的形容词 | Canadian geese 加拿大鹅 | academic degrees 学位 | MFA |
| musical notes 音符 | F sharp F# | academic grade 分数等级 | A |

切记不要大写以下内容：季节（summer）、带数字的世纪（16th century）、专有名词的其他用法（french fries, irish potatoes）和指南针方向（north）。

以下是关于大小写的常见规则（附带示例）。

» 书籍、文章和歌曲标题中的主要单词：Catcher in the Rye、Take Me Home、Country Road 和 On the Waterfront
» 学期和课程名称：She enrolled in **Writing As Managers** in the Spring 2023 semester. 她在 2023 年春季学期报名《管理者写作》课程。
» 宗教教派：Methodists（卫理公会）、Presbyterians（长老会）
» 姓名前的头衔：President Farish（法利什总统）、Governor Stanton（斯坦顿州长）
» 组织名称：American Kennel Club（美国养犬俱乐部）、National Council of Teachers of English（全国英语教师理事会）
» 名词后跟数字或字母，是一个整体的组成部分：Section C（C 节）、Row 5（第 5 行）、Part 2（第 2 部分）、Figure 12-2（图 12-2）、Room 131（131 室）、Error 404（错误 404）

# 所有格和撇号：所属关系

所有格和撇号是大学生最容易犯的拼写错误之一。要正确使用它们，你需要掌握单词拼写以外的知识。

几个主要指南推荐了适用于研究型写作和一般大学写作的所有格拼写规则。下文将对此进行说明。

## 单数和复数所有格

下面是大学写作中的所有格拼写规则（附有示例）。

> **单数所有格**：写出单数形式的单词（database）并加上 's（database's）。

The **database's** advantage is that it includes support.

数据库的优势在于它提供支持。

> **复数所有格**：先写复数形式（databases）。

- 如果复数单词以 **s** 结尾，直接加上撇号（databases'）。

**Databases'** purchases included a consortium of universities.

数据库的购买者包括一个大学联盟。

- 如果复数单词不以 **s** 结尾，加 's（children's）。

**Children's** participation in research studies includes planned rest time.

孩子们参与研究时，会有规定的休息时间。

所有格规则就像电子邮件附件一样简单，如表 12-4 中的示例。

表 12-4　组成所有格

| 单数 | 单数所有格 | 复数 | 复数所有格 |
| --- | --- | --- | --- |
| man | man's | men | men's |
| woman | woman's | women | women's |
| child | child's | children | children's |
| citation | citation's | citations | citations' |
| girl | girl's | girls | girls' |

## 连字符：表明联系

连字符是英语中用途最广泛的符号之一。虽然随着自动换行技术的出现，它的使用逐渐减少，但连字符仍然被用于连接相关的单词并明确含义。在数学中，它既是减号（4 − 2 = 2），也是分数的连接符（three-quarters）。

它还用于将两个单词连接成尚未形成独立单词（homework）的复合词（比如 self-service）。对于有争议的复合词，APA 和 MLA 建议查韦氏词典。

几个主要指南共同认可的连字符规则如下（附有示例）：

> **把两个词连接在一起，形成一个形容词。**

The **award-winning** professor began the lecture.

那位获奖教授开始上课了。

- » **21～99 的英语单词。**

    The age of **twenty-one** is a milestone celebration for many college students.
    对许多大学生来说，21 岁是一个值得庆祝的里程碑。

- » **澄清意义。**

    The university constructed **four-student** dorm rooms.
    那所大学建了不少四人寝室。

- » **形成带前缀 pre 的复合词。**

    The day included **pre-admission** testing.
    今天要进行入学前测试。

- » **Self- 和 ex- 前缀。**

    Many college students are described as **self-starters**.
    许多大学生都自主创业。

MLA 强调了连字符的其他用途。

- » **以限定副词开头的复合形容词。**

    well-prepared students, best-fitting device
    准备充分的学生、最合适的设备

- » **名词和数字的组合。**

    third-century artifact, three-week vacation
    三世纪的文物、三周假期

- » **以介词开头的复合形容词。**

    on-campus lecturers, in-house training, in-depth analysis
    校内讲师、内部培训、深入分析

- » **与复合词分离的形容词。**

    five- and ten-dollar items, pre- and post-college experiences
    五美元和十美元的物品，大学前和大学后的经历

MLA 还规定了何时不使用连字符。

- » **包含 -ly 副词的形容词。**

    thoughtfully organized research paper
    精心组织的研究论文

- » **以 too、very 或 much 开头的复合形容词。**

much aligned program, very detailed program
周密协调的计划，非常详尽的方案

## 缩写：简明扼要

少用缩写，就像少给前男友打电话。
以下是拼写缩写词的指南和相关示例。

- **有些缩写使用句号**，如：J.F.K.、a.m.、Ms. 和 Jr.
- **另一些缩写词不使用句号**，如：APA、IQ、PhD 和 MSW
- **大多数缩写词的复数直接加 s（不带撇号）**，如：URLs、DOIs 和 PhDs

## 拼写策略：找出问题所在

你必须对正确拼写负责，因为你是一个受过教育的人。这是一项比写作更容易掌握的技能，这里有一些建议可以帮助你：

- 将你经常拼错的单词列成一个表。
- 学习一些拼写规则，如 i 总是在 e 之前，除非在 c 之后。
- 当你的文字处理器识别出拼写错误的单词时，请更正它。但一定要小心，因为拼写检查程序无法检测出所有拼写错误，尤其是当错误的拼写产生了另一个单词时，比如把 from 拼成 form。
- 挑战自我，学习拼写奇怪的单词。
- 收集奇特的拼写，如 nth（缺少元音）、facetious（连续的元音字母），以及 almost（这个单词中的字母按照字母表顺序排列）。

在网上搜索最常被拼错的单词，如输入搜索指令"英语中最常被拼错的单词"，会出来很多结果。请参阅以下示例。

| separate | consensus | bureaucracy | entrepreneur |
| --- | --- | --- | --- |
| definitely | unnecessary | supersede | particularly |
| maneuver | acceptable | questionnaire | liquefy |
| embarrass | broccoli | connoisseur | conscience |
| occurrence | referred | a lot | parallel |

> **章节提要**
> » 完美的文本外观
> » 完美的页面外观
> » 准确的大小写
> » 避免常见的格式错误

# 第 13 章
# 注重外观：格式

论文排版就像购买一份奢侈的礼物，最后你发现，收礼物的人对包装的兴趣远超礼物本身。欢迎来到格式的世界，这是一个外表比实质更重要的世界，尤其是当你的论文外观与教授要求不符时。

每种指南都有自己的格式逻辑，大多数大学生不理解这些逻辑。但无论理解与否，学生都必须遵守指南的要求。

在本章中，我将介绍主要文献指南对格式的规定，以及让教授满意的页面布局要求，并教你如何使用各级标题来区分主要内容和次要内容。我还将指出大学研究论文常见的格式错误。记住：一致性是关键！让我们开始愉快地排版吧！

本章的格式以 APA 风格为主，并展示了 APA、MLA 和 Chicago 之间的差异。

由于每种风格都有其独有的特点和逻辑，因此，要判断自己的格式是否正确，应查阅相关手册或网站，还要询问教授的要求。

*记住*

## 追求完美的文本外观

文字很重要，不仅要拼写正确，格式也要准确。文字准确包括遵守相关指南的规范。你的受众会先看到论文外观，然后才是内容。当内容没有以要求的格式呈现时，它们所传达的信息就会缺乏连贯性。

以下各节将介绍一些文本格式规范，以确保研究型写作的准确性，包括字体、间距、大小写和标题的一致性。

## 通用文本格式指南

教授对你的研究论文格式有很高的要求。他们希望你注重细节，并符合文献引用要求。他们知道，文本一致性方面的错误很容易导致海啸般的错误，使你的成绩跌至 C。

以下是适用于几乎所有写作的通用格式指南（适用于英文文章）。

» **字体和字样**：首选 12 号 Times New Roman 字体，几乎所有教授都能接受。格式指南中列出了各种字体选项，而教授也愿意考虑满足视觉需求的选择。

» **纸张**：如果打印，请使用标准的 8½ × 11 白纸。有些教授喜欢单面打印，以方便阅读和评分；有些教授喜欢双面打印，以节约资源。但所有教授都希望印刷清晰。

» **行距**：APA 和 MLA 要求全文（包括标题、正文、引文和引用的作品）使用专门的双倍行距。下一节将讲解 Chicago 行距。

» **标点符号空格**：几乎所有的格式指南都要求在段中标点和结尾标点符号之后空一格。本书也遵守这一规定。

» **页边距**：四边边距均为一英寸是所有格式指南都接受的标准，也是大多数文字处理程序的默认值。

» **对齐**：几乎所有的格式规范都要求左对齐，没有右对齐。本书就是一个左对齐的例子。

» **缩进**：每个新段落需要缩进半英寸。序言无须缩进。有关序言和其他非必要组成部分的更多说明，请参见第 16 章。

» **页码**：在右上角为页面编号，扉页为一 (1)。有些教授喜欢不在扉页上标注页码。

» **页眉**：APA 第 7 版删除了对学生论文的页眉要求，但要求专业论文使用页眉。

» **标题首字母大写**：标题的首字母和小标题的首字母大写。其他标题的大小写请遵循格式指南。

记住，教授的喜好是终极标准。换句话说，听从给你打分的人的意见。

## MLA 和 Chicago 的独有文本格式

格式可以体现出你是否注重细节。除了我在上一节中讨论的通用标准外，还有一些独特规范。以下是 MLA 和 Chicago 的专用格式：

- » **页眉**：两种格式指南都要求在右上角、距页面顶端半英寸处设置页眉，内容包括学生的姓氏和页码。
- » **连字符**：MLA 建议关闭自动换行和自动连字功能。
- » **页码**：Chicago 允许页码位于底部中央。
- » **标题首字母大写**：MLA 和 Chicago 要求所有主要单词的首字母大写，包括专有名词和长度超过四个字母的单词。

如果不同格式指南为你提供了不同选项，请优先选择共通的选项。

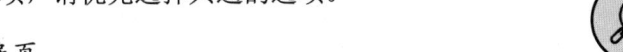

- » **扉页**：MLA 和 Chicago 均不要求扉页。
- » **联系信息**：MLA 和 Chicago 要求将联系信息放在第一页的左上角。相关示例请参阅本章后面的"MLA 文本首页"部分。
- » **行距**：整段引文和注释书目采用 Chicago 标准单倍行距（参见第 6 章）。
- » **日期**：MLA 要求使用这样的日期格式：12 June 2024（2024 年 6 月 12 日）。

建议

# 页面格式：第一印象

研究论文的页面外观就像手机的屏幕。想想看，你希望在哪里看到时间、解锁、天气、通知等功能。

读者对研究论文的页面外观也有类似的期望。你的读者和教授都希望页面格式符合要求，无论是文本外观、间距、页面布局，还是标题和小标题。

下面这几个部分将介绍几种最常见的页面格式要素。请对照教授的要求和格式指南检查你的论文格式。

## 扉页的格式

扉页是 APA 的新要求，而 MLA 和 Chicago 则不要求。APA 最新的第 7 版认识到，除了需要为专业研究人员创建指南，学生写作者也需要指南。

MLA 和 Chicago 对扉页的处理方法与 APA 不同。它们要求在正文的第一页提供扉页信息，而不是像 APA 那样单列一页。请务必区分 APA、MLA 和 Chicago 对扉页外观的不同要求。

还要注意你的教授对格式要求的细致程度。例如，如果你的课程除了研究技巧外，还涉及格式，那么你的教授对细节的要求会非常高，尤其是首页。

许多一年级的研究型写作课程对格式有要求。高年级研究课程的教授经常会放宽细节

建议

要求，如扉页类型、标题样式和一些间距要求，而更多地强调研究内容。读懂教授在课堂上对这些细节的态度。如果有疑问，直接询问他们。

## 扉页各元素的格式

你的研究论文扉页（或 MLA 或 Chicago 的首页）就像你在求职面试中的第一次亮相。在你说话之前，你的非语言表达就传达了你的自信、条理和信任。

扉页的评判标准同样包括外观、准确性和是否符合要求。你希望教授阅读扉页就像过机场安检一样——快速、安全、无事故。

**认识 APA 扉页要素**

APA 扉页要素（图 13-1）包括：

```
                              [ 页码 ]
              [ 四边边距为一英寸 ]
   [ 论文标题自页面顶部空三格至四格，加粗，居中 ]

         [ 学生姓名：距离标题两个双倍行距 ]
         [ 开设课程的系部，接着是大学名称 ]
                   [ 课程编号和名称 ]
                     [ 教授姓名 ]
                    [ 论文截止日期 ]
```

图 13-1　APA 扉页模板

» **标题**。用 12～16 个字概括论文的主题和重点，通常包括副标题。
» **作者**。你课程注册表上的姓名。
» **所属单位**。课程所属的院系名称和学校名称。
» **课程标识**。正式的课程名称、编号和章节编号。
» **教授姓名**。课程注册表上的教授姓名和职称。

不同拼写错误的严重程度不一样。必须准确拼写教授姓名和职称。拼错教授的姓名表明你非常不认真。务必准确标明教授的头衔。如果你不确定教授的头衔，请称呼他们"教授"。

记住

» **作业截止日期**。以标准商业格式书写作业截止日期：February 2, 2023（2023 年 2 月 2 日）。注意，MLA 日期格式写为 2 February 2023。
» **页码**。位于页面右上方。（仅适用于英文论文）

**创建标题和副标题**

扉页的重点是标题（和副标题）。这是教授与论文内容的第一次互动。教授对标题的第一印象有两种："可能是一篇出色的文章"和"可能又是一篇无聊的学生论文"。希望教授认为你的论文是前者。

能激起教授兴趣并打动读者的标题通常按照以下方式创建：

- 回顾一下你在搜索过程中使用的关键词以及你添加的其他条件。
- 将关键词浓缩为特指名词和以 -ing 结尾的行为动词。
- 确定能回答主要研究问题和明确作业目的的关键词。
- 想想看，如果朋友问你的论文是关于什么的，你会怎么回答。
- 大声念出你的标题，听听你使用了哪些术语。
- 把关键词当作拼图，将其调整至最优状态。
- 在标题后面加上冒号和副标题，以缩小主题范围。

以下是研究论文的标题和副标题范例：

- 技术对学生的学习有帮助：尤其是中学生
- 享受高等教育的权利：靠授予还是靠争取
- 竞选筹资平等化：公平竞争
- 平价医疗：三赢之策

副标题缩小了主题的范围。例如，"尤其是中学生"缩小了对象群体；"靠授予还是靠争取""公平竞争"等条件缩小了话题范围。

避免冗长、含糊、宽泛和过于情绪化的标题。例如：

- ……概述
- ……的重要性
- ……完全指南
- 我们为什么需要了解……？
- ……手册
- 对……的调查

用与论文其余部分相同的字体和字号书写标题。

**注意标题格式**

标题应遵循格式指南中的大小写规则，居中，通常加粗。有关标题大小写和句子大小写的讲解，请参阅第 8 章。

参考下面这些建议，避免标题引起教授不必要的注意：

- 不要使用斜体、下画线或引号。
- 不要所有单词都用大写字母。
- 不要放大字体。
- 除非是标题的一部分，否则不要在结尾处加标点。

图 13-2 是 APA 最近为学生论文设计的扉页示例，也是大多数教授接受的扉页。

```
                                                    1

           NIL：游戏改变者还是游戏终结者


                    莎娜·S.罗伯茨
                  塔尔伯特大学体育与娱乐系
                  DSR 1306 - 2：体育与财务
                       奥康纳教授
                      2024 年 2 月 2 日
           [ 剩下的 3/4 页为空白 ]
```

图 13-2　APA 扉页示例

图 13-3 显示了一个可接受的 Chicago 扉页示例——如果你的教授要求的话。请向你的教授询问他对扉页的具体要求。

```
                考古学：以古鉴今
              [ 位于页面顶部四分之一处 ]




                  亚历克西娅·J.卡林斯
                  考古系，P.M.C. 学院
               ARC 1301 -2 考古学：考古学应用
                       埃文斯教授
                     2024 年 3 月 22 日
```

图 13-3　可接受的 Chicago 扉页

# 设置正文首页的格式

首页文字就像演出舞台的幕布。第一行文字之前的准确排版可以避免幕布故障和分散教授的注意力。下面是 APA 和 MLA 的首页。

## APA 正文首页

根据 APA 指南，扉页（和硬分页符）之后是正文，第 2 页要再写一次标题。再次注意标题居中并加粗。图 13-4 显示了 APA 第 2 页的顶部布局。

>                                               2
>
> **NIL：游戏改变者还是游戏终结者**
>
> 从这一行开始正文，每个新段落都缩进并保持双倍行距。

图 13-4　APA 正文首页

## MLA 正文首页

MLA 和 Chicago 不要求扉页，但要求在正文第一页提供扉页信息。图 13-5 显示了 MLA 第一页顶部布局，包括联系信息。

>                                            第 1 页
>
> 克里斯蒂安·L. 阿桑蒂
>
> 施莱布教授
>
> 英语 137
>
> 2024 年 3 月 12 日
>
>                 **互联网接入：公共资源**
>
>     从这一行开始正文，每个新段落都缩进并保持双倍行距。注意日期格式，页眉内容包括学生姓氏。

图 13-5　MLA 正文首页

## Chicago 正文首页

Chicago 的首页文字包括联系信息，页码位于右上角，详见图 13-6。

>                                                1
>
> 克里斯蒂安·L. 阿桑蒂
>
> 施莱布教授
>
> 英语 137
>
> 2024 年 3 月 12 日
>
>                 **互联网接入：公共资源**
>
>     从这一行开始正文，每个新段落都缩进并保持双倍行距。

图 13-6　Chicago 正文首页

# 各级标题排版

没有标题和小标题的长篇文章就像在没有车道、标志或交通信号灯的情况下开车。阅读这样的文章好比驾驶德贝冲撞赛车。

标题和小标题是贯穿整篇研究论文的主要路标，可以引导读者顺利地从标题读到结论。小标题指明了内容的多个层次。

APA 推荐使用五级标题来构建文章，第 1 级是主要标题，如文章标题、摘要、正文、结论和参考文献。大学一、二年级的学生论文很少超过三级标题，APA 的五级标题见表 13-1。

表 13-1　APA 的五级标题

| 级别 | 格式规范 |
| --- | --- |
| 第 1 级 | 居中、粗体、每个单词的首字母大写<br>新段落从此处开始，缩进，与标题保持双倍行距 |
| 第 2 级 | 左对齐、粗体、每个单词的首字母大写<br>新段落从此处开始，缩进，与标题保持双倍行距 |
| 第 3 级 | 左对齐、粗体、每个单词的首字母大写<br>新段落从此处开始，缩进，与标题保持双倍行距 |
| 第 4 级 | 缩进、粗体、首字母大写、结束标点符号<br>此处开始的文字使用双倍行距，直接跟在句号之后的同一行上 |
| 第 5 级 | 缩进、粗体、首字母大写、结束标点符号<br>此处开始的文字使用双倍行距，直接跟在句号之后的同一行上 |

标题的设计类似于提纲，每个大标题下都要有至少两个小标题。一个大标题可以没有小标题，但不能只有一个小标题。本书的结构遵循了这些标题和副标题规范。

# 列举相似信息

图形是呈现复杂内容的有用工具，如同列举相似信息的图形组织器。与其他文献风格相比，APA 更注重页面内容的视觉组织，如项目符号、字母、数字和步骤。下文将详细介绍页面文字的视觉组织。

**创建带项目符号的列表**

带项目符号的列表是最常用的图形，用于呈现大量相似信息。图形组织器对大脑很友好，因为大脑喜欢这样的视觉信息。

带项目符号的列表有如下优点：

» 突出复杂观点，提高可读性。
» 以简洁的格式呈现相似的观点。
» 从视觉上突出和集中多个相关观点。
» 帮助读者领会一系列信息。
» 与包含复杂信息的多序列长句相比，这样的列表更便于读者理解。

上面这几个条目就是一个带项目符号的列表示例。我引导作为读者的你了解列表式清单的优点，每个理由都使用了动词（提高、呈现、突出、领会和便于），形成了平行结构。有关平行结构的更多信息，请参见第 11 章。

在学术期刊等专业研究型写作中，不常出现项目符号列表和其他图形组织工具，但在大学研究作业中却经常使用。APA 鼓励使用它们，但 MLA 和 Chicago 却没有大力推崇。

建议

### 将相似信息编制成连续列表

其他图形组织器包括按字母编制的列表、按数字编制的列表和流程步骤。与项目符号式组织器不同，上述组织器需要按顺序定位。

比如，在本书中，步骤 1 放在步骤 2 之前，以此类推。字母和数字也遵循类似的排序。想想看，你在撰写研究论文、安装软件更新和更换专业时所遵循的顺序步骤。

### 在研究中使用图形组织器

项目符号等图形组织工具有助于向教授展示你对复杂信息的理解。

它们在研究型写作中的用途如下：

» 显示研究信息的可比要素。
» 展示研究思路的关联性。
» 直观呈现研究要素之间的视觉联系。
» 为比较和类似应用提供背景资料。

### 给列表加上标点符号

列表标点的使用取决于所遵循的格式指南，但务必询问教授的要求。以下是列表标点符号使用的一般指导原则：

» 如果所列项目是完整的句子，则按句子标点规范使用标点符号。
» 不要在项目末尾使用逗号或其他标点符号。

第 13 章 注重外观：格式　195

» 如果列出的项目不是句子，第一个单词首字母不用大写，末尾也不用标点符号。

» 如果所有项目加起来是一个句子，则将结束标点置于最后一个项目的末尾。

**记住**

列表标点的使用因格式指南而异。例如，本书有自己的列表样式，与 Chicago 不同。

## 处理图形和表格

图形和表格是展示大量数据（包括地图、照片和插图）的研究工具。你可以在本书中找到 Chicago 风格的示例。

照片也被视为图形，用于支持某些研究主题。从网上截取的照片必须注明来源。可以使用 Word 的"插入"功能将照片轻松拖入文本框中。几个格式指南都就如何引用图形和表格并将其列入参考文献提供了指导原则。

图形和表格的一般格式包括：

» 第一次提及图形和表格后，立即放置图形或表格。

» 为每一幅图（表）编号。

» 每个图形和表格都要有标题或说明文字。

» 引用的图形和表格必须注明出处。

# 章节格式：整体观感

格式的细节再怎么强调都不为过，但除了细节，也要注意整体观感，它会吸引教授的注意，尤其是论文主要标题的格式。下面将介绍论文主要部分的格式。

**建议**

为了便于组织，许多教授经常指导学生在撰写研究论文时使用三个一级标题：引言、正文和结论。在这三个大标题下使用二级标题。请参考图 13-7 中的示例。

---

第 1 级：**大城市枪支暴力的原因**

第 1 级：**引文**

　　第 2 级：**问题陈述**

　　第 2 级：**文献综述**

　　第 2 级：**研究的局限性**

---

图 13-7　各级标题示例

> 第 1 级：枪支暴力主要原因概述
>
>   第 2 级：非法枪支的获取通道
>
>   第 2 级：心理疾病的影响
>
>   第 2 级：缺乏支持体系
>
> 第 1 级：结论
>
>   第 2 级：讨论
>
>   第 2 级：进一步研究的必要性
>
> 第 1 级：附录 A

图 13-7　各级标题示例（续）

# 引　言

研究论文开头的第一个标题是文章标题，这是一级标题，APA 要求加粗并居中。除非教授要求，否则引言不设标题。

图 13-7 还显示了引言部分经常出现的二级标题：问题陈述、文献综述和研究的局限性。

引言之后往往需要一个方法论标题。方法论并不是论文的必需组成部分，我将在第 16 章进行说明。

# 正　文

"正文"一词不作为一级标题出现，正文部分包括多个小标题（二级，有时三级）。例如，NIL 二级标题可能包括正文部分的小标题，如分析和结果。第 15 章将详细介绍正文部分的写作。

# 结　论

"结论"一词作为一级标题出现在论文的最后一节。结论的副标题通常包括讨论和进一步研究的必要性。第 15 章将介绍论文结论部分的写作。

# 资料来源的格式

准确的参考文献的格式表明，你掌握了相应的指南要求。资料来源列表（参考文献、引用文献和参考书目）是论文整体架构的一部分，许多教授经常通过它来评估你对要求的理解。

### 参考资料的一般格式

相比其他学术任务，文献来源格式排版需要更加专注和深入。许多学生都是匆忙列出资料清单，并套用模板。

以下是大多数参考资料来源的一般格式指南：

- 根据第 8 章中的示例，使用悬挂缩进方式输入每个来源项目，即第一行靠左对齐，后续行缩进半英寸。
- 按作者姓氏的字母顺序排序。
- 如果某个来源没有作者，以资助机构的名字字母顺序排列（不包括 a、an 和 the）。
- 对于有多位作者的格式，不同的指南有不同的规定。
- 书籍、章节、文章和网页的标题、副标题与专有名词标题的第一个单词首字母大写。
- 参见学术期刊文章单词首字母大写格式指南。

### APA 参考资料格式指南

APA 参考文献列表的格式为：标题"Reference"（参考文献），一级标题，加粗并居中。APA 参考文献下的条目通篇双倍行距。详见第 8 章示例。

### MLA 参考资料格式指南

MLA 参考文献列表的格式为：标题"Works Cited"（引用文献），居中，通常加粗。条目采用双倍行距，与 APA 相似。详见第 8 章示例。

### Chicago 参考资料格式指南

Chicago 的资料来源列表与 APA 和 MLA 不同。Chicago 的资料来源列表标题为"参考书目"，居中，通常加粗。条目行距也不同于 APA 和 MLA：Chicago 同一条目转行采用单倍行距，不同条目间距为双倍行距。有关"参考书目"的示例，请参见第 8 章。

### 章节序列的格式

大多数人每天的生活遵循一个连贯的顺序，包括起床时间和晨饮时间。如果你的规律被打断，尤其是晨饮时间被打乱，你的一天很可能会不顺利。

研究论文也遵循一定的顺序，包括从扉页到参考文献的各个部分。如果其中某个部分被打乱或省略，你的成绩很可能会不太如意。

以下是许多教授要求、大多数教授都接受的主要章节顺序：

- **扉页**。第一页或正文第一页，包括联系信息。
- **摘要**。8 页或以上的论文通常要有摘要。
- **目录**。有时要求，但 8 页或更长的论文最好包含目录（有关撰写目录的更多信息，请参见第 16 章）。
- **正文**。研究论文的主要认证部分（详见第 6 章）。
- **资料来源清单**。参考文献、引用文献或参考书目（更多信息请参见第 8 章）。
- **尾注**。有时教授会要求，尤其是 Chicago 格式（详见第 8 章）。
- **图表**。有时教授会要求（请参阅本章前面的图表部分）。
- **附录**。通常为可选项，是补充信息的好工具（详见第 16 章）。

记住

# 避免常见的格式错误

准确的格式向教授彰显你对学术规则的尊重；潦草和不准确的格式会让教授觉得你不重视学术。

有人说，你做一件事的方式体现了你做任何事的方式。要让教授知道你重视格式问题，就必须遵守准确性准则。下面这几个部分指出了大学生经常遇到的格式问题。

## 混用不同的格式规范

如果你不幸要同时使用两种不同的格式规范，请重点关注每种规范的格式，尤其是首页、标题、引文和资料来源列表。为了提高格式的准确性，请使用相应的模板。

指导过无数论文的教授有一双敏锐的眼睛，可以识别主要标题（如文章标题和参考文献标题）的错误。教授们在教授一种文献规范几个学期后，就会熟悉学生们关于这种规范常犯的错误。例如，没有悬挂缩进是几乎所有学生的通病，无论他们遵循哪种格式规范。

标题常见的格式问题包括不居中、不按要求加粗、不加斜体和下画线。请务必参考相关格式指南的模板。

## 字体大小要有差别

设置 12 号 Times New Roman。这是最一致的格式要求，适用于第一页到最后一页。

研究论文不是为了展示你的排版技巧和装饰性字体的运用。教授不会因为你用了艺术字体就给你加分。不正确的字体很容易被教授看出来，而且会分散对论文内容的注意力。如果你想百分之百严格遵守格式准则，那么从头到尾只使用 12 号 Times New Roman 字体。

## 对齐问题

另一个无须手动排版的区域是边距对齐。格式指南只包括左对齐，即所有文本行距离左侧边距相同的宽度。几乎所有大学写作的格式都是左对齐，距离纸张左边缘一英寸。

不要采用右对齐方式，即所有文本行的末尾堆叠对齐。本书就是一个左对齐、右不对齐的例子。

## 制造视觉错觉

真有人会这么做吗？有！下面列举了一些学生为了制造篇幅较长的假象会做的事情：

- 将页边距增加到 1.25 英寸。
- 将字体大小增至 14 号。
- 增加行间距。

有些学生进行上述格式调整是为了让论文看上去"增加了几行或几段"。他们以为教授不会注意到放大的字号。

伪造论文外观是一种作弊行为（参见第 3 章），还会导致得低分。学生以为教授不会发现，他们想错了。

# 第 4 部分

# 撰写研究论文

### 本部分将教你如何……

计划并组织你的研究论文写作，包括提纲、熟悉文献和引用格式规范、了解校园支持服务、组建反馈团队、制定完成时间表和应变方案。

写初稿前，先制订一个写作计划，找一个让你灵感迸发的写作地点，舒缓压力、避免拖延。培养成长型思维，写下一些初步的想法。

在写作中体现道德与客观，平衡支持论点的证据，用尊重和公正的语言进行写作，并协调客观和主观用语。

在必要的部分添加标题（可以多准备几个备选方案）。例如，展现专业外观的扉页，突出重要主题的目录，阐述问题和文献综述的引言副标题，指明次要内容的文中小标题，以及说明影响和进一步研究必要性的结论标题。

像大作家一样完成修改过程，按照计划征求反馈，以评估文章的组织和架构，修润句子，如选择行为动词和特指名词，删除不必要和过度使用的词汇，以及改正大学写作中常见的错误。

在提交论文前的最后 60 分钟，对照清单再次检查各个部分和页面格式、学术写作风格要素、各部分的排版，看是否符合所有要求、是否有遗漏的项目。

> **章节提要**
>
> » 愿望写不出来，规划才能写出来
> » 反复分析你的作业
> » 用原创思想填充正文
> » 认真备份——应变措施

# 第 14 章
# 规划和组织研究型写作

想象一下你提交给教授的研究论文：页码顺序不对，主要章节没有标题，油墨也不清晰。

如何避免你的研究论文因为上述问题被教授当作反面教材？答案是：一接到论文任务，马上开始计划和组织，并调整心态，努力完成一篇成功的论文。

在本章中，我将介绍如何通过周密的规划和组织成功交付研究项目，如执行初步写作要求、分析可交付成果、培养成长型思维，以及充实主要部分的内容。

在计划和组织的过程中，请记住埃莉诺·罗斯福（Eleanor Roosevelt，前美总统罗斯福的夫人）的话：许愿和计划一样需要精力。

## 尽早规划：前期优先事项

你一定听说过"早起的鸟儿有虫吃"这句话。早起的鸟儿不仅有虫吃，还能写出研究论文并获得好成绩。

许多学生一接到研究论文的任务，就开始制订计划。大量研究表明，越早着手，分数往往越高。

以下各节将介绍撰写初稿前的规划工作，如创建内容提纲、熟悉所要求的文献引用格式规范、选择论文框架、了解可获得的写作支持、组建反馈小组以及制订时间管理计划。

# 提纲：绘制蓝图

将提纲视作构建项目的蓝图。它为以下各项工作奠定了基础：

》 确定论文从开头到结尾的方向。换句话说，你的提纲就是你的写作路线图。
》 创建一个框架，回答研究问题。
》 构建支持论点的证据。
》 为内容的发展提供指引。
》 确定实现论文目的的途径。

幸运的是，学生的研究项目有一个默认的提纲结构：引言、正文和结论。这三个部分中的每一个都包含小标题，与图 14-1 中的提纲类似。

> 引言
> 　开篇叙述（参见第 15 章）
> 　论证描述（参见第 7 章）
> 　论证的重要性（参见第 5 章）
> 　研究的局限性（参见第 16 章）
> 　论点（参见第 5 章）
> 正文
> 　支持论点的 #1 证据（参见第 6 章）
> 　支持论点的 #2 证据
> 　支持论点的 #3 证据
> 　支持论点的 #4 证据
> 　与论文相关的证据
> 　证据反驳（参见第 7 章）
> 结论
> 　证据总结（参见第 15 章）
> 　证据的重要性
> 　证据的应用
> 　对于证据和研究的新见解
> 　对新研究的建议

图 14-1　提纲结构示例

我在写新书时会先创建目录，即书中主要主题的提纲。在编辑（结构组织方面的专家）提供修改意见后，最终的提纲就成了写作的路线图。书籍写作一般要等到提纲敲定后才会开始。提纲中的次要部分会随着写作的推进不断调整。在开始撰写研究论文时，也要按顺序列出引言、正文和结论中的主要标题。

## 熟悉所要求的文献格式规范

熟练掌握所要求的格式就像管理你的网络生活一样。你可能会经常问自己为什么要这样做，但当你知道了如何做时，你会很高兴。

刚开始制订计划时，要熟悉所要求的格式规范。如果你以前曾使用过这种格式，请重点关注以前作业中的疏漏和错误。

在接到研究论文的任务后，请尽快复习格式，包括：

» 页面布局、章节组织和标题级别（参见第 13 章）。
» 引用和参考文献格式（参见第 8 章）。
» 转述、总结和引文（参见第 6 章）。
» 防止剽窃（参见第 3 章）。

同时回顾学术写作风格要素，包括：

» 无偏见用语（参见第 10 章）。
» 简洁明了的表达（参见第 17 章）。
» 流利通畅的语言（参见第 12 章）。
» 正确的受众和语气（参见第 10 章）。
» 行为动词和特指名词（参见第 11 章）。

## 作业框架类型

作业的框架就像支撑建筑物的结构。你的目标是设计一个能够支撑研究主要部分的结构。论文的框架取决于任务，如"定义""比较和对比""解释原因和影响"以及"分析"。通常情况下，教授会有意让你来设计结构，即选择一个框架，来展开你对主题的论述。下面我们就来看看大学研究主题的常见结构：

» **分析和综合**。确定问题的各个部分、它们之间的关系，以及这些部分与整体的关系。
» **解决问题**。着重阐述解决方案。

- **因果关系**。描述因果关系。
- **比较和对比**。找出异同点。
- **说服**。说服读者采取行动或支持某一观点。

第9章详细介绍了这些结构，解释了它们的创建方式，并提供了语言示例。我将在本章后面的"回答问题：分析作业"一节中阐述在对作业进行分析时，这些写作目的将发挥怎样的作用。

## 了解可获得的支持

教授将"主动寻求学术支持"视为学生的一项能力；学生则经常将自己对帮助的需求视为一种负担。每个人都有知识盲区，想学习新知识，就需要他人的帮助——总有一些人非常乐意并随时准备好帮助你。

学校知道：①学业支持是学生学习过程中不可或缺的一部分；②学生交了学费，理应获得帮助；③几乎每个学生在攻读学位时都需要学术支持。

下面是多数大学都能提供的学术支持，在你开始研究并发现自己需要帮助时，记得求助他们：

建议

- **教授**。在研究开始后，尽早与教授联系，确保你的研究始终走在正轨上。记得在办公时间拜访教授，针对你的课题和研究问题向他们请教。
- **写作中心**。向写作中心寻求有关提纲、论文和写作结构的意见。
- **图书馆**。除了图书馆资源和研究专家外，大多数图书馆还提供音频和视频设备。第5章介绍了多数大学图书馆的全面服务。
- **学术支持服务**。如果你需要复习学习技巧，如记笔记或列提纲，多数大学的学术支持中心都能为你提供帮助。

建议

笔记本电脑是写作和研究不可或缺的工具。请及时下载学校的杀毒软件更新，保持电脑健康。多数大学的技术中心都能免费为你解决运行缓慢或病毒攻击等问题，甚至还可以在你的笔记本电脑维修期间借给你备用电脑。技术服务包括提供云存储等数字存储库。

## 组建同学反馈小组

完成一篇研究论文可能不需要全班的努力，但却需要一个由学生组成的支持团队。你班上的其他同学也在寻找类似的支持，包括：

> **反馈审阅人**。同学反馈作为一项要求，将让你受益匪浅。请参阅第 17 章，详细了解同学反馈及其在修改过程中的作用。
> **校对员**。我将在第 17 章中提到，校对包括检查拼写、语法和标点符号。
> **格式审查员**。请一两位读者专门查找格式错误。

写作中心也能提供同样的反馈。不过，同学互评的好处是，可以看到同学在同一作业中的表现。这是一个相互学习的机会，既能获得针对自己论文的反馈，又能看到同学写的论文。反馈也可以由一个学生小组来完成，小组成员见面后互相阅读对方的论文。请确保教授允许这样的反馈合作，而且这种合作不违反剽窃政策。有关剽窃的详细讲解，请参见第 3 章。

记住

## 合理安排时间

你一定很熟悉"时间管理"这个词。每本关于写作和大学的书都会告诉你如何利用时间和安排学术活动。

时间管理不是细致地划分从早到晚的每一个时间段，而是管理你的学习生活，承担起责任，在你承诺的学习时间内高质量地完成作业。

以下是在可用学习时间内完成学习任务的指导原则。

### 认真执行

你决定报读大学，用知识和技能武装自己，为进入职场做准备。你的努力决定你学业的成败。你必须不懈努力、不断提升，以获得大学学位。尽可能利用现有资源，找到方法，顺利毕业，并实现自己的梦想。

### 相信自己

相信自己有能力在过去的基础上再接再厉。大学的要求越来越高，但你的学术经验和成就也在增加。认识到自己的学习优势，不断磨炼自己的能力。在学习和完成作业的过程中，你会建立自信并累积成就。

### 确定任务的优先次序

管理时间的最佳方法是划分短期任务和长期任务的优先级。优先任务包括阅读、写作、准备考试和规划未来。此外，每天还要抽出几分钟时间来评估自己的规划和思考未来。

### 培养成功所需的习惯

过去的成功为未来的成功奠定基础。你可以通过重复有效的方法来养成成功所需的习惯。了解自己的昼夜节律，即一天中效率最高的时段。学习是每天的常规活动。要充分了解自己的学习模式，认识到不是每一天都同样高效，总会有一些日子状态不佳、另一些日子"如有神助"。

### 设定切合实际的期望

设定务实的学习期望。你不可能在每个项目和每门课程中都获得 A。每个人都会遇到学习上的挫折。培养正确的心态，从失败中吸取教训，并将这些教训应用到新的项目中，找到前进的方法。

### 提高灵活性

日常安排要有一定的灵活性，允许自己在可控范围内进行一些偏离计划的活动。我们不仅要学会拒绝分散注意力的事情，也要学会接受这些事情。我的意思是，应该是你控制日程安排，而不是日程安排控制你。

### 自我保健

在每天的日程中加入娱乐和活动。参加放松身心和减轻压力的组织。在大学期间，社交也很重要。试试和同学讨论课堂项目与作业，学会在学习中社交。每周进行三次到四次某种形式的锻炼。

### 展望成功

要有效管理时间，就必须设计一套可行的方案，使时间得到有效利用。设想你每天、每周、每月和每学期的学习生活，同时为下一堂课和下一个学期做好准备。不要把毕业当成一个梦想，而要把它当成一个计划。

# 回答问题：分析作业

完成写作任务就像与你的教授玩拼图游戏。他们会创造性地设计一个任务，类似于你在其他情境下需要做的事情，比如解决工作中的问题。

他们不会告诉你具体步骤，提供的指令也十分有限，你需要通过自己完成项目来解决问题。在这个过程中，你填补缺失的部分并学到知识，当你给教授带来惊喜时，他们会很高兴。

在下面几部分，我将讲解如何了解教授的期望并超越他们的期望。

## 培养任务思维

阻碍学生完成重大项目的最大障碍是什么？是固定思维模式，他们认为项目太难，超出了自己的能力范围，无法顺利完成。

最有助于学生成功完成重大项目的因素是什么？是成长型思维，是相信只要努力就能成功的信念，是相信在需要的时候可以获得支持的信念，是相信成功需要尽最大努力的信念。

心态在很大程度上决定了学习的成败，也决定了教授看到论文时，是惊喜还是错愕。

下文将探讨在规划和撰写研究论文等学术项目时，成长型思维模式的价值。表 14-1 列出了不同思维方式之间的差异。

表 14-1　成长型思维模式与固定型思维模式的比较

| 成长型思维 | 固定型思维 |
| --- | --- |
| 相信努力就会有成就 | 认为成功源自天赋 |
| 重视反馈，将其作为成功过程的一部分 | 认为反馈是对工作的批评 |
| 将失败视为改进的机会 | 认为失败者缺乏与生俱来的成功天赋 |

### 遵守时间要求

撰写研究论文需要时间——你的宝贵时间，可能导致你的社交和社交媒体生活暂时受到限制。重大项目还需要成长型思维心态和决心，你必须投入时间和资源才能取得成功。

传统的大学一、二年级研究论文主要是对教授指定的重点议题进行深入分析，一般需要投入两周到四周的时间。在这个过程中，你需要把大部分学习时间分配给这个项目。要有效利用时间，请回顾本章前面的"合理安排时间"一节。

### 全身心投入阅读和研究

撰写研究论文既需要阅读技能，又需要研究技能（参见第 5 章）。这些都是高级技能，需要有意识地培养。你要知道如何阅读学术期刊文章（参见第 6 章）和类似的调查研究。

一边读，一边做注释（第 6 章中也有讨论），做详细的笔记，并思考关联。你要在阅读和研究中发现规律与不同寻常的思想。你的论文还应包含对所读观点的个人反思。

带着成长型思维去阅读和研究，相信自己能够提取所需的信息，也相信自己在需要帮助的时候能够得到支持。你的阅读和研究能力是论文成功不可或缺的因素。

### 沉浸在写作中

成功的写作基于有效的阅读和研究。写作是另一项需要成长型思维和信心的工作，你必须相信自己的写作水平。

研究表明，写作是一个包括反馈和修改的过程（参见第 17 章）。大多数成功的学生都会利用大学资源获得反馈。研究还表明，来自教授和写作中心的反馈能提高写作成绩，还能节省时间。

此外，研究报告还指出，缺乏计划使学生无法有效利用反馈意见。他们没有在规定时间内完成初稿，也就没有时间请其他人评阅。未雨绸缪的学生才能保持领先。

### 消除困惑

教授不会故意让你感到困惑。但有时，教授对你理解能力的预判和你的实际理解能力会有偏差。

教授希望你知道，自己何时需要支持，以及有哪些资源可以帮助你。除了校园内提供的写作资源（参见第 20 章），还可以访问本章后面"写作资源"一节中介绍的著名大学的网站。

## 提问和澄清

学生明白，提问是教学过程中不可或缺的一部分。但有些学生不知道，提问方式会影响获得的答案，尤其是在课堂讨论中要求澄清的问题。

避免提出让教授难堪的问题，比如：

- 但你刚才说的话自相矛盾了……
- 但教学大纲上写……
- 这可把我弄糊涂了……

在提问时，不要质疑教授解释问题的能力，要表明自己对误解负有一定的责任，比如可能没有完成必读书目。

下面举例说明如何礼貌地提出问题和要求澄清：

- 这个概念很有意思，您能举个例子吗？
- 我想更好地理解它，您能再解释一下吗？
- 我有点不明白，您能说得更详细些吗？
- 您的话能不能这么理解……？
- 那您的意思是……

有些问题是绝对不该问的，它们会暴露你没有按要求完成特定任务，比如阅读大纲。以下是一些不需要提出的问题，因为你很容易自己找到答案。

- 下次测试是什么时候？
- 下周二有东西要交吗？

有些问题永远都不应该问。例如：

- 扉页是否编入页码？
- 我可以缺勤多少次？
- 我怎样才能在这门课程中得到 A？

> 还有一个教授最不想听到的问题：（在旷课后，你问）星期二我没来，讲了什么重要内容吗？对此，教授可能会回答："没有。星期二没讲重要内容，平时也从来不讲。"

# 认真分析你的作业

你的作业单就像一个寻宝游戏，在这个游戏中，你要找出教授想要什么。有些要求是明确的，如截止日期；有些要求则不那么明确，如"分析与综合"（参见第9章）。

探明教授的要求就像一个额外的研究项目，首先要提出并回答有关作业的问题。本节将对这些问题进行分析。

### 为什么现在布置这个项目

将作业置于课程背景中。举个例子：教授是要求所有一年级学生学习特定的格式规范，还是类似期末考试的课程论文？前者的目的是让你重视文献引用格式的准确性，后者则告诉你要关注并掌握课程内容。

### 作业标题有什么意义

标题会告诉你作业的大致主题。它可能是一个论说文，如"克服逆境"，这意味着你要用心理学证据来回答你的研究问题。如果标题是"18世纪的浪漫主义作家"，那么你会用到18世纪浪漫主义作家的名字及其文学作品。

### 作业揭示了教授的什么期望

教授会有下面这些期望："管理专业的学生应该充分理解小企业在大型经济体中的角色""大一学生应该精通APA文献风格""写作专业的学生应该能够写出清晰、简洁的散文，且符合用语规范"。本章后面的"教授的期望"部分将详细介绍教授的具体要求。

### 从作业中可以看出需要哪种类型的证据

你需要的证据类型取决于你所研究的学术领域。例如，历史课题的证据包括历史文献、历史事件和文物。艺术史主题的证据包括专家的解说和艺术作品。有关准备证据的更多信息，请参阅第6章。

### 从作业中可以看出不能做什么

上了几个学期的课后，教授会知道，学生容易犯哪些错误。论文中不应该出现的问题如下：

» 使用来自《时代周刊》和《新闻周刊》等流行新闻杂志的资料。

- 过度使用段落引用。
- 混用不同的文献引用格式。
- 过多使用被动语态。
- 网上找人代写。
- 堆砌辞藻。

**建议**

记住，回答问题的关键在于得出符合期望的答案，而不是你能找到最多信息的答案。

## 确定内容和时间

接到研究项目后，快速通读（不做笔记），了解大概要求。然后再读一遍，过程中做注释（参见第 6 章），在要求上画圈圈和下画线，列出问题，并创建待办事项清单。

以下各节将教你如何分析作业。

### 确定交付成果

"可交付成果"指的是作业中你需要"交付"给教授的部分。读第二遍作业要求的时候，就创建这份交付清单。清单的准确性在很大程度上决定了你的成绩。未按要求提交将导致你无法获得学分。

大学教授通常要求的可交付成果包括：

- **10 页研究论文**。这意味着你的论文要在 10 页到 12 页之间，这是教授估计完成作业所需的页数。大多数教授只计算引言和结论之间的页数，而不包括引言之前以及结论之后的内容。
- **带注释的书目**。带注释的参考书目是教授的常规要求（参见第 6 章和第 16 章），它们能展示你对资料来源的理解。
- **APA 格式**。如果教授在作业要求中表示"首选 APA 格式"，而你更熟悉另一种格式，请询问教授是否可以使用其他格式。但要记住，教授在评分时，可能会忘记你提出过"使用另一种格式"的请求。
- **教授评阅过的一个部分**。如果这门课程强调写作过程，教授可能会给你机会，在截止日期之前提交论文的一个小节，供他提前审阅。要抓住这样的机会主动提交。教授会记住你的主动性和组织能力。第 17 章将详细介绍修改过程。
- **一页的研究日记**。有的教授要求写日记，他们认为高质量的反思有助于高质量地修改。记得标注日记时间，包括反思的时间。
- **上传到网络平台**。如果教授要求将论文上传到网络平台或班级网站，你通常需要使用 PDF 格式。将"格式转换"纳入早期计划，如果你不太熟悉转换格式，更要重视这个环节。同时将这一要求列入你的待办事项清单。

你必须在截止日期前将可读格式（纸质版或电子版）的论文交到教授手中——U 盘是不行的，"作业在你的电脑里，而你的电脑死机了"这样的借口更不可接受。你还要确保发给教授的电子邮件附件能打开。

### 明确受众

你绝不会在不知道谈话对象的情况下开始对话。同样，你也不应该在不了解受众的情况下就开始撰写研究论文。

作为一名大学写作者，你幸运地发现，与其他大学写作任务相比，论文的受众很少会有大的变化。除非另有说明，否则你的研究论文受众就是学术研究界，就像我们在第 10 章中说的那样。

### 回答主要问题

研究论文任务的难点包括明确写作目的，它是你需要完成的关键写作任务。

达到这一目的需要满足一系列辅助要求，包括：

- 确定作业主题。
- 设计论点。
- 提出研究问题。
- 研究证据。

指示作业目的的动词，也就是要求你根据题目展开论证的动词包括分析、论证、比较、定义、评价和解释。第 10 章详细解释了这些确定写作目的的动词。这些目的动词也决定了作业的结构或框架，我在本章前面的"作业框架类型"一节中对此进行了讲解。

正如第 7 章所述，论证是几乎所有大学写作的固有特点。你通过写论文说服读者和教授：这个主题很重要。

## 教授的期望

学生有时会抱怨教授期望过高。教授期望高是好事，学生真正应该抱怨的，是教授期望太低，而学生做到了。

以下是大多数教授对学生研究的期望：

- » **创新方法**。教授们重视独特的方法。他们虽然无法定义创新,但一读就知道。创新体现在你的选题或结论中——你在其中就你的选题提出有见地的应用。有关撰写结论的讲解,请参见第 15 章。学术界非常重视原创性思维,它能给教授留下好印象。
- » **研究能力**。作为一名正在受训的学者,你可以通过很多方法打动你的教授:除了结构严谨的论证,还有你的研究能力,如专业、准确的引用、对同行评议资料的整合、格式正确的参考文献等。这些都是学者应该展现出的素质。
- » **读写能力**。阅读和写作是高等教育的基本技能。没有它们,你将无法在大学里生存;没有它们,你也不可能被大学录取。教授们在批阅论文时,如果语言(措辞、语法、句型)很差,他们将很难注意到内容或其他方面的优点——鉴于大学投入了巨大的人力、物力为学生提供写作支持,糟糕的行文就更不能接受了。有关学术写作要素的更多信息,请参见第 11 章。
- » **课程内容整合**。教授热衷于讲授有实质内容和知识的课程。虽然文献引用风格、格式和同行评议的资料来源似乎是研究论文的重点,但教授的重点仍然是内容。"显而易见"船长会提醒你,心理学论文应该关于心理学,商业论文应该阐述商业问题,等等。
- » **主动性**。大学生应该自己想办法解决一系列问题,如整合复杂的观点,查找可靠和适当的资料来源,根据所要求的规范设置格式,并找到你需要的支持。虽然教授可以随时为你提供帮助,但他们内心更希望你尽可能自己想办法。

# 综合考虑评分标准

在提供作业的评分标准时,教授会进一步解释作业,告诉你哪些部分分值较高,需要加倍注意。

评分标准对作业要求进行了优先排序,如下:

- » 至少包含三个经同行评议的资料来源。
- » 用至少四个可靠的证据来支持你的论点。
- » 要得到"A"的成绩,引文小错误不能超过两处。
- » 在结论中至少提及一个课程内容的例子。

评分标准的用途包括:

- » 为你提供更多细节,帮助你明确教授的期望。

» 提供与教授讨论论文时的示范用语。
» 指出同学反馈的重点领域。
» 作为帮助你了解期望的又一个资源。

# 充实主要部分的内容

你可能听说过即插即用技术，但你并不了解即插即用之前的规划，即允许一个设备与另一个设备进行对话的软件。

撰写论文的主要部分也需要这样的"软件"，即你通过研究整理出的笔记，这些笔记会逐渐形成你的"硬件"，也就是各个部分的内容。根据笔记写作比在空白屏幕上写作更容易。

下面几节将讲解撰写论文主要部分的思路。

## 引出问题

教授看重能给人留下深刻印象的论文开篇。研究论文成功的秘诀在于强有力的引言、强有力的证据和强有力的结论。

引言的内容包括主题、论点和主要的研究问题（有关这三个方面的讲解，请参见第5章）。这些要素的构建源自你阅读的背景资料，你用它们来设计标题、第一句和开篇段落（参见第15章）。

引言要传达有关主题重要性的事实。在研究和阅读你的主题时，请记下可以发展成这些开头元素的想法。

## 强化正文的证据和反驳

强大的思维会产生充分的证据来支持你的论文和驳斥反证。第6章介绍了证据以及如何准备证据。

正文部分的主要内容是证据，其作用是支持你的论点。这就是为什么我在第5章中强调，与参考馆员会面并从图书馆的数据库开始搜索至关重要。

图书馆的资料几乎杜绝了不可靠的来源，能让你的教授立即信服。这对你的教授、论文和你的成绩来说是"三赢"。第15章详细介绍了正文部分的写作。

## 得 出 结 论

不要将结论视作与主题告别。如果你这样做了，也就告别了好成绩。结论是你对主题进行拓展分析的隆重开场。

在撰写正文部分时（或回过头来研究正文部分时），创建一份待办事项清单，列出该主题的影响以及你对这些影响的想法。

将结论视为对主题的全局审视，思考你得出的结论与你的学业的联系。第 15 章详细讲解了如何撰写结论。

# 预案：优先事项和应变措施

无论是在生活中还是在大学学习中，都会有意想不到的事情发生。有些干扰是可以提前计划的，有些则不能。幸运的是，你可以提前制订计划，应对突发技术故障，备份对研究至关重要的资源。

下面几节将针对大学生在研究型写作中经常遇到的突发事件提供应变措施。

## 技 术

技术丰富了你的学习生活，你依靠它们来完成各种任务。但技术会出故障，如停电或本地网络崩溃，给你带来不便。最糟糕的是，技术似乎总是在你最需要它的时候出问题，如在半夜赶第二天早上要交的论文时。

好在你可以制订以下应变计划，应对技术故障。

- » **笔记本电脑和文字处理**：预见可能出现的故障，并做好预案。学会熟练使用备用笔记本电脑和打印设备，如学校计算机室的设备。交几个热心朋友。有些大学会指定一个 24 小时开放的计算机房。了解你所在的校区是否有这样的机房，并带上饼干和朋友们分享。
- » **打印**：制定打印预案，如机房、朋友的打印机、附近的打印店（学校停电的时候用得上）。一些地方可能需要你自带纸张。
- » **文件备份**：大一你就知道，教授不会接受"电脑死机"或"文件丢失"这样的借口。了解大学生可用的存储空间。附加存储包括云存储、电子邮件和辅助硬盘。多处备份，它们可以避免学业危机。

技术崩溃时，不要指望你可以延期交作业。大多数学生在遇到极端情况时，仍然能够按时交作业。教授们不会延迟截止日期，因为这会与下一个到期的作业相冲突。

## 写作资源

在写作过程中，你经常需要事实信息或写作说明，如引文格式和论点示例。很多时候，当你需要这些资源时，你的"人脉"和校园服务正在"休息"。

以下是我经常向学生推荐的备用资源清单：

- **普渡在线写作实验室（OWL）**。这是最全面的写作相关资源之一：Purdue OWL (Online Writing Lab) htthttps://owl.purdue.edu.
- **阿默斯特学院（Amherst College）**。这是一个直观便捷的网站，提供易读的写作讲义，还包括其他大学写作资源的链接：www.amherst.edu/academiclife/support/writingcenter/ resourcesforwriters.
- **北卡罗来纳州（North Carolina）**。网页主页十分特别，包含按字母顺序排列的链接，链接到100多个写作主题：https://writingcenter.unc.edu.
- **哈佛学院（Harvard College）**。除了写作讲义外，它还收录了关于学习技巧的讲义。在这里，你能找到最好的资源。别忘了，这是哈佛，美国最古老的高等学府 - https:// writingcenter.fas.harvard.edu.
- **波士顿学院（Boston College）**。另一个强大的、用户友好的、包容的写作资源（对了，波士顿学院是我三个孙子的母校）：www.bc.edu/bc- web/schools/mcas/departments/english/undergrad/bc-writing- center.html.

## 文献引用资源

讲解文献引用规范的资源简直太多了，很多网站还提供可下载的讲义。由于文献格式非常复杂，当你的主要信息来源不可用时，你会需要一个能够帮你快速解决问题的备用资源。这里有一份按需清单，可以回答你的文献问题。

- **格式手册和网站**：纸质版价格不菲，但图书馆里一般都有。
- **引文生成器**：如第8章所述，请谨慎使用。
- **在线写作中心**：上一节提到的大学网站都有不错的文献格式资料。

第14章 规划和组织研究型写作 **217**

> 章节提要
>
> » 克服拖延症
>
> » 构思初稿
>
> » 平衡客观性与主观性

# 第 15 章
# 撰写初稿

对你个人而言，写作的地点、时间和方式可能不是首要考虑，但对于你的大脑来说，它们却非常重要，因为大脑需要刺激、昼夜节律、组织和灵感。

你的大脑还储存着你一生的经验，包括最近的研究经验，等待你在演讲和写作时召唤它们。一稿、二稿和三稿就在你的脑海中，本章将帮助你将它们呈现在电脑屏幕上。

接下来，我将介绍一些写作仪式，它们可以促使大脑运转，帮助你克服焦虑。我用五个简单易行的步骤指导你写出初稿，并帮助你确保文章合乎道德、公正客观。

倾听你内心深处关于研究论文的声音，你就能写出初稿。

## 唤醒灵感：仪式与环境

音乐家、运动员、教授、宇航员以及作家都有一个共同点：他们在工作之前会进行一系列的仪式，通过有序的例行程序来激活大脑。这些仪式让你的大脑做好准备，流畅地写出第一句话和第一个段落。

下面几节将介绍如何唤醒你的写作感觉，减轻压力，让大脑为写作做好准备。

# 给大脑热身

大脑作为你的学习控制中心，无法刚从睡梦中醒来就跑马拉松。它需要一个热身期，这是写作仪式的另一个目的。热身之后，你就可以进行马拉松式写作了。

唤醒写作感觉的目标包括让大脑做好准备，将想法转化为有意义的书面文字。换句话说，让你做好准备，撰写研究论文。

以下各节将说明写作准备对于打开思路的重要性。

## 写作仪式

把"仪式"看作大脑为智力活动做好准备的一种方式。它们将26个字母转化为原创研究项目。几乎所有的写作者都是从某种形式的仪式开始的，包括坐在椅子上或躺在草坪上。

你可以轻松想象历代作家在写作之前进行的仪式，如选择一个可以俯瞰金字塔的窗口位置。表15-1展示了一些你可能认识的作家的写作仪式。

表15-1 著名作家的写作仪式

| 作家 | 仪式 |
| --- | --- |
| 刘易斯·卡罗尔 (Lewis Carroll) | 用紫色墨水书写 |
| 查尔斯·狄更斯 (Charles Dickens) | 面朝北方入睡，以补充创造力 |
| 希拉里·曼特尔 (Hilary Mantel) | 用打字机和电脑写作 |
| 村上春树 (Haruki Murakami) | 在凌晨4点写作，动笔之前先跑步 |
| 巴拉克·奥巴马 (Barack Obama) | 在黄色法律便笺上手写初稿，喜欢在家人熟睡时写作 |
| 苏斯博士 (Dr. Seuss) | 戴着各种帽子，点燃写作激情 |
| 约翰·斯坦贝克 (John Steinbeck) | 用铅笔写草稿；他的办公桌上摆放着两打铅笔，其中一打削得非常尖利 |
| 列夫·托尔斯泰 (Leo Tolstoy) | 每天写作，避免打破习惯 |
| 伊迪丝·华顿 (Edith Wharton) | 给来访的客人读小说中的节选 |
| 弗吉尼亚·伍尔夫 (Virginia Woolf) | 站着写作 |

这些传奇作家的仪式包括：从早晨开始写作，将自己隔离在一个没有干扰的地方（将设备静音），养成每天写作的习惯。他们中的许多人还在写作间隙散步。这些也是许多当代作家保持的传统。

写作仪式的目的包括：

- 在动笔之前营造一个舒适的环境和熟悉感。
- 减少焦虑，唤醒大脑创意。
- 形成纪律，贯穿整个创作过程。
- 流畅地写出第一句话和第一个段落。
- 找到有利于高效写作的时间和环境。

### 写作地点

写作地点也会唤醒你的写作感觉。试试从以下地点发现灵感：

- 无人打扰的安静地点，室内或室外均可。
- 能看到很多人但又安静的地方。
- 室外的自然风景和水景。
- 书香环绕的图书馆隔间。
- 充满了学习氛围的闲置教室。

**建议**　有些学生喜欢在写作时听低沉、舒缓的背景音乐，如没有歌词的纯音乐。当你的播放列表中包含"写作音乐"时，说明你已经成为一名认真的写作者了。

与你的朋友，尤其是在写作作业中取得高分的朋友，讨论写作仪式。它也是一个有趣的课堂讨论话题：有哪些研究成果证实了写作仪式与成功之间的关联？

### 时间安排

上大学时，我写作的黄金时间是晚上到凌晨1点。但最近几十年，我的生物钟从夜间转变成了早上到中午。探索适合你的写作时间，试着每天都在这个时段写点东西。比如：

- 自由写作（反映大脑对主题的非结构化的自由想法。参见本章后面的"生成观点：预写作"部分）。
- 按照字母顺序排列的清单。
- 注释（参见第6章）。
- 课程待办事项清单。
- 正式写作项目（参见第9章）。

**建议**　有效的写作策略包括用一句话总结你在最近的课程中学到的知识。

早上写作尤其是课前写作的好处如下：

» 工作记忆不受当天事件的干扰。
» 不必遵守着装规定，可以穿着舒适的衣服。
» 不太可能被其他人分心。
» 不太可能想要刷 TikTok。
» 大多数人早上的工作效率更高。

许多研究表明，写作能减轻压力。

## 别把压力和拖延当借口

如果你想找借口不开始，你总会找到。但当你养成定期写作的习惯后，借口自然会消失。大脑的创意不会像冰淇淋机那样想开就开、想关就关。它有时会转向其他兴趣，如社交媒体和社交活动。

下文将介绍如何减轻写作压力、避免延误。

### 排解压力，战胜拖延

人一天中几乎有三分之一的时间会感到疲劳，需要休息。疲惫的大脑没有生产力，同时也提醒你，学习上的成功离不开休息、锻炼和健康的饮食习惯。

当压力和疲惫让你不堪重负时，请果断休息，为身体和脑力充电。压力往往是由于要在太短的时间内完成太多的学业要求造成的，而这可以通过更科学的计划来控制。尽早制订计划并开始写作（参见第14章）有助于减轻压力。计划包括撰写各章节的草稿，以便有足够的时间让教授和写作中心审阅。

许多教授认为，提前提交的作业，如在截止日期前一天提交的作业，通常是班上最好的作业。

如果你的学习压力或个人压力过大，学生健康中心可以为你提供帮助。你可以亲自前往或致电咨询，这里有训练有素的专业人员。他们可以让你重回正轨，这是许多大学生都在使用的资源。

### 避免拖延

所有写作者在写作过程中都会遇到延迟——在某段时间内，你搜肠刮肚，却一无所获。以下是许多成功的大学生在文思枯竭时的应对方法。

» 回顾你正在编写的章节的信息流。

第 15 章　撰写初稿　221

- » 修改（参见第17章）一段已完成的文字。
- » 检查引文和参考文献的格式。
- » 创建扉页。
- » 反思证据部分的逻辑。
- » 列出你的主题在课堂之外的应用。
- » 创建待办事项清单。

答应自己再工作一小时后给自己一个奖励，或者找一只可爱的小狗陪你。

成年人都经历过疲劳和由此带来的压力。你负责平衡休息、压力和学业。可以用以下方法来应对压力和疲劳。

- » 小睡半小时。如果你是在读研究生，午休的作用会尤其明显。
- » 休息半小时，不管运不运动。
- » 继续完成写作计划中不太难的工作，如排版。

**杜绝完美主义**

固定型思维模式（与第14章中的成长型思维模式不同）认为，研究论文等作业必须一次成功，已完成的句子和段落要完美无瑕才能继续。

对大多数学生来说，追求完美会阻碍进步。尽最大的努力完成作业，在需要帮助时寻求支持。为自己是学霸而自豪，但不要对自己太苛刻。研究表明，普通智商加上出色的工作习惯，你就能取得成功。

# 撰写初稿：操作指南

俗话说，万事开头难。恭喜你，你已经成功启动任务，迈出了最难的第一步：写初稿。完成初稿就完成了研究论文一半以上的工作。你会感觉良好，就像列出了一份毕业前剩余课程的短名单一样神清气爽。

完成初稿后，继续进行以下工作。

- » 将笔记转化为研究论文中的词语、句子、观点和主要组成部分。
- » 为修改和撰写第二稿奠定基础。
- » 继续努力，坚持写完论文。

» 练习运用成长型思维思考问题，并全力以赴。
» 为完成项目绘制蓝图。

下文将介绍如何继续热身并完成初稿。

# 生成观点：预写作

你的研究已经告一段落，笔记已经整理完毕，现在你的创意即将大放异彩。你已经准备好进行预写作，收集储存在短期记忆中的信息。这就像舌尖上的信息在对你说话。

以下是一些在课堂上经过检验的策略，大学生使用这些策略来生成创意，撰写初稿：

» **Freewrite**。这款多用途创意生成器出奇地好用，试试你就知道了。它比免费应用程序更好，也不要求你提供联系方式。只需要连续 10 分钟用纸和笔写字就可以了。手握笔写字的行为让信息从你的大脑快速传输到纸上。以下是一个自由写作示例，主题是体育博彩和大学生。

大学生之间进行体育博彩就像是制造了一场完美风暴：它提供了成瘾所需的刺激，窃取了学习时间，还能"助长"心理健康问题。它就像校园里的新潮流，给那些注册信用卡的学生送免费的沙滩毛巾，每一条免费的沙滩毛巾都将你推向深深的债务之中。体育博彩公司给大学数百万美元，用于在校园内宣传它们的博彩活动。这就好比学校为学生聚会提供酒水，然后以饮酒为由逮捕学生。这种氛围提供了成瘾所需的一切要素：运动激情，竞争，简单易操作的下注方法，以及丰富的体育赛事。体育博彩轻松打败了其他让学生分心的事情，成为让学生偏离正轨、无法顺利毕业的终极娱乐活动。

» **A-Z 生成器**。这种方法之所以有效，是因为大脑喜欢小提示。比如，以字母表的每个字母开头，记录体育博彩的影响。就像这样：

**A**nother encouragement to drink and lose money. （鼓励酗酒和输钱的又一种方法。）
**B**etting creates a brain dependency that needs to be satisfied. （博彩使大脑产生依赖性，渴望得到满足。）
**C**ampus creates an atmosphere conducive to gambling. （校园营造了一种有利于赌博的氛围。）
**D**efenses aren't available for students to manage gambling. （学生没有抵御赌博的措施。）

» **形象化**。将你的论点画成简笔画。在人物头上画气球，或用气球代表正在与你争辩论题的人。

> **设想"如果……"的结果**。就你的主题，提出以"如果"开头的问题。我们还是以大学体育博彩为例：如果体育博彩成为一门专业呢？如果学生已经对体育博彩上瘾了呢？如果它导致大学辍学率增加，要怎么办？如果学生将助学贷款用来赌博，要怎么办？如果这导致类似20世纪60年代篮球比赛的假球丑闻，要怎么办？

> **"审问"你的主题**。向你的主题提出以下问题：不下注的学生有哪些特征？与校园球队有关的投注有多少？学生不投注的原因是什么？你所在校园的体育博彩问题有多严重？体育博彩对情侣关系有何影响？体育博彩在哪个阶段会成瘾？

## 撰写初稿的五个简单步骤

完成研究论文的初稿并不能保证你能顺利毕业，但却能让你离成功达到主修课程的要求更近一步。初稿的目标是呈现研究论文的整体结构：引言、正文和结论。

下面是完成初稿的具体步骤：

### 第1步：做好准备和研究

除了确定理想的写作地点和时间外，准备工作还包括第14章所述的任务。

其他准备工作包括：

> 分析你的作业，列出待办事项清单，准备笔记、笔记本电脑、所需格式的模板，以及文献引用参考资料。
> 回顾论点（参见第7章）、论题和主要问题（参见第5章）。
> 设定完成初稿的时限（2～3小时）。
> 从心理上将自己与设备和干扰分开。
> 集中精力撰写论文，回答研究问题。
> 写作时以完成句子和段落结构为目标，避免纠缠于细节。

### 第2步：回顾笔记和提纲

回顾你的笔记和提纲，归类用于引言、正文和结论的信息。

从笔记和阅读材料中找出以下主要概念：

> 为什么……
> ……的原因
> 对……的影响

> ……的重要性
> ……的更广泛影响包括……

继续将笔记归类并重新组织成论文的主要部分，包括引言部分的背景信息和正文部分的证据。

## 第3步：先写证据段落

从中间或正文部分开始撰写论文，主要是支持论点的证据。如果正文内容不够充实，你需要进行更多的研究。

以下是撰写证据段落的建议：

> 在开始写证据句子时，先用作者、来源、证据摘要或转述来引出证据。
> 斯图尔特的《当今赌博成瘾现象》一文认为，今天的大学校园是赌瘾滋生的培养皿，因为"学生精力充沛、渴望冒险，并拥有可支配的现金"。（2022，p.146）

> 边写边完善引文。

> 解释证据与论点之间的联系，如下面这个示例：
> 斯图尔特描述了一种大学氛围，它持续地鼓励在经济上冒险，可能导致赌博成瘾。

请参阅本章后面"正文"一节中有关证据写作的其他示例用语。第6章对证据做了详细的讲解。

我同样从第2部分——本书的主要内容——开始写作。书的主要内容部分写完后，再开始写第1部分，即第1章。这时，你就知道自己要介绍什么了。

## 第4步：写结论

对知识和对世界的好奇，是驱使你上大学的原因之一：你经常问"为什么"，很多大学生也问"为什么不"。你的论文读者也有同样的好奇心。在你解释了证据段落中的"是什么"之后，读者会本能地想问"为什么"。为什么这个论点很重要？读者为什么要关心它？

在结论开头简要总结证据，在总结之后是证据综述（参见第9章）。在结论中也要提及引言，这是一种常用的写作策略，目的是首尾呼应。

在撰写结论段落时，请思考回答以下问题：

> 在宏观层面，这个论点有什么意义？
> 论证得出的逻辑结论是什么？
> 你的证据有多重要？

- » 你的研究有什么启示？
- » 研究提出了哪些新议题？

避免在结论中介绍新的研究。本章后面的"结论"部分将举例说明结论的常用语言。

### 第5步：写引言

写出读者最先读到的内容，即主题的重要性。引言的目的是让读者熟悉主题、主题的重要性以及为什么要关注该主题。

首句和引言的开头旨在引起读者对主题的兴趣。

在引言中包含以下信息：

- » 论点概述。
- » 有关该主题的最新研究。
- » 将你的研究与其他相关研究做比较。
- » 研究问题。
- » 说明论文将如何展开。
- » 论点（位于引言结尾处）。

请参阅本章后面的"引言"部分，了解引言中的一些示范用语。

## 批判性思维

批判性思维可以追溯到2 000多年前的苏格拉底，他认为逻辑应该有证据支持，推理应该接受检验。批判性思维意味着对信息进行反思，审视各个组成部分，并质疑其有效性。当你有意识地运用批判性思维时，你会想到用"为什么"和"为什么不"来质疑你的想法。

在研究中运用批判性思维，评估以下问题的答案：

- » **论证**。什么是论点？什么不是论点？该论点对学术界有何价值？论点中是否包含合理存在的争议？是否有一些证据支持这个论点？是否有一些证据反驳这个论点？研究中缺少了什么？这个遗漏的部分重要吗？该论点对谁很重要？为什么？
- » **证据**。是否有可靠的证据（参见第6章）？你会如何将你的研究与其他相关研究做比较？证据的应用是否合乎逻辑？
- » **结论**。结论是否符合逻辑？结论是否源于论证？结论是否适用于更广泛的受众？
- » **逻辑**。你的研究是否符合常人接受的逻辑？是否避免了逻辑谬误（参见第7章）？

记住

# 论文的主要部分：引言、正文和结论示例

你一定听说过"眼见为实"这句话，在研究型写作（以及几乎所有其他学术写作）中，"眼见"反映了作业的结构，尤其是作业的语言。在写一篇研究论文时，最好的工具是教授提供的范例或模板。

如果教授没有提供范例，可以从我在第 14 章中介绍的资源中获取。记住，网上的范文可能不符合教授的要求。下面几节将提供研究论文主要部分的范文摘录。

## 引　言

仔细斟酌第一句话和引言开头。下面是示例：

联邦政府是否应该承担学生贷款只是大学校园里众多棘手问题之一。高额的大学学费仍然存在。大学费用就像卷入喷射气流的气球一样持续上升。2021 年，卡森说学生贷款债务高达万亿美元，而到 2023 年初，这一数字已接近一万五千亿美元（p.245）。

接下来的引言节选就是围绕这一主旨句展开的。

本研究论文主张大学贷款费用应尽量减少，大学学费应降低，并且学生应保持至少"B"的平均成绩方可获得贷款资格。

下面是开篇文字后的引言用语范例：

2021 年从四年制公立大学毕业的学生中，有一半还背负着平均 22 000 美元的学生贷款债务。很多 20 多年前毕业的、现已超过 50 岁的学生用了 25 年以上的时间才还完学生贷款，与 70 年代毕业生偿还 30 年房屋抵押贷款的时间差不多（Hargrave，2020）。

20 世纪 60 年代，四年制公立学校的平均学费仅为每年 1 500 美元出头。几十年后的今天，学生贷款债务为何会如此之重，学费上涨为何如此之快？而且，当时的《军人安置法案》（G.I. Bill）还为退伍军人支付大学费用。此外，20 世纪 80 年代毕业的学生在大学期间还可享受无息助学贷款，而不像现在的大多数贷款要求学生在获得贷款后立即偿还。莫里斯（2022）还指出，在过去十年中，就算是新车贷款，也只有学生贷款的三分之一。

美国《高等教育法》仿照住房抵押贷款，设立了大学生贷款保证计划（Guaranteed Student Loan），并最终让私人银行参与了教育贷款。由于商业的目的是盈利，贷款服务的成本也因此飙升。

在学生费用增加的同时，国家实行税收减免，联邦政府削减支出，导致学费成本上升和学生贷款增加。与此同时，大学提供五星级乡村俱乐部的便利设施。建立和享受这些设

施都需要成本。

如今，学生除了需要承担较低的贷款利息外，还要担责。克尔斯滕（2022）建议，想要获得最低成本的贷款，学生必须至少保持"B"的绩点，否则就需要支付较高的贷款利率。保罗和其他人持不同意见（2022）。

有关该主题的其他研究表明，在过去十年中，大学学费的涨幅是生活费用的三倍（杜安，2022），学生贷款的利息是80年代和90年代的三倍。

# 正　文

正文部分的重点是提供支持论点的证据。下面是正文段落示例，其中的证据用于论证大学体育博彩的危害：

帕森斯（2022）说，大学是助长体育博彩和其他高风险行为的沃土。College Betters Anonymous 的研究提供了以下数据，表明大学成功培养了赌瘾。

- 大学生的赌博风险是非大学生成年人的三倍。
- 超过四分之三的大学生在过去一年中由于赌博，遭受了"中等或更严重"的损失。
- 与不参与体育博彩的学生相比，在体育赛事中投注的学生参与纸牌赌博的可能性增加75%，每周至少打牌15个小时。
- 近10%的大学生被确诊有"中度到重度"的赌瘾。
- 至少有35%的大学生报告说，他们因为赌博问题至少缺过一门课。
- 有运动经历的学生参与赌博的可能性是非运动员学生的四倍多。

体育博彩与大学的使命相冲突，对学生造成的威胁不低于酗酒，因为体育博彩鼓励冒险的经济行为，创造了一个有利于赌博成瘾的环境，并占用了原本应该用于学习的时间（夸雷斯，2022）。大学接受体育博彩公司的数百万美元赞助，在校园内做广告，进一步助长了沉迷（马特森，2021）。

洛克（2022）报告说，近四分之一的大学生除了每周参与纸牌赌博外，还在体育比赛中下注。她还发现了每周赌博超过25小时将导致绩点下降。罗克曼（2022）发现，在重视运动的学校中，赌博现象更为普遍（P.213）。

# 结　论

结论要突出论点的重要性。以下是研究论文结论常用语言的示例：

大学的使命包括培养学生遵守学术纪律、解决问题和参与社区服务的习惯。每周高风险的经济行为和其他可能成瘾的行为模式与学术价值观相冲突。(富兰克林，2023)。此外，高校为体育博彩公司做广告助长了潜在的成瘾行为。学生遭受重大经济损失的风险也助长了潜在的成瘾行为，如犯罪活动（施瓦兹，2022）。

研究体育博彩和其他形式的校园博彩势在必行，因为它直接关系到学生的学业。赌博耗费了学习时间，给学生的生活增添压力，危害他们的心理健康，更不用说巨大的经济损失了。

因此，有必要对大学体育博彩活动进行更深入的研究，例如：

- 鼓励赌博的大学文化，以及赌博与成绩之间的关系。
- 被认定为有高危赌博风险的学生的人口统计数据。
- 校园赌博与学生贷款债务之间的关系。
- 帮助戒除赌瘾的成功补救措施。

## 研读范文的好处

我记得，在我一开始教写作课时，一个总是得"A"的学生问过我这样一个问题：您有什么范文可以提供给我们吗？我从来不会在没有范文的情况下教写作，提供范文是写作专家们认可的最佳做法。

在写作任务中获得优异成绩的学生认识到了研读优秀范文的价值，尤其是教授提供的范文，从中可以看出教授对作业的要求。

教授提供的范文有几个主要好处：它展示了扉页和其他主要章节标题应该呈现的样子，它还展示了参考文献列表中的条目示例，以及可以纳入论文的可选部分。

下面是分析范文时应该思考的问题示例。

- **结构**：范文中的几个主要部分是如何组织的？开头和结尾有哪些共同的写作特点？各部分包括哪些小标题？文献综述部分的篇幅有多长？
- **支撑证据**：文章使用了哪些类型的证据来支持论点（参见第5章）？是否大量使用了同行评议的来源？是否使用了社交媒体上的信息？证据句子的结构如何？证据的时效性如何？
- **写作风格**：范文是否着重使用行为动词和特指名词？句子长度是否多变？句子是否简洁？是否避免了用词啰唆和累赘？用词是否正式并包含学术词汇？总体来看，是否避免了陈词滥调？
- **格式**：范文中的格式是否是教授要求的格式？是否包括建议格式的变体？是否包括可选的部分，如摘要、带注释的书目或附录？

# 尊重古老的原则：道德与客观

道德和客观本应该像尊重他人一样简单，但遗憾的是，它们并没有那么简单，写作者们在表达自己的观点时需要小心谨慎。当今的大学生写作者面临的挑战是，如何在一个是与非、道德与非道德、客观与主观界限模糊的社会中表达自己的观点。下面几节将帮助你划分这些界限。

## 道德与大学写作

"道德"被定义为大多数人认为正确的行为。换句话说，道德是在特定情境中固有的对错。写作者对读者的道德责任包括公正、诚实地呈现信息。大学写作者的许多道德违规行为被视为剽窃（详见第 3 章），如未注明出处的摘要。

大学写作者的道德和客观责任包括：

- 展示平衡的证据，以支持论点（参见第 6 章）。
- 识别或排除从其立场中获益的作者。
- 使用尊重、礼貌和公平的语言（参见第 10 章）。
- 学会准确转述、总结和使用引文（参见第 6 章）。
- 准确记录笔记并负责任地引用资料来源（参见第 8 章）。

学术研究的基础是信息的准确性、公正性和道德性。不道德的研究会损害所有研究的信誉。请看以下不道德行为的例子：

- 未参加小组项目，却获得与其他组员相同的成绩。
- 在网上发布诽谤教授的评价。
- 因找不到参考文献而伪造其卷数。
- 添加朋友提供的、他说他用不上的参考文献。

人们对于什么是道德的认知并不总是清晰明了，这经常会导致道德困境。许多企业和组织都制定了准则来界定道德行为，多数大学也制定了学术诚信守则（参见第 3 章）。

## 使用客观的语言

在为研究受众撰写文章时，你有权发表自己的观点——有事实依据的观点。但如果事实不准确、有偏见、缺乏客观性，你就无权发表它们。

以下是客观地向受众展示信息的指导原则：

» 避免不必要和过多地使用第一人称"我"，最好使用客观的第三人称"他、她、它（们）"。

» 提供信息而不是评判。

**评判**：过量食用红肉不健康。

**信息**：美国心脏协会称，每周摄入三次红肉的人比不吃红肉的人早死五年。

» 如有确切数字，请使用确切数字。

每学期至少去写作中心五次的学生比不去写作中心的学生成绩更好。

» 避免使用"非常""至关重要""过分""极其完美"和"致命的"等强化语气的词。

**强化语气的词**：过度参与体育博彩的大学生成绩会大幅下降。

**修订后**：每周参与体育博彩十小时或以上的大学生，其绩点会下降一分。

» 避免非正式语气。

**非正式场合**：我敢肯定，过度运动对身体不好，难怪学生在课堂上睡着了。

**修订后**：过度运动会导致疲劳。

» 避免带有情绪的不客观语言。

**不客观**：有些学校为孩子们带来了可怕的教育体验。

**客观**：一些学校忽视学生的需求。

## 平衡客观性与主观性

写作者通过平衡客观性和主观性来表达自己的观点。主观性指的是基于观点、解读和感受的写作。主观性写作经常以"我相信""我感觉"和"我认为"开头。

主观性写作在研究型写作中有其适用之处，主要体现在结论部分，你要在结论中解读你的研究及其在课堂以外的影响。下面是一个例子：

人工智能（AI）的新发展为改善大学写作教学提供了机遇。例如，大多数人工智能专家认为，所有写作在触达受众之前都应该经过审阅。审阅意味着修改和反馈，这是过程式写作的两个主要组成部分，也就是教学专家认可的写作。

作为一名专门教授写作课程的大学教授，我的经验告诉我，有效的作业设计可以大大减少或消除人工智能的使用。这一观点得到了巴林杰等人（2023）的支持。迪克森和雪儿（2023）建议在设计作业时，要求学生参考特定的书籍，或参考课程讨论的内容。目前，由斯坦顿担任首席研究员的研究团队正在对这些策略和其他策略进行测试（2023）。

  这几段节选充分体现了客观性，纳入了研究人员的事实信息：巴林杰、迪克森、雪儿和斯坦顿。摘录中的主观因素通过使用第一人称来体现："我的经验告诉我。"

> **章节提要**
> » 用扉页打动教授
> » 用目录展现专业风采
> » 用文中小标题赢得高分
> » 结尾留有灵活性，以便充分利用可能出现的机会或选择

# 第 16 章
# 确定必需和可选标题

看到琳琅满目的选择，你会兴奋吗？如果会，那么你一定会喜欢本章——本章为你提供的选择比 101 种口味的冰淇淋还要多。

作为一名大学生，你已经实现了独立。站在"教授要求""格式要求"和"作业选择"的三岔路口，你能否自如地作出学术决定？本章将帮助你顺利通过交叉路口，避免事故。

接下来，我将带你了解研究论文主要部分的要求和选择，并说明加入扉页、插入目录以及用多种方式点缀结尾的好处。

## 敲定标题：吸引关注

要不要在论文中插入标题？做这个决定就像数 1、2、3 一样简单。

» 你的教授要求你这样做，那你就这样做。
» 你的格式指南要求这样做，你的教授也同意，那你就这样做。
» 你认为你需要它，教授批准了你的决定，那你就这样做。

研究论文的开篇"充满了"要求。例如，如果你的教授认为你需要扉页，这就是要

求。如果你的文献指南要求加上摘要，这就是要求。如果你认为你的论文需要目录，这也是一项要求。在课堂上提出有关这些要求的问题，并将其列入待办事项清单。

以下各节列出了研究论文中的标题，很多教授会要求将其包括在论文中，但也接受将其作为可选项。

# 扉　页

APA 第 7 版规定，学生论文必须有扉页（也称封面页）。MLA 和 Chicago 不要求扉页，但如果教授同意，你也可以加上扉页。

如果你遵照的是 APA 以外的文献指南，记得问问你的教授：您是否要求扉页？您是否有设计偏好？你想听到的答案是：扉页是可选项，由你自己决定。

如果教授回答"需要扉页"，那么你要么按照教授的要求，要么按照 APA 的设计，要么按照本节介绍的通用设计。图 16-1 显示的是通用扉页，不过要记住，如果你使用 MLA 或 Chicago 标准，你需要事先征求教授的批准。

| **大学体育博彩：注定失败** |
|:---:|
| 斯蒂芬妮·赖特 |
| 运动心理学 302 |
| 奥布莱恩教授 |
| 2024 年 3 月 3 日 |

**图 16-1　研究论文的通用扉页示例**

如果你可以自由选择是否加上扉页，请加上。扉页的好处如下：

> » 让你的论文显得更加专业。
> » 几乎所有重要文件都有扉页。
> » 向教授表明你的作者身份。
> » 开门见山地向教授展示你的研究主题。
> » 避免论文首页就是密集的文字。

以下是大多数教授都接受的通用扉页布局：

> » **论文标题**。距离页面顶部四分之一的位置，居中并加粗。
> » **学生姓名**。标题下方，双倍行距。

- » **课程名称**。位于学生姓名下方，双倍行距。
- » **教授姓名**。位于课程名称下方，双倍行距。
- » **论文提交截止日期**。位于课程名称下方，双倍行距。

如果要求使用 APA 格式，请遵循其扉页指南。第 13 章讲解了特定文献格式对扉页的要求，并提供了样本。

记住

# 目　录

作为一名阅读过成千上万篇研究论文的教授，我非常看重论文的目录，它让各个主题的位置一目了然。目录页还表明论文十分复杂，需要一个主题列表来显示论文的组织结构。目录也会增强论文的专业性。

没有目录的研究论文就像没有主页的网站。记住，教授不太可能让学生不写目录页，你应该利用编制目录的机会，加强论文的条理性。

根据以下指南创建目录。

- » 将"目录"（不加引号）一词放在页面顶部并加粗。
- » 按数字编排内容标题。
- » 缩进小标题。
- » 目录条目中的关键词大写。
- » 页码右对齐。
- » 只列出各章节的起始页码。

图 16-2 显示了大多数教授都会接受的目录。

| 目录 | |
|---|---|
| 引言 ………………………………………… | 1 |
| 　问题描述 ……………………………… | 2 |
| 　回顾既往研究 ………………………… | 4 |
| 　研究问题 ……………………………… | 6 |
| 　研究的局限性 ………………………… | 7 |
| 支持 NII 的证据 …………………………… | 8 |
| 　NII 的好处 …………………………… | 9 |
| 　NIL 的弊端 …………………………… | 11 |

图 16-2　研究论文目录示例

| | |
|---|---|
| 结论…………………………………………… | 14 |
| 对更广泛受众的影响………………………… | 16 |
| 未来研究……………………………………… | 17 |
| 注释书目……………………………………… | 18 |
| 附录 A：抽样调查…………………………… | 20 |
| 表格和图表…………………………………… | 21 |

图 16-2　研究论文目录示例（续）

# 引　言

你应该已经发现了，格式规则并不总是符合逻辑。例如，引言是论文的开头，但却不是以"引言"这个词开头，而是重复论文的标题。请参见第 13 章中的示例。

研究论文的引言部分通常包含几个小标题，大多数教授都希望在引言中看到这些小标题，但不太可能明确告诉你要包含这些小标题。请主动在引言中加入小标题，向教授表明你重视论文中的这些主题。

在论文中包含以下小标题：

》 问题陈述

》 既往研究回顾

》 研究问题（参见第 5 章）

》 研究的局限性

这些小标题可以增加论文的条理性，并向教授展示内容的位置和细节。下面几节将深入讲解。

除非教授告诉你不要使用小标题，否则请使用小标题来突出信息。

**问题陈述**

"问题陈述"是引言中必须包含的内容。无论是否有小标题，都需要提供这些信息。

小标题的用途包括明确论文要解决的问题。例如，如果论文论证的是合理的大学学费的必要性，那么你可以这样解释问题：

不断上涨的大学学费剥夺了许多学生受教育的机会，他们有合格的成绩，却缺乏经济来源。许多选择这些高价学校的学生不得不承担高额的学生贷款，给自己和家庭造成经济负担。

统一创建小标题并使用平行结构（参见第 11 章）。Microsoft Word 和 Google Docs 中的样式功能可用于统一标题格式。

如果你在引言（或论文的其他部分）中使用小标题，请至少用四个段落来阐述每个主题。如果小标题下的内容很少，教授会认为你对该主题掌握的信息很少。

### 既往研究回顾

该小标题下的内容包括有关主题的背景信息，以及你的研究与有关该主题的其他研究的对比。如果不要求你撰写正式的文献综述，那么既往研究回顾的篇幅约为 1.25 页。

如果你需要撰写正式的文献综述，则该小标题的内容需要扩展至两页到 3 页。有关撰写正式文献综述的更多信息，请参见第 9 章。

如果不要求你写正式的文献综述，最好使用以下语言：

麦克马斯特说，后疫情时代的工作场所尚未找到最适合的运作方式（2023，p. 243）。她进一步解释说，员工已经适应了远程办公环境。研究显示，在家办公效率更高，这让在家办公的理由更加充分（p. 287）。沙利文认为，在家办公的价值尚未得到长期研究的验证，并补充道，现在对办公场所进行重大改建还为时过早（2023，p. 104）。

本研究旨在探讨一个全新的议题：自疫情以来闲置和部分闲置办公楼的财务状况，并回答以下问题：建筑成本如何影响公司预算？沙基说：这可能会导致企业作出前所未有的决定（2023，p. 127）。

### 研究的局限性

小标题"研究的局限性"揭示了研究中的不足之处，体现了研究人员的责任感和道德价值观。几乎每项研究都存在局限性，读者也接受这一现实。

作为本科研究新手，请在引言末尾加上你的研究的局限性。本科研究的常见局限性包括：

- **信息渠道**。研究某些主题所需的详细信息只能通过组织机构获得，大多数学生没有渠道。
- **样本量**。一些需要证据的研究无法提供大量样本，从而降低了研究的有效性。例如，对左撇子的研究，大学生中左撇子人数不多，导致样本量不足。
- **现时性**。对许多技术趋势的研究可能受限于目前能够进入图书馆数据库的信息的可用性。
- **时间限制**。专业研究可能需要九个月到一年时间。大学生通常只有几个星期的时间，一些辅助研究无法在短时间内完成。

经常面临复杂限制的专业研究人员通常会在论文的结论（讨论）部分提及局限性，将这些限制转化为研究的优势。

介绍研究局限性的常用语包括：

- » 然而，本研究存在以下局限性……
- » 与大多数研究一样，本研究的局限性包括……
- » 尽管有……局限性，本研究还是展示了……
- » 与大多数研究一样，局限性……
- » 与大多数大学生一样，时间限制导致……

# 确定可选标题：选项储备

多数大学作业（比如对指定读物的反馈）不需要你做选择。你只用知道确切的要求，然后尽力达成。

研究论文则不同，它就像大学食堂的菜品一样，有很多选择。一些选项可以提升你的论文和成绩，就像天天吃比萨一样舒心。

本节将介绍研究论文前面常见的选项，并就应该选择的选项提供了建议。你不能选择与教授要求相冲突的选项。请记住，教授的要求就是终极规则。

以下几节将介绍可以提高成绩的研究标题选项。

**记住** 其中一些是教授对一年级研究论文提出的要求，目的是让你积累经验，以便将来使用。例如，一年级论文中的"方法"部分可能只包括资料来源。但在高年级研究论文中，"方法"可能包括复杂的数据收集。如果你在大一论文中被要求写"方法"标题，不要质疑它，遵循商业广告的建议，只管去做。

## 摘要或内容提要

将摘要或内容提要视为引言的引言。论文篇幅超过 10 页时，通常需要撰写摘要或内容提要。但你也可能会被要求为不到 8 页的论文撰写摘要或内容提要，以积累写作经验。

摘要是对主题的概括或概述，而内容提要则是对主题的简短分析。下面我们将对它们进行详细讲解。

### 摘要

摘要通常包括描述主题、明确主题的重要性和研究问题。对摘要的常见要求包括：

- » 研究目的。
- » 研究涉及的主题。
- » 主要章节简介。
- » 包含关键术语，使摘要可被检索到。
- » 避免讨论选项的事实信息。

摘要（图 16-3）字数在 150 ～ 200 之间。摘要用一个段落写成，不缩进。摘要从新页顶端开始，后面紧接引言。

> 摘要
>
> 　　本文探讨了情感支持动物在大学校园中的价值及其对改善学生心理健康和绩点的影响。最近的一份报告显示，在过去两年中，校园中的情感支持动物数量增加了 25%，其中狗是最受欢迎的动物，尤其是金毛犬。在校园内携带动物需要一份来自心理健康专业人士的认可文件。然而，近几年，许多人通过在线网站获得认可文件，促使许多网站为了销售认证文件而造假。《公平住房法案》保障学生获得动物认可文件的权利。本文认为情感支持动物是校园中的一项资产，并有助于适度改善学生的心理健康。

图 16-3　摘要用语示例

询问教授是否要求在摘要中注明出处和引文。不同的教授有不同的偏好。

## 内容提要

内容提要的作用与摘要类似，常用于商业和教育领域的研究论文。内容提要通常包括几个小标题，大多分为四个到五个段落，段与段之间的距离为双倍行距，理想篇幅为 1 页到 1.25 页。

它们的组织形式因报告的类型而异。如果需要撰写内容提要，教授通常会提供写作指南。如果没有提供，请向教授询问。以下是通用内容提要的一些指导原则：

- » 从一个引人入胜的小故事开始。
- » 过渡到对问题的简要说明。
- » 说明解决该问题的紧迫性。
- » 提出几个简单的解决方案。

> 包括问题和解决方案的财务影响。

# 方　法

在本科阶段的研究论文写作中,"方法"部分说明你如何收集信息。在以前的研究中,"方法"(经常与"方法论"混用)部分的标题是"方法与材料",要求研究人员说明实验中遵循的程序和使用的材料。

"方法"部分旨在为其他研究人员重复你的研究提供足够的信息。

**记住**

APA 第 7 版的学生范文中没有"方法"部分,MLA 第 9 版也没有强调该部分。但是,一些学位课程要求教授说明"方法"。

在原创研究中,"方法"部分很常见,因为这类研究最重要的是数据收集,而非文献检索。你不太可能进行原创性研究,也不需要一群人作为你的研究对象。因此,你的"方法"部分篇幅不会太长。如果教授不要求你写这个部分,那就尽量避免,这部分可没你想的这么容易。如果教授要求你撰写,请说明你研究的资料来源类型:期刊论文、YouTube 视频、网站,还是新闻来源等。写明你下载文件的数据库名称。你也可以解释你没有选择的文献来源及原因。

以下是本科生论文"方法"部分的常见用语示例。

我的研究始于与一位参考馆员的会面。我的选题关于新兴技术和体育博彩网站。经过讨论,她向我推荐了几个网站和播客,它们讲解了如何利用这些新技术来设计博彩网站。其中有复杂的描述文件,解释构建网站以吸引和维持大学群体下注的技术。此外,我还研究了一些包含激励、高刺激性和信用卡便利功能等特色的体育博彩网站。

# 图 表 目 录

如果你使用了三个以上的图表,请将图表目录作为一个小标题,放在引言之前(如果有摘要,则放在摘要之前)。第 5 章讲解了图(照片、地图、绘图等)的使用。

以下是创建图表目录的一些建议(图 16-4 是一个示例):

> 将"图表目录"这几个字(不带引号)加粗并居中放在页首。
> 粗体显示数字编号,左对齐,后加冒号和标题。
> 图的标题用斜体。
> 列出该图所在的页码。

| 图表目录 | |
|---|---|
| 图 1：体育博彩公司报告的收入 …………………………… 3 | |
| 图 2：1990 年大学公共区域的照片 ………………………… 4 | |
| 图 3：顶尖大学的平均学费 …………………………………… 6 | |
| 图 4：不同年代的学生贷款比较 ……………………………… 7 | |

图 16-4　通用图表目录示例

# 可选的中间标题：正文部分

良好的锻炼方法强调核心力量。同样，一篇健康的研究论文也要加强核心或中间部分，也就是研究的证据部分。这部分全是"必选"，几乎没有大的"可选项"，只有一些小选项，即证据和反驳的小标题，主要是为了便于读者梳理结构。下文将解释研究论文核心部分的选项。

## 中间内容的小标题

添加一些小标题可以让密集的证据部分更容易被读者理解。例如，如果你要论证后疫情时代"远程办公"趋势的优势，那么证据部分的小标题可以包括以下内容：

» 节省通勤时间和开销。
» 不需要购置新衣服。
» 减少办公室的娱乐开支。

下面是研究论文中间部分支持证据的语言示例：

根据 2023 年的《美国职场数据》报告，在疫情管制措施实施后的第一年，对 100 个办公场所进行的一项调查显示，居家办公的员工的业绩提升了 20%～25%。该来源还表示，由于置装费用、通勤费用和与办公室有关的娱乐费用的减少，员工的可支配收入也有所增加。

## 反驳用的小标题

如果没有小标题，对证据的反驳部分会显得很突兀。

第 16 章　确定必需和可选标题　241

针对远程办公的反驳小标题可以是：

> 员工没有机会与同事面对面交流、增进关系。
> 远程办公会助长非正式的、非商务的工作态度。
> 家庭环境中有办公室里没有的干扰。

建议

有关反驳部分的更多信息，请参见第 7 章。

下面是反驳部分常见的语言示例：

克里普顿指出，在家办公的员工存在责任问题，他认为"在远程办公模式下，经理对员工的影响力显著下降"（2023，P. 136）。他解释说，员工在家工作的独立性以及增加的产出，有可能改变经理的角色。他补充道，员工在"不受管制的环境中取得了成功"（P. 142）。斯蒂梅茨认为，后疫情时代的工作场所让人们有机会重新审视经理在职场中的角色（2023）。

# 完成最终选项：后视角度

研究论文的结尾是你最后得分的机会，而且你还可以利用这个部分得高分。第 15 章介绍了结论的写作，这是不可以省略的一个重要部分。下面我将介绍一些能帮助你在最后一个部分得高分的选项。

## 结论小标题

结论中的小标题向读者强调最后的要点。以下是以"校园中的情感支持动物"为主题的结尾小标题示例：

> 促进学生之间的社交。
> 减少校园犯罪。
> 提供兽医研究的机会。

注意上面这几个小标题的平行结构。每个小标题都以动词（促进、减少和提供）开头，然后是名词（学生、校园、兽医）。有关平行结构的更多信息，请参见第 11 章，尽可能让小标题的结构平行。

使用"结论"一词（不加引号）作为结论部分开头的主标题。

**课堂之外的影响**

结论包括证据在课堂之外的扩展应用。你的研究有什么更宏大的意义？下面是一个小标题示例，列出了"平价太阳能"这一主题的扩展影响：

- 薪资全面增长 15%。
- 增加太阳能汽车的开发。
- 降低住房能源成本。
- 降低公共能源成本。
- 提供就业机会。

**未来研究的主题**

教授期待看到这个小标题，因为它反映了你对该主题的原创性思考。你也可以利用这个机会向教授展示，你的思维超出了他们的期待。

比如，你可以建议就"人工智能与写作"这一主题开展以下研究：

- 教授能辨别出传统大学作业中由人工智能完成的部分吗？
- 可否设计人工智能无法驾驭的作业？
- 人工智能的写作风格与典型的大学写作风格相比如何？
- 如果不写作，会对教育产生什么影响？
- 人工智能写作会增加对非标准书面语的接受程度吗？

# 注释书目

在学术写作中，参考文献列表是必备的，而带有注释的文献目录则是参考文献（或"引用文献"或"参考书目"）的替代要求。

教授布置带注释的参考书目是为了让你分析信息来源及其在研究中的应用，这对你是有益的经验。无论你使用哪种格式，都使用"注释书目"（居中并加粗）作为标题，并用两句到三句话描述它们在论文中的应用。

如果你在教授没有要求的情况下写了注释书目，教授会认为你误以为需要这样做。当你列出参考文献的时候，不需要额外在列表上添加注释。这只是一个选择，不是必需的步骤。有关注释书目的示例，请参见第 8 章。

# 附 录

附录是一项附加物，就像你的阑尾（英语单词"appendix"既有"附录"的意思，也有"阑尾"的意思）一样。

你可以在研究论文中使用附录（非必需）补充以下信息：

- 对进一步研究课题的详细说明。
- 研究中使用的问卷或调查。
- 与研究相关的文件或作品集。
- 相关访谈摘要。

教授可能会要求你就研究和写作过程相关的某个主题创建附录，目的是评估你的写作、思考和研究过程。看下面这几个例子：

- 对论文修改过程的个人反思。
- 研究工作日记。
- 描述你对框架的修改（参见第17章）。
- 描述一次同学反馈经历。
- 描述在写作中心的一次辅导经历。
- 描述与参考馆员的一次会面。

附录很少超过一页，图16-5为附录中评价写作中心课程的语言示例。

---

附录A：写作中心评估

在教授布置论文后的一周内，我走进图书馆，见了一位参考馆员。我和她说了我的主题（音乐和锻炼），她提供了许多方法和资料来源类型，以确保我的研究符合相关的学术标准。

我们讨论了作业中的关键词，这有助于我集中注意力，避免跑题。

她问我是否熟悉图书馆的主目录，我说"不熟悉"。在她的指导下，我检索了关于音乐和运动的主题。在检索参数中，我们运用了布尔运算符，并剔除了与音乐和运动无关的非学术来源。

检索到所需文献后，她教我如何通过电子邮件将资料发送给自己。这次经历告诉我，与参考馆员会面不仅获益匪浅，还能节省时间。后面每次开始写作前，我都会向参考馆员咨询。

---

**图 16-5　附录示例**

## 表格和图形

APA 建议在参考文献之后,用单独的一页列出图表。(我在本章前面的"图表目录"一节中讨论过相关问题,大学生可以使用地图和照片等图表类型进行研究)。

如果你的研究包括一个到两个表格和图形,请将它们嵌入正文中。如果你使用了三个或更多的表格和图形,可在参考文献后添加"表格和图形"页。

## 术 语 表

你不能在正文中解释太多专业术语。当一个主题需要解释大约六个新术语时,使用术语表来提供这些新术语的定义比在论文中单独解释并提供上下文更有助于读者理解。

术语表(表 16-1)列出了与研究课题相关的术语。例如,主题可能包括艺术、科学、商业、文学或营养学。

表 16-1　术语表

| 术语 | 定义 |
| --- | --- |
| 氨基酸 | 蛋白质的组成成分 |
| 血糖 | 血液中的主要糖分 |
| 电解质 | 体液中的矿物质 |
| 麸质 | 小麦中的蛋白质 |
| 多元不饱和脂肪 | 在室温下保持液态的脂肪 |
| 饱和脂肪 | 常温下变成固体的脂肪 |
| 反式脂肪 | 通过加氢过程将植物油或其他液体脂肪部分转化成固态脂肪时形成的 |
| 甘油三酯 | 血液中的一种脂肪 |

## 脚注和尾注

根据 APA 的规定,脚注以上标的形式出现在文本中,并在页面底部的对应参考文献中提供详细信息。APA 的脚注和尾注格式与 Chicago 格式相似。当脚注在参考文献之后,用一个单独的页面列出时,它们被称为"尾注"。图 16-6 展示了一个段落中的脚注示例,随后是页面底部对应的注释。

> 关于该建筑的历史，有这样一段记录：几位目击者称他们在壁炉上方烟雾缭绕的镜子中看到了"跳舞的半透明"人物。
>
> 摘自《建筑需要进一步探索》一书的《鬼魅历史》章节（作者：J. Becca，出版社：Milestone Publications，2023 年），第 248-260 页。经许可转载。

**图 16-6　文中带编号的脚注和页面底部的注释示例**

脚注和尾注是在论文中添加补充信息的另一种选择。在大学研究论文中，它们就像哈雷彗星一样罕见——每 76 年出现一次。

> **章节提要**
> » 反复修改
> » 区分修改与校订
> » 练就一双敏锐的"鹰眼"

# 第 17 章
# 三层修改和校订

修改有多重要？它能改变你的论文成绩，它能帮助专业作家卖出作品，也能帮助大学生赢得分数。它可以让你的写作分数从"B"变成"A"，使你的绩点几乎提高一个整数。问问尖子生一篇作文他们要修改多少次。

教育方面的研究也证实了修改及其他相关做法的价值。但还是有许多学生不修改。最近的研究表明，学生低估了修改的重要性，没有投入足够的时间，认为修改等同于改正拼写错误。

本章的目标之一是改变你对修改的看法，让你相信修改可以改变成绩。专业作家通过修改来完善写作。我将讲解修改的三个层次：结构层、句子和段落层，以及单词层。此外，我还会详细说明为什么教授喜欢修改以及反馈在修改过程中的作用。

记住，别爱上你的初稿，它就像第一次约会一样，漏洞百出。

## 效仿传奇作家：用专业的方式对待写作

当你想了解新事物时，你往往会寻求专业建议。你上大学是因为教授们学识渊博，你能向他们汲取知识，从而在相关领域取得成功。教授们的知识来自对专业的研究。

从提供写作建议的专家和写作实践者的作品中，你可以学到最佳的写作方式，他们对成功原因的分析虽然有限，但记录下来的内容却显示了他们对修改过程的热情。表 17-1 列出了从他们的话语中得出的适用于修改和写作的例子与经验，对大学生尤其有益。

表 17-1　知名作家给我们的启示

| 作家 | 他们关于修改的话 | 从中得到的经验 |
|---|---|---|
| 弗拉基米尔·纳博科夫（Vladimir Nabokov） | 我发表过的每一个字都重写过数次 | 修改的程度取决于作家。许多作家在修改上投入的时间比写初稿还长 |
| 尼尔·盖曼（Neil Gaiman） | 我能给你的最好的建议就是：以读者的角度读一遍，再以作家的角度去修改 | 以读者的视角发现问题，再以作家的角度修正问题<br>以读者的眼光审视自己的写作 |
| 朱迪·布鲁姆（Judy Blume） | 我喜欢修改。那是我最喜欢的环节 | 有些作家首先将自己定位为重写者，有些作家喜欢修改胜过写作 |
| 迈克尔·克莱顿（Michael Crichton） | 书不是写出来的，而是改出来的 | 对一些作家来说，修改重于写作。这是另一个强调修改胜过写作的例子 |
| 罗伯特·斯通（Robert Stone） | 我每一章的初稿都写得非常粗糙，然后再认真修改 | 许多作家会快速写完初稿，然后在此基础上改进 |
| 哈金（Ha Jin） | 我很努力，非常努力。我所有的书都至少要修改 30 次 | 写作和其他成就一样，需要付出艰辛的努力，尤其是修改。越努力，越聪明 |
| 亨利·格林（Henry Green） | 通过选择性的删减，突显保留下来的部分的重要性。 | 只有把无用的内容删减掉，剩下的才能成为佳作。决定一个作家是否成功的关键因素，在于他们知道要删减什么，而不是增加什么 |
| 罗伯特·科尔米尔（Robert Cormier） | 写作的美妙之处在于，你不必第一次就做对 | 你有无限的机会来改善它 |
| J.K. 罗琳（J.K. Rowling） | 我用了很多年修改《哈利·波特》系列的第一本书，又重写了好多次关于庄园的部分 | 写作能力的提高源于对内容的大量修改 |

# 校订和修改的比较

许多学生以为修改等于校订，他们觉得自己在校订时，同时也在修改。遗憾的是，这两者并不相同。

下面是校订和修改的区别（表 17-2）：

>> 校订是低阶技能，修改是高阶技能。
>> 校订就像坐在沙滩上，修改就像进行海上救援。

表 17-2　校订与修改的对比

| 校订 | 修改 |
|---|---|
| 用分号代替逗号 | 调整段落顺序，使之符合逻辑 |
| 删除不必要的连字符和斜体 | 删除句子中不必要的词语和章节中不必要的段落 |

# 修改可以提升成绩

评估和修改几乎适用于所有心理过程：学习、表演、烹饪、建筑、编织、滑雪、抚养孩子和改善人际关系。如果你想提高写作水平、分数和绩点，请投入时间和精力进行修改。下面几节将解释为什么修改能让你的文章"改头换面"。

## 修改的魔力

修改的过程（参见本章后面的"为什么教授喜欢修改"一节）就像清理瓷砖地板上的碎玻璃。首先，你要小心翼翼地找到大块玻璃，然后安全地收集中等大小的碎片，最后用吸尘器清理最细碎的玻璃碴。玻璃碎片总有残留，最终你的赤脚还是会碰到。这可能是一个痛苦而血腥的过程。

玻璃碴永远清理不完，世界上也没有完美的论文。但即使这样，你还是要尽你所能进行修改，并从中吸取经验。

清理玻璃的过程与三层修改如出一辙。修改文章就是按照读者的想象来重新构思你的文章。这是为读者澄清、浓缩和呈现信息的过程，包括很多操作，如表 17-3 所示。

表 17-3　修改过程

| 具体操作 | 说明 | 具体操作 | 说明 |
|---|---|---|---|
| 调整结构 | 按更合理的顺序排列段落 | 重建 | 在段落中加上具体细节 |
| 避免 | 避免无关信息 | 回顾 | 从以前的信息中产生想法 |
| 重新连接 | 改进各种想法之间的关系和联系 | 反驳 | 解释问题的另一面 |
| 调整 | 更改信息顺序 | 重新定义 | 对观点进行补充解释 |

## 为什么你的文章需要修改

脑科学家指出，对大脑来说，最困难的挑战之一是适应新文化，就像移居到陌生的国度，这种适应需要整整一代人的时间。

书面构思也需要一段时间的调整，然后才能让阅读者清楚地了解写作者的构思。写作是一项高强度的智力活动，需要连续的专注和多番努力。

下面我们来看看为什么文章需要修改，需要不止改一稿。我们要做到以下几点。

» **坚持不懈**。这是一个复杂的心理过程，需要多次努力才能完成。
» **新鲜的视角或观点**。疲劳的大脑和枯竭的工作记忆需要休息一段时间后才能恢复活力。
» **关注读者需求**。初稿的受众是作者，而修改稿的受众是读者。
» **脑部激活**。写作构思来源于以前的草稿，以前的构思会激发新的灵感。

## 为什么许多学生不喜欢修改

写作耗时耗力，对体力和脑力都有很高的要求。虽然具有挑战性，但写作能带来成就感，它能呈现前所未有的原创概念。学术写作能从以前的想法中产生新的见解。

学生不喜欢修改，在很大程度上源于他们对修改过程的误解。下面我们来看看几种常见的误解：

» **认为修改不值得付出努力**。修改是一项在身体、心理和学术层面上都具有挑战性的艰巨工作。学生认为不值得付出努力。但别忘了，有人说过，越努力，越幸运。
» **低估修改的重要性**。学生不认为修改是写作过程中一个不可或缺的环节，但许多传奇作家却觉得它比写作本身更重要。回顾前几页的例子。
» **不做计划**。学生们不会制订专门的修改计划，而没有修改计划的写作注定不会令人满意。
» **认为修订必须一次完成，不能间断地进行**。学生还没有养成修改习惯。任何有规律的学习行为都能成为一种习惯。当你习惯性地进行修改时，即使间断地进行，你也会看到成效。
» **认为修改等同于校订**。修改是一种高阶技能，校订是一种低阶技能。修改和校订是两种不同的技能，详见本章前面的"校订和修改的比较"一节。
» **没有内化**。高中写作通常不要求修改，因为高中教师的负担太重，没有时间审阅学生的二稿、三稿。与高中生相比，大学生更加专注于学业，修改也成为大学课堂的一部分。教授们有专门的时间用于教学、修改和评估论文。

## 为什么教授喜欢修改

大多数教授在学生时代都经历过修改,并认识到修改的重要性,尤其是具有写作教学背景的教授。以下是教授喜欢修改的一些原因:

- **直观地体现学生的思路**。教授可以在修改稿上看到你的思路,就像数学老师看到解题步骤一样。
- **了解写作进度**。教授根据修改稿来评估你每月和每年的写作进度。
- **显示出有待改进的方面**。从修改稿中,可以看出你常犯的写作错误。
- **提供教学工具**。教授将修改稿作为一种教学工具,用来评价你的分析、评估和总结技能。
- **教会学生接受建设性的批评**。修改让学生有机会对建设性的批评作出回应,这是事业成功所必需的技能。

# 从合作中受益:反馈和修改循环

和其他你喜爱的校园活动一样,写作也是一项团队活动。是的,虽然你是论文的第一责任人,但你有一个后援团队,他们将从结构、细节、修改和校订方面为你提供支持。团队的价值在于,你可以从多个人的智慧中受益。写作团队成员包括你的同学、教授和写作中心。

以下各节将介绍反馈的作用。团队齐心,其利断金!

## 给予和接收反馈

你一定听过这句话:"种瓜得瓜,种豆得豆",它是指投入和产出成正比。就像没有优质的食材,无法烹调出优质的菜肴。

同样的建议也适用于你的写作计划(参见第 14 章),它能让你写出不错的初稿。它也适用于你收到的反馈,这些反馈决定了你的修改质量。你有机会从其他同学、写作中心和教授那里获得反馈。他们都是高质量反馈的来源,尤其是你的教授。

向同学请教的前提是,教授允许。与他人合作可能构成抄袭,详情参见第 3 章。

另一个获得反馈的绝佳来源是和你同上另一门课程的值得信赖的朋友,他可以作为反

警告

馈交流伙伴。记得制定相互反馈的规则，如三天内提供反馈。

当其他同学请你提供反馈意见时，要认真对待、全心投入，并利用这个机会研究另一篇文章。当你收到反馈时，要对其进行评估，分析哪些信息有助于改进你的文章。你无须接受所有的反馈（教授的反馈除外，本节后面的"接收教授的反馈"部分将对此进行阐述）。

以下各节将探讨给予和接收反馈的益处。

**给予反馈**

我们的父母教导我们，"施予胜于受取"。但对于反馈，给予和接收都好，总比不给予和不接收要好。

在给予反馈时，请记住，你受邀进入另一位学生的私人领域。请务必明确反馈意见是针对写作的，而不是针对作者的。

此外，当你被邀请提供意见时，要询问对方希望你提供何种强度的反馈，可以温和轻柔，也可以激烈辛辣。无论对方要求什么，都要用尊敬的语气和措辞。

换句话说，避免使用以下语气和措辞提供反馈：

» 你应该……
» 我不喜欢你……
» 不要……
» 你必须……

最好使用以下语气和措辞：

» 你是否考虑过……
» 考虑解释……
» 你是否想过将……与你的论文更紧密地联系起来？
» 我不太明白你关于……的表述。你能解释一下吗？

我经常在课堂反馈活动上让学生补充句子：我喜欢你关于……阐述，你是否也想过……

给予同学反馈有以下几个好处：

» 提供语言范例，同时满足你的作业要求。
» 发现作业中的常见问题。
» 打开关于作业的共同话题，促进对话。
» 使学习成为一种社交活动。

### 接收反馈

反馈是他人给你的时间和知识馈赠。这是向有类似经历的人学习的绝佳机会。

在征求反馈意见时，明确告诉对方，除了对你的内容提出意见外，是否还需要校订。就像在费城点芝士牛排，你得说明是否加洋葱。另外，别忘了告诉对方，你喜欢"温和轻柔"还是"激烈辛辣"。（对了，记得把南费城加入你的旅行清单，这样你就能用正确的方式点一份费城芝士牛排了）。

至于校订（参见本章后面的"练就一双敏锐'鹰眼'，让论文更上一层楼"部分），可以与一位同学合作，互相审阅对方的论文，专门进行校订。你也可以请写作中心的工作人员帮你校订。

接收同学的反馈有以下几个好处：

» 没有压力，因为它不是来自教授。
» 展示另一位学生如何解决问题。
» 保持两位学生都在正轨上。
» 有助于发现共同问题。

### 接收教授的反馈

与从同学那里获得的反馈不同，教授的反馈附带着一种反向保证——如果你不采纳，那么你将对你所忽视的问题负责。教授不仅期望你回应他们的反馈，还希望你珍惜他们花费的时间和精力，利用他们的建议来提高分数。

教授的反馈可能包括：先提交一部分作业（离截止日期还有几周），让教授了解你的进度。就算他们没有提出这样的要求，你也可以问问教授是否能提前提交。教授可能给你下面这样的评语：

» **"需要完善/改进"**。将此评语理解为"关于该主题，你没有提供足够的信息"。例如，没有展开说明主题背景、证据或论点。该评语通常表明，你的论文等级还没有达到"B"。

» **"需要更可靠的研究"**。这里的关键词是"可靠"（参见第6章），即高质量的文献来源，如经同行评议或最近出版的资料。

» **"结构有问题"**。你可以通过调整引言、正文和结论的界限来解决这一问题。这说明你的论文框架需要大改。这是个很严肃的问题，要与教授沟通，再去一趟写作中心。

» **"需要说明'所以呢？'"**。该评语表明，你需要将证据与论点联系起来，并在结论中解释你的论点为什么重要。

- **"来找我"**。这并不说明你的麻烦大了。这意味着教授对你的论文有疑问，而这个问题太复杂，无法通过几句评语来解决，如使用了错误的格式或错误地使用了文献。
- **"语言和句子结构问题"**。这类问题需要立即处理。在教授办公室外耐心等待他们上班。英语可能是你的第二外语，你还没有掌握得很好。教授可能建议你去写作中心寻求语言基础方面的支持。英语是一门难学的语言，你需要写作中心提供支持，帮助你练习。

> 记住：教授的评语不是建议，而是要求，你需要它们来改进你的论文。你也可以借此机会拜访教授，请他们告诉你如何根据评语修改论文，这也是彰显主动性的机会，教授会很欣赏。

## 认识自我反馈的重要性

我们可以通过给予和接收反馈，学会自我反馈。自我反馈的一个好处是，你可以根据自己的时间灵活安排。协调自我反馈与他人反馈。自我反馈和修改是整个写作过程中需要反复进行的工作。

关于自我反馈，我有如下建议：

- 按照以下几节中介绍的三层修改法进行修改。
- 找出自己反复出现的问题。
- 利用校园资源解决自己无法解决的问题。
- 练习并使用自我反馈，在提交论文之前最后再修改一次。

# 修改结构层：框架要素

修改文章就像建高低床。先打地基，建支柱，然后加上水平横梁，以横向支撑床底板，最后加上斜撑、床栏和梯子。

这与修改研究论文的过程相同。首先修改框架，即论文的结构。然后是支撑，即段落和句子。最后添加附件，也就是词。

以下几节将介绍修改研究论文的三个层次，就算你对建阁楼没有兴趣，你也要好好学习下面的内容。

# 修改结构元素

没有牢固、有力的框架,写作就站不住脚。不过别担心,你可以通过反复修改来巩固写作的根基。结构性审查重新审视构成文章的要素,从框架到写作风格。以下几节将详细介绍如何修改论文的结构要素。

### 审查结构框架

优先修改论文结构。

在修改框架时应考虑以下要素:

- 明确主要章节的界限:引言、正文和结论(参见第 15 章)。
- 包含必需和必要的可选部分(参见第 16 章)。
- 包括回答问题的框架(参见第 9 章)。
- 展示学术风格的写作(参见第 11 章)。

### 回顾作业要求

对照可交付成果清单(参见第 16 章),确保你的论文达到了所有要求并包含所有必要的部分。

对照要求修改文章时应考虑以下要素:

- 排版、检查格式。
- 回答作业中的主要问题和次要问题。
- 根据评分标准调整可交付成果。
- 提及课程内容。

### 检查选题

请检查你的主题是否回答了教授在作业中提出的问题,而不是描述有关该主题的研究结果。

在修改主题时应考虑以下要素(参见第 5 章)。

- 采用新颖的方法来吸引教授和读者的兴趣。
- 在引言中提及该主题的背景。
- 避免过于宽泛或过于狭窄的主题。
- 与课程内容挂钩。

**回顾受众和目的**

在写作时，请考虑到你的读者，他们是你的教授和学校教师。写作语言要契合作业目的。第 10 章讨论了关于受众你需要了解的知识。

在修改时，请考虑以下要素：

- 使用适合受众的学术语言。
- 通过激发读者对该主题的好奇心来引起他们的兴趣。
- 预测受众的问题。
- 尊重受众，使用学术语气。

**检查段落的流畅性和连贯性**

流畅的段落就像乡村公路上顺畅的车流，同时又有足够多的弯道来保持兴趣。

在修改段落流畅性和连贯性时，请考虑以下要素：

- 与前后段落衔接。
- 过渡要自然。
- 每个段落都有其目的——杜绝废话。
- 避免突兀的段落。

**检查风格**

学术受众想看到学术风格的文章。

在修改时考虑以下要素：

- 多样化的句子长度和结构。
- 多用主动语态和动作动词。
- 段落长度各不相同。
- 句子和段落搭配得当。

## 修改研究要素

论文中的研究要素就像一个个警察辖区，有自己的执法规范。下面几节将详细讲解如何修改论文中的研究要素。

**检查引言、正文和结论**

这三个主要的结构构件就像是研究论文的安全屋，为每个部分的专有内容提供保护。

请务必确保每个部分都得到良好的维护。

在修改引言、正文和结论时，请考虑以下要素：

- 开篇要有吸引人的标题、首句和开头（参见第 15 章）。
- 以标题开头，提及主题和论文对主题的立场。
- 在正文部分提出论点和可靠的证据。
- 最后说明研究的重要性及其在课堂之外的意义。

### 检查论点和证据

论点和证据是实现研究目的的燃料和润滑剂。

修改论文时应考虑以下要素：

- 在适当的地方提供支持论点的可靠证据（参见第 7 章）。
- 引用一个对该主题的现有证据体系有贡献的论点（参见第 7 章）。
- 合理组织证据，避免逻辑谬误（参见第 6 章）。
- 将证据与论点联系起来（参见第 6 章）。

### 检查文献引用

修改文献引用需要关注细节，别忘了，这是一篇研究论文。

应考虑以下要素：

- 记录研究中使用的所有资料来源。
- 遵循规定的文献引用规范。
- 在文件中使用准确的标点符号。
- 协调引文和参考文献。

### 检查格式和排版

检查格式是否符合要求。

修改格式时应考虑以下要素：

- 遵循格式要求。
- 准确排列主要章节和页面的顺序。
- 正确排版各级标题。
- 页码位置必须正确。

# 修改段落和句子层：句子是观点的呈现者

段落和句子是信息的载体，它们负责在研究论文中传递观点。它们是复杂的观点网络的一部分。修改是对它们的健康检查。以下几节将就如何修改句子和段落提供建议。

## 修改段落

段落实现论文的组织目的，如介绍主要议题、提出证据和提供详细的支撑信息。通过评估以下问题的答案来审查每个段落的目的：

- 每个段落的开头和结尾是否过渡流畅？
- 是否可以用更合理的理由和解释替换段落中的内容？
- 每个段落是否只阐述一个观点？
- 能否合并或删除不同段落中的观点？
- 段落是否按逻辑顺序排列？
- 是否有段落太短或太长？
- 每个段落是否都达到了目的？

### 检查主题句的完整性

虽然主题句不是大学写作中最重要的句子，但它们却像一台可靠的笔记本电脑一样不可或缺。修改段落主题句可以帮助你更好地控制段落内容，确保它们符合整体写作的方向和目标。

回答下列问题可以帮助你修改主题句：

- 正文段落中的主题句是否有助于展开论述？
- 结论中的主题句是否突出了证据的重要性？
- 主题句后是否有辅助信息？
- 能否通过主题句预测段落的发展？

### 段落发展

如第 11 章所述，论文中的段落是通过证据来构建的，这些证据来自各种资料。在修改段落时，请考虑以下问题：

- 是否标明引用的信息来自哪些来源？
- 是否准确引用了文献来源？
- 引文是否符合规范？
- 内容过渡是否自然？

# 修 改 句 子

句子是构成段落的"积木"，就像玩具塑料积木，可以拼成小结构，支撑大结构。当小结构不稳，大结构就会坍塌。但是你可以利用修改的机会防止"坍塌"。以下几节提供了关于修改句子的建议。

### 修改句子结构

检查句子结构是否包含第 11 章中提到的以下要素：

- 语法多样性
- 长度多样性
- 分支多样性
- 用途多样性

修改那些像沙漠中的大厦和城市中的沙丘一样突兀的句子。

### 修改句子开头

开头不提主题的句子就像空白屏幕的视频。开头点题永远是最好的策略，避免下面这些结构：

- 有……
- 是……
- 它有……
- 它变得……
- 看来……
- 可以说……

上述结构就像默认的句首语，因为它们几乎可以用来引出任何思考。对读者来说，"它"无法体现句子主题、特定对象或人物。可以通过"点题"来修改句子的开头。

这里有一个例子。

**原本的句子开头**：有个原因让学生不喜欢修改。

**修改后**：学生不喜欢修改，因为这需要耗费额外的时间。

在原本的句子中，主题（学生）出现在句子中段。修改后的句子将主题放在了最前面。

### 修改口语中的冗词赘语

每个词都有其用途，但有些词太啰唆了。比如，一些只适用于口头交流的词汇不应该出现在书面表达中。

下面是一些在论文中没有任何用处的表达：

- 顺便说一句……
- 请允许我说……
- 我想告诉你……
- 难怪……
- 以我愚见……

看下面这个例子及其修改：

**啰唆的表达**：依我看，老鹰队本应赢得比赛。

**修改后**：老鹰队本应赢得比赛。

修改后的句子去掉了口语中常见的表达，这些词削弱了观点的说服力。

# 修改单词层：作出明智选择

美国诗人艾米莉·狄金森（Emily Dickinson，1830—1886）有句名言："一个词被说出的那一刻，也就失去了生命。"但在当今的语言环境中，书面文字的生命是无限的，它们可以被多次修改，重新焕发生机。本节将讨论如何通过修改，让一些词"重获生机"，让另一些词"保持沉默"。

## 重视行为动词

行为动词是句子的能量饮料。在检查完框架和段落后，记得专门留出时间，检查所有的行为动词。按照我在第 11 章中的说明，尽可能让动词变得"动态"。

下面是一些修改的例子，以作提醒。

| 静态动词 | 做 | 去 | 得到 | 做饭 |
|---|---|---|---|---|
| 动态动词 | 完工 | 慢跑 | 购买 | 烧烤 |

## 选择特指名词

名词和动词就像你呼吸的氮气和氧气。将泛指名词修改为特指名词，参见第 11 章。比如：

| 泛指名词 | 椅子 | 工具 | 书 | 车 |
|---|---|---|---|---|
| 特指名词 | 躺椅 | 扳手 | 小说 | 豪华轿车 |

## 避免冗词

重复是学习新概念最有效的方法。但在写作时，重复是你最大的敌人。避免将两个意思一样的词堆叠在一起（表 17-4）。

表 17-4　修改冗词

| 冗词 | 修改后 | 冗词 | 修改后 |
|---|---|---|---|
| 五月这个月 | 五月 | 再次重复 | 重复 |
| 充分足够 | 足够 | 分隔开来 | 分开 |
| 圆形的圆圈 | 圆圈 | 额外奖金 | 奖金 |
| 两个双胞胎 | 双胞胎 | 年幼的小犬 | 幼犬 |

## 减少冗长的短语和分句

冗长的短语和分句表达的内容过多，它们需要限制字数。表 17-5 列出了一些需要删减的冗长表达。

表 17-5　修改冗长的表达

| 冗长的表达 | 修改后 |
|---|---|
| 首先和首要 | 首先 |
| 在每天的基础上 | 每天 |

续表

| 冗长的表达 | 修改后 |
|---|---|
| 按照和根据 | 按照 |
| 对……造成损毁 | 损毁 |
| 在……期间这个过程中 | 在……期间 |
| 在目前这个时候 | 目前 |

下面是一个例子。

**冗长**：在当今这个时代，很多人不信任权威。

**修改后**：今天，很多人不信任权威。

## 避免过时的表达

它们是陈旧的表达方式，应该永远淘汰，代之以新颖的措辞。以下是大学写作中常见的过时表达。

| a prime example | in this day and age | the bottom line |
|---|---|---|
| at the end of the day | little did I know | the time of my life |
| proof's in the pudding | live up to the hype | pie in the sky |
| the powers that be | sit tight | hold your horses |
| since the beginning of time | when all is said and done | every cloud has a silver lining |

下面是一个例子和一句话的修改。

**过时的表达**：The powers that be voted a tuition decrease.（当权者投票决定降低学费。）

**修改后**：The board of trustees voted to decreased tuition.（董事会投票决定降低学费。）

## 修改过度使用和不必要的词语

避免被过度使用和不适合的词语。

在检查单词时，你几乎总能找到下列单词的替代词。

**形容词**：惊人的、伟大的、漂亮的、美妙的、巨大的、梦幻般的、令人敬畏的

**副词**：很、确实、非常、相当

名词：小玩意、东西、物品、因素、超级、案例
动词：声称、出现、得到、去了、做了

有些词汇没必要使用。在下面的句子中，你可以删掉多余的词汇，简化冗长的表达。

**不必要的词**：美国50个州都严格执行开车禁止发短信的规定。（21个字）

**修改后**：全国禁止开车时发短信。（10个字）

## 教授对于学生修改的期望

教授对修改过程的每一个环节都很有经验。他们的文章也曾受到过批评，他们也曾为了赶作业而通宵达旦，甚至他们也有论文不及格。他们也知道，"最后期限"偶尔会带来难以承受的压力。

教授需要找到一个平衡点：在激励你努力完成任务的同时，不让你感到不堪重负。他们要求很高，但他们知道极限——毕竟，他们也是从学生时代过来的。他们也知道，他们教学的成功取决于你的成功。

下面列出了教授对修改的期望，这是你改进写作和提高成绩的额外机会。

- 明确界定论文的主要部分：引言、正文和结论（参见第15章）。
- 使用针对学术受众的语言，目的是回答作业中的主要问题。
- 熟练引用和参考文献来源（参见第8章）。
- 熟悉格式要求。
- 使用体现学术写作风格的句子（参见第11章）。

## 制订修改计划

我希望通过本章的讲解，让你认识到，"修改"是写作成功的必要因素，也是提高成绩的重要手段。除非你主修写作，否则你不太可能爱上修改。但是，仅仅喜欢修改还不够，你还需要一个能提高你写作水平的修改计划（当然你必须认真实施）：

》 接到作业任务后，立即制订计划。

》 留35%的时间用于修改，5%用于校订。

》 着重修改结构层，清晰划分引言、正文和结论。

》 修改引文、参考文献和格式，确保准确。

》 养成几乎每天修改的习惯，如从以前的论文、其他学生的论文、校园标语中找错误。

》 查看指导教师对过去论文的评语。

- 阅读有关修改大学写作的网络文章。
- 利用校园修改资源，无论你认为自己是否需要这些资源，都请尝试一次。

通过对比以前的写作草稿和现在的草稿，你会找到你的成功的证据。

# 练就一双敏锐"鹰眼"，让论文更上一层楼

校订工作就像在玻璃板上寻找丢失的隐形眼镜。你看不到它，但你知道它就在那里。大多数人在寻找丢失的隐形眼镜时，都会设计一个方案，一个在丢失隐形眼镜的地方逐寸搜索的策略。

以下是大学生常犯的几种错误：

- **引导性成分后没加逗号**。下面是一个正确的示例：伊莉莎决定好好写论文，得到一个好分数，于是去了写作中心。
- **复合句中缺少逗号**。下面是一个正确的示例：油价上涨，越来越多的人开始步行。
- **Its 和 It's**。"Its"是所有格形式，如下面的例子：The dog found **its** toy.（小狗找到了它的玩具。）It's 是 it is（或 it has）的缩写。下面是一个例子：**It's** been twenty years since the last measurable snowfall.（上次下雪已经是二十年前的事了。）
- **句子片段**。句子片段没有传达出完整的思想。比如：Where we began studying for the test?（我们去哪里复习考试？）下面是一个将片段改成完整句子的例子：The library is where we began studying for the test.（我们去图书馆复习考试。）
- **then（然后）和 than（比）**：then 表示时间顺序，than 表示比较。下面是两个例子：We **then** decided to go to the coffee shop.（后面我们决定去咖啡馆。）The time was later **than** we thought.（时间比我们想象的要晚。）
- **allusion（暗指）和 illusion（错觉）**：allusion 是一种不经意的引用，如：The title was an allusion to Shakespeare.（标题暗指莎士比亚。）illusion 是一种误导性印象，如：We were under the **illusion** that class was cancelled.（我们误以为上课取消了。）

这里有一份校订建议清单：

- 带着不同的目的分多次通读论文，每一次分别纠正语法、标点符号和拼写错误。
- 列出你写作中常见的错误。
- 在大脑清醒时进行校订。

» 仔细修改与课程有关的单词拼写，包括教授姓名。

» 尤其注意包含撇号的单词。

如果你的写作中经常出现语言错误，请提前制订计划，请写作中心的工作人员帮助你审核，并与他们讨论。

如果你从没遇到过语言问题，可以参阅表 17-6，它是一个校订核对表，提醒你注意大学生常见的问题。如需更详细的讲解，请参见第 12 章。

建议

表 17-6 校订核对表

| 语法 | 拼写 | 标点 | 习惯用法 |
| --- | --- | --- | --- |
| 主语/动词一致 | 专有名词 | 所有格 | 斜体 |
| 代词一致 | 复数 | 冒号和分号 | 重要作品 |
| 容易混淆的一对词 | 品牌名称 | 专有名词 | 次要作品 |
| 定位描述信息 | 拼写错误 | 逗号和结尾标点符号 | 引号 |

> 章节提要
> » 最后的提醒
> » 主动寻求发表和演讲的机会
> » 有助于未来发展的后期工作

# 第 18 章
# 发送之前的最后确认

外观重要吗？产品的展示方式会不会影响人们对包装内物品的价值认知？全球最大的计算机公司认为会，所以它销售的每一款科技产品都有漂亮、高级的外观。

学术产品的外观也很重要。换句话说，在提交研究论文时，你也需要对它进行精心包装，包括格式、排版和语言准确性。

在本章中，我将介绍论文提交前的程序：最后确认论文的主要部分，快速检查学术写作风格，最后一次检查缺失之处。我还将告诉你如何发表和展示你的文章，以及最后的润色。

马上就大功告成了！让我们开始吧！

## 避免翻车：决定你成绩的黄金 60 分钟

在医学领域，病人受伤后的 60 分钟被称为黄金抢救时间，是决定病人生死的关键时刻。在学术界，提交论文前的"黄金一小时"将决定论文给人的第一印象，甚至是永久的印象。这 60 分钟不能决定你的生死，但却能决定你的成绩。

下面几节将提醒你，在提交之前，再次检查论文的主要部分和它的"包装"。

## 确保正确的元素在正确的地方

你可能听过一句话："物有所归，各尽其用。"检查清单中有一项就是"明确标识研究论文中的各个部分，并为每个大标题设置小标题"。

在可选章节、大标题和小标题的标识与排序方面，格式指南仅提供了有限的说明。请遵循教授的指示。如果他们没有提供任何指示，那么请遵循本书中的指导。

表18-1列出了几乎所有教授都要求的论文构件，以及常见选项。

表18-1 论文构建核对表

| 主要构件 | 所需小标题 | 常见选项/学生选择 |
| --- | --- | --- |
| ☐引言 | ☐问题陈述<br>☐主题背景<br>☐论据说明 | ☐方法<br>☐研究的局限性<br>☐结果 |
| ☐正文 | ☐证据<br>☐反驳 | ☐内容小标题<br>☐数据分析 |
| ☐结论 | ☐影响<br>☐未来研究 | ☐讨论 |
| ☐参考文献 |  | ☐注释书目 |

将此表作为终极核对表，用于检查必备和可选的论文构件。在完成写作、检查并准备提交给教授前，在各个项目前面的方框里打钩。

第15章讲解了研究论文的主要部分，第16章讨论了可选标题。

APA要求有扉页。MLA和Chicago不要求扉页，但许多教授要求扉页。请参见第5章和第16章中的扉页示例。

其他选项包括：

☐ 目录（位于摘要和引言之间）
☐ 摘要
☐ 附录
☐ 图形和表格
☐ 注释

## 规范决定成败

父母告诉你要把自己收拾得整齐干净，论文也一样。这是一个循环往复的过程，像校

**第18章 发送之前的最后确认** 267

订一样，总能"再好一点"。

根据以下清单确认你的论文符合学术规范：

- ❏ 主要使用主动语态的句子。
- ❏ 使用行为动词和特指名词。
- ❏ 句子长度要多样化。
- ❏ 主要使用右分支和中间分支句子。
- ❏ 变化词型，包括实词。
- ❏ 使用流畅的过渡观点。
- ❏ 使用尊重他人的用语。
- ❏ 用平行结构表达相关的想法。

有关学术写作规范的详细讲解，请参见第 11 章。

## 检查两次：可交付成果

忘记一项可交付成果就好比忘记朋友的 21 岁生日会。这是不允许发生的。使用下面这个核对表检查可交付成果：

- ❏ 回顾作业要求，核实可交付成果。
- ❏ 核查内部可交付成果，比如包括在论文中参考课堂阅读和课堂讨论。
  在分析第 14 章中所述的任务时，再次对照你的待办事项清单检查可交付成果。
- ❏ 向上同一门课程的其他学生核实。

有关可交付成果的详细讲解，请参见第 14 章。

## 收尾：检查开头和结尾

引言和结论就像是研究论文的开胃菜和甜点。它们是你向读者传达的第一条和最后一条信息。接下来的部分将告诉你如何呈现读者喜爱的"开胃菜和甜点"。

## 留下第一印象：引言

你的写作目标包括一开始就激起读者的好奇心。

使用下面这个核对表检查引言，确保留下良好的第一印象。

- ☐ 从标题顺畅地过渡到第一句话（参见第 5 章）。
- ☐ 激发读者的共鸣。
- ☐ 说明阅读目的（参见第 10 章）。
- ☐ 明确论文方向。
- ☐ 提供有关主题的背景资料。
- ☐ 介绍论点（参见第 7 章）。
- ☐ 回顾有关该主题的既往研究（参见第 5 章）。
- ☐ 以主旨句结尾（参见第 5 章）。

## 留下深刻印象：结论

多数人对告别心生抵触，尤其是那些意味着关系结束的告别。但完成论文是件值得庆祝的事，你即将结束与你的研究论文长达数周的关系。

使用下面这个核对表检查结论：

- ☐ 正文到结论过渡流畅。
- ☐ 总结论点（参见第 7 章）。
- ☐ 总结证据（参见第 6 章）。
- ☐ 解释论点和佐证的重要性（参见第 6 章和第 7 章）。
- ☐ 就今后针对该主题的研究提供建议。
- ☐ 给读者一个圆满的收尾。

有关结论的详细讲解，请参见第 14 章和第 15 章。

# 排版：从标题到参考文献

当你的论文给人留下持久的第一印象时，它才能称得上成功。这也包括准确的格式。

使用下面这个核对表检查论文开篇部分的格式：

- ☐ 标题居中并加粗。
- ☐ 正文第一页再写一次标题。
- ☐ 页码位于右上角。
- ☐ 包括作者的联系信息和所属单位。
- ☐ 全部双倍行距。
- ☐ 参考文献页首行缩进（参见第 8 章）。

有关格式与排版的更多信息，请参见第 13 章。

# 中间部分：确认证据

支撑论点的证据是论文的核心，是论文中最重要的元素。

## 为自己的论点辩护

大学写作的关键词是"论证"，即捍卫你在某个问题上的立场。
使用下面这个核对表检查你的支撑证据：

- ☐ 支持论点（参见第 7 章）。
- ☐ 运用受众的逻辑。
- ☐ 包含最新信息（参见第 6 章）。
- ☐ 以符合逻辑的方式展开论证。
- ☐ 达到作业目的（参见第 10 章）。
- ☐ 将证据与主旨句联系起来（参见第 5 章）。

## 与文献来源互动

在大学写作中，不同的文献来源之间会相互对话、产生互动。
使用下面这个核对表检查与文献来源的互动：

- ❏ 不同文献来源之间的互动。
- ❏ 你作为作者与每个文献来源的互动。
- ❏ 每个文献来源的出处都清晰可辨。
- ❏ 互动前加上信号词。

详细讲解请参见第 6 章。

# 还有什么疏漏吗？最后检查一遍

形容人有强迫症往往带有负面含义，但用它来形容你对重要作业（如研究论文）的态度，却是对你的褒奖。你全心投入，是为了让自己不会因为疏忽而丢分，如漏掉一页或提交的文件打不开。

下面几节提供了格式、校订和最终提交前的核对表。

## 再检查一遍文献

文献是学术论文的生命线。没有文献的研究论文不能被称为"研究论文"。

使用下面这个核对表最后检查一次文献（参见第 8 章）：

- ❏ 每一处引文都与其作者和出版物正确关联。
- ❏ 每一条参考文献条目都有对应的引文。
- ❏ 每一处引文都标明它在原始文献中的页码。
- ❏ 标明每一处摘要和转述的出处。
- ❏ 保持文献引用风格一致。

## 最终校订提醒

语法、拼写等错误会引起读者和教授的注意，给他们留下坏印象。

使用下面这个核对表确保你校订了语言准确性：

- ❏ 扉页上的拼写（包括大小写）。你的姓名、教授的姓名以及与课程相关的表述。

- ❏ 整篇论文中主要标题的拼写和格式。
- ❏ 括号内的标点符号。
- ❏ 参考文献列表格式准确。

## 提交前的最后提醒

在核对最终清单时，别急于调整并匆忙发送。安排一个最终检查时间，耐心地完成最后一道工序。大脑会在单击发送后立即回想起某个错误，以彰显幽默感。

在准备提交论文前，在进行最后的校订和调整时，记得更新备份文件。

在提交论文之前，最后确定以下项目：

- ❏ 未超过截止日期。
- ❏ 以规定的文件格式提交电子版，如果需要提交打印稿，则按打印要求提交。
- ❏ 无论是打印版还是电子版，都使用硬分页符。

在提交前，先将论文通过电子邮件发送给自己，看看文件是否能打开。

- ❏ 发送电子邮件到要求的邮件地址，（未必是教授的班级邮件地址）上传到课程平台，或将纸质版送到指定地点。
- ❏ 如果需要提交纸质版，打印完后记得检查每一页的外观。
- ❏ 看看整篇论文是否能通过目试，一眼看上去就是大学研究论文。

### 近乎完美的呈现：教授的期望

教授期待近乎完美的呈现。"近乎完美"意味着论文的某些方面必须完美，如包含所有主要构件、可交付成果、基本页面格式、教授姓名的拼写、常见单词的拼写、基本逗号用法和结尾标点符号、用词习惯、撇号以及与课程相关的关键词。

有些部分可能会出现一些小错误，如偶尔拼错专业术语和非英语术语、引文标点符号错误、参考文献条目标点符号或缩写错误。

你需要展现近乎完美的英语语言技能，准确区分容易混淆的常见词，如 affect 和 effect、allusion 和 illusion、its 和 it's、there、their 和 they're 等。有关动词的主要用法、描述词的定位、用语习惯和撇号使用规范等基础知识，请参见第 12 章。

# 发表和展示：更广泛的受众

这已经是我的第六本书，直到今天，看到自己的文字付梓，我仍然激动不已。如果你也想发表自己的作品，那么唯一的障碍就是你自己。写作和演讲是申请研究生院的加分项，也是你申请几乎所有职业的优质资历。

下面几节将介绍如何发表论文和展示你的研究成果，并告诉你作为本科生，你有哪些展示研究成果的机会。

## 学生发表机会

大学里不仅重视研究，也重视发表。你几乎可以就任何你感兴趣的主题投稿：研究报告、论说文，甚至课堂作业，你也可以写小说。

以下是一些投稿指南：

- » 千万不要花钱发表文章。
- » 查看接收文章的网站的投稿指南。
- » 投出一篇文章后，忘掉它，继续写下一篇。
  作者指南会告诉你出版源头发布的主题、文章长度以及对作者背景的要求。
- » 向你阅读的报纸、杂志和在线网站投稿。
- » 撰写有关音乐、体育、旅游、爱好、政治观点、特殊技能和兴趣等课外主题的文章并投稿。

记住

没有专业出版经历的作家很难靠写作赚钱。要出版专业作品，往往需要磨砺多年，而且报酬微薄，就像南佛罗里达州的雪。因此，对作家的普遍建议是：永远不要放弃自己的日常工作，把写作当作一种爱好就好了，别指望靠它发家。

记住

你可以通过以下渠道投稿：

- » **校内渠道**。这是你发表作品的最佳机会。几乎所有的校园都有报纸、文学杂志、诗歌杂志和好几种通信。它们常年征集学生作品。请联系相关的编辑。
- » **报纸**。考虑在大学社群和其他报纸上寻找投稿机会。查看相关指南并联系编辑。
- » **竞赛**。写作比赛在大学校园里很常见，而且经常颁发现金奖励，足够你买一周的晨间饮料。

第 18 章 发送之前的最后确认　273

- **博客**。博客是另一个不错的起点。试试创建自己的博客或向你关注的账号投稿。
- **本科生文学期刊**。搜索 National Undergraduate Literary and Scholarly Journals（全国大学生文学和学术期刊，https://altoona.psu.edu/academics/bachelors-degrees/english/national-undergraduate-literary-scholarly-journals），获取本科文学期刊列表。

## 学生演讲机会

学者，比如你的教授，会在研讨会（比普通会议更正式）和讨论会上分享他们的研究成果。许多大学都设有研究办公室，负责协调此类会议，供教授们分享研究成果。

以下是展示研究成果的理由清单：

- 为该领域的研究作出贡献。
- 熟悉该领域的语言表达。
- 以演讲者和发言人的身份沉浸在该领域的学术氛围中。
- 结识其他学生和专业研究人员。
- 了解未来的研究展示机会。

除教研室外，一些学校还设有本科生研究办公室，负责为希望分享其研究成果的本科生提供机会。你可以主动去本科生办公室（如果没有本科生办公室，就去院系办公室）问问，了解如何展示自己的研究成果。你也可以联系本科生科研理事会（www.cur.org）。

在求职时，公开演讲和发言经历是备受重视的简历亮点。

# 通过复盘实现自我成长

运动队和音乐团体（如大学军乐队）表演完后，总是会复盘。

复盘也有利于提高写作水平。你可以在提交论文后的几天内，或者在收到带有教授评语的论文后，进行复盘。

以下各节将帮助你反思和评估过去的写作实践，以指导未来的写作。

## 写　　作

写作需要成长型思维，你可以通过评估和练习提高写作水平。通过思考以下问题的答案来评估你的写作过程：

» 在动笔之前，你可以如何更好地制订计划、列提纲和收集信息？
» 如何提高写作效率？
» 在开始写作后，你是否与教授至少见过一次面？如果没有，原因是什么？
» 你求助写作中心和同学了吗？如果没有，原因是什么？
» 写作中最困扰你的部分是什么？你是否利用了相关资源？
» 你觉得自己在哪些部分最成功，哪些部分最不成功？如何加强写作能力，提高写作水平？
» 如果时间不成问题，你会如何最大限度地利用它来完成作业？
» 在选择主题、提出研究问题和确定论点之前，你是否阅读了足够的背景资料？
» 你撰写下一篇论文的目标是什么？

## 修 改

许多学生还没有养成修改的习惯。这是一项重要的技能，可以通过评估和练习得到提高。第 17 章对修改做了详细讲解。

通过思考以下问题的答案来评估你的修改工作。

» 你是否制订了修改计划并安排了足够的时间实施计划？
» 你是否遵循了三层修改方法：结构层、段落和句子层，以及单词层？
» 你向他们征求修改意见了吗？
» 你利用资源进行修改了吗？
» 你是否着重使用了行为动词和特指名词？
» 你需要练习哪部分的修改技能？
» 你修改下一篇论文的目标是什么？

研究表明，提升写作和修改能力的一种方法，是教其他人写作和修改，即所谓的"教学相长"。你可以考虑在校园里担任辅导员或帮助高中生写作。记住，辅导学生也是一个创业机会。

建议

## 研究和文献使用技能

研究和文献使用技能也能通过练习得到提高。通过思考以下问题的答案来评估你的相

第 18 章 发送之前的最后确认　275

关能力：

- **研究馆员**。在开始研究之前，你是否会见过研究馆员（参见第 5 章）？会面是否有收获、帮助你提高了研究效率？如果没有，是什么阻碍了会面？
- **研究问题**。你的研究问题是否为你提供了开展论述所需的信息？你的问题是否可以改进？你是否考虑过请写作中心的工作人员帮助你设计问题？
- **文献引用规范**。你是否利用各种资源了解文献规范？你能否保证你引用的内容不会有剽窃之嫌？
- **资料来源**。你是否主要通过图书馆检索资料，比如图书馆的数据库和类似资源？你的资料来源对你的论文有用吗？资料来源容易找到吗？你的研究技能提高了吗？

# 第5部分

## 其他

**本部分将教你如何……**

　　发现常见的研究问题并解决它们，包括论点和论证失误、研究问题违规、计划不充分和风格误导。

　　熟悉和利用校园里丰富的资源，以改进你的论文，比如在办公时间与教授交流、运用其他课程内容、参加校园里与主题相关的活动，以及请写作中心的工作人员帮助你审查论文。

> **章节提要**
> » 修正重大失误
> » 为每个答案找到一个问题
> » 在一个学期内掌握两种引用规范

# 第 19 章
# 十个常见问题及解决方法

你是一名成功的大学生,你学会了适应、灵活应变,偶尔也会搜索 YouTube 上的视频解决生活中的问题。你很可能也搜索过自助视频来提高研究论文的写作水平。

本章的目的是教你如何自己修正论文中的问题,防止它们成为扣分项。接下来,我将介绍最常见的论文问题,以及修复方法。以下的章节将告诉你如何不丢分,并且赢得高分。

## 忽视作业要求中的细节

**问题**:我的论文里有很多小失误,它们导致的扣分可能让我不及格。

**解决方案**:在大学体育教练中流传着这样一句话:如果你能处理好小问题,那么大问题就会迎刃而解。教练可能没在说课程作业,但忽视作业细节真的会让你不及格。

忽视作业细节,尤其是作业中已明确说明的细节,你的分数肯定不会好看。(第 14 章介绍了如何分析作业)你大概率不会忘记你需要提交一篇研究论文,并且用到十个符合 APA 规范的参考文献。但你很容易忽略小要求,比如:资料来源必须包括至少一个网站、一本书、一份学术期刊、一件实物证据,以及至少引用一处专业人士的观点或意见。

作业经常得低分的学生,往往不注重细节。这是不对的!在完成研究论文作业时,必须重视细节，这些细节是决定你成绩的关键因素，教授认为它们足够重要，并将其列在评分标准和任务要求中。研究论文的细节要求包括：

- 扉页和标题（参见第 13 章）。
- 目录（参见第 16 章）。
- 各部分的顺序准确无误（见第 18 章）。
- 同学反馈的证据（见第 17 章）。
- 三层修改的证据（见第 17 章）。
- 规划和组织的证据（见第 14 章）。
- 注释书目（见第 5 章）。
- 提交 PDF 格式的文档（见第 18 章）。

记住教授告诉你不要做的事情，如用塑料套装纸质版论文、用 U 盘提交作业、不向指定地址发送电子邮件等。这样可以避免扣分。

创建一个名为"细节"的待办事项清单，一边写论文，一边增加清单里的条目。把清单放在显眼的位置，在添加条目前，向专业人员和同学确认。

## 未能遵循评分标准

问题：我被扣分了，因为教授说我没有遵循评分标准。我想解决这个问题。

解决方案：评分标准显示了不同部分的分值，任务要求会明确告诉你需要做什么。有关评分标准的详细讲解，请参见第 14 章。

例如，如果不注意作业细节，如扉页、目录、注释书目和发错电子邮件地址，你的分数将会从"B"降为"C"。

专门针对评分标准制定一份待办事项清单。列出评分标准要求的项目以及每项的分值。为了帮助你确定工作的优先顺序，请将项目从最高分到最低分排列。

## 未将论点与证据联系起来

问题：我的论点与证据不太契合。

**解决方案**：当论点不契合证据时，要是能发出车辆故障警示灯一样的信号就好了。然而现实却没那么简单，在论文的世界里，没有早期预警系统。第 5 章解释了如何创建这些系统，而本节将阐述如何修复它们。

请务必投入时间来设计论点，你需要分析任务和阅读背景资料。你要思考的是论点，而不是对问题的"自我感觉良好"的描述。

下面讲解如何解决这些问题：

> » 遇到论点与证据不匹配的问题时，可以尝试从学科的角度进行思考。例如经济学、政治学、法律学或文化学。
> » 如果你的论点没有完全击中要害，请根据证据和反证稍作调整。
> » 如果你找不到支持论点的证据，请在放弃之前向参考馆员咨询。
> » 如果你找不到用于反驳的反证，检查一下你的论点是否涉及一个具有争议性的问题。
> » 如果你只能找到反证，请考虑将反驳作为你的论点。

建议

# 提不出研究问题

**问题**："研究问题"这一概念对我来说很陌生，我不知道怎么开始。

**解决方案**：第 5 章介绍了如何提出研究问题，以及这些问题对于开展论述的重要性。这是一项和适应大学生活一样的必备技能。

停止寻找答案，开始创造问题！下面这些答案供你练习提出问题：

> » 如果答案是你上大学的原因，那么问题是什么？
> » 如果答案是你每门课程的内容，那么问题是什么？
> » 如果答案是你的人生目标，那么问题是什么？
> » 如果答案是你对重大考试的准备，那么问题是什么？

# 缺乏研究价值

**问题**：教授在我的研究论文上写了评语，说我的选题缺乏读者价值。我不知道要怎么办。

**解决方案：**"读者价值"指的是选题与读者生活的关联。通过回答这些问题来体现读者价值：论证提供了哪些信息，让读者的生活增添了意义？论题有哪些好处？选题有何宏观意义？该主题如何让世界变得更美好？

读者价值体现在论文的结论部分。

# 不知道从哪里开始

**问题：** 我没有太多撰写研究论文的经验，这是我上大学后的第一篇论文。我不知从何下手。

**解决方案：** 的确，写论文是一项艰巨的学术任务，会给你带来压力，但学校相信你，否则就不会允许你选修这门课程。

在与教授交谈之前，先了解一些背景信息。和写作中心的工作人员聊聊，请他们帮助你拟定主题、论点、论据和研究问题。看看其他人写的研究论文范文（参见 APA 第 7 版第 61 页）。

接下来，向参考馆员咨询与你的主题相关的数据库建议。这并不难，校园里有很多资源可以帮助你。如果你感到焦虑，可以去健康中心。他们非常乐意帮助像你这样的学生。

在参考馆员的帮助下，你会找到证据（参见第 5 章和第 6 章），开始写作过程（参见第 14 章和第 15 章），最后检查（参见第 17 章）。

# 引用混乱

**问题：** 我不懂引用，不知道何时需要引用，也不知道要引用什么。

**解决方案：** 当你从其他地方获取一个想法、参考资料、引文、信息图表、图像或照片时，你必须标明出处，这就叫"引用"。换句话说，来自他人的想法（不是你创造的）都需要标明出处。所有引用的内容都必须在论文结尾的参考文献部分列出。第 8 章介绍了引用的基本知识。你可以认为引用分为两部分：在文中标明出处，在论文末尾列出。

常识不需要引用，它们是大多数人都知道的信息，任何人都可以轻松从百科全书中找到或询问人工智能。

如果有疑虑，宁可过多引用也不要不引用，但也要避免什么都引用。在研究论文中，大约有90%的引用出现在正文部分。引言中可能会有一两处，作为所研究主题的背景信息。结论中只能提及前面的参考文献，不能增加新的文献。

# 不符合学术写作规范

**问题**：我从不考虑自己的写作风格。我只知道闷头写。我不知道学习学术写作风格的重要性。

**解决方案**：在大学中，你会学习到越来越多的学术语言、高等教育语言和词汇。在完成写作任务的过程中，你会逐渐形成自己的学术风格。

以下是一些小建议，希望对你有帮助（更多完整列表请参阅第11章）：

» 首选学术写作中的行为动词：论证、分析、综合、运用文献、参考、引用等。
» 首选特指名词：论点、证据、反驳、反证、句法、反馈等。
» 用正式的语言写作，用你和教授交谈时会用的词语。

# 没有制订相应的计划

**问题**：我不善于制订计划。我的高中研究论文都是在交稿前两天赶的。

**解决方案**：我们在第14章中说过，成功人士无论做任何事情，都会制订周详的计划。大的项目，如研究论文，需要认真规划；小的项目，如新学期注册，则不需要太多计划。

规划研究论文就像规划大学新学年。规划决策（参见第18章）包括：列出要求、获取达到要求所需的信息，以及确认完成日期，以便有充裕的时间解决可能出现的问题。记住一句话：无规划，必失败。

# 混用文献引用规范

**问题**：在同一学期，教授布置了两篇不同的研究论文，要遵循两种不同的文献引用规

第19章 十个常见问题及解决方法 283

范。我不知道要怎么遵循。

**解决方案**：这是所有学生经常要面对和解决的问题。它就像生活中的某些事情，你需要找到方法并尽最大努力去解决它。你最有可能被要求遵循 APA 和 MLA 这两种规范。MLA 主要针对文学课程。

它们冲突的方面包括引用、参考文献和书目，以及格式。详细讲解参见第 8 章和第 13 章。

> **章节提要**
> » 充分利用教授的办公时间
> » 从其他课程中汲取灵感
> » 探索职业资源，寻找职业主题

# 第 20 章
# 提高研究型写作水平的十种资源

你身处学术环境，周围有丰富的研究资源。但是，这些研究机会就像被森林掩盖的树木，你很难发现它们。本章将为你介绍你可能不太熟悉的校园资源。

下面，我将介绍十种等待你发掘的校园资源，他（它）们提供的信息可以帮助你改进研究论文。这些资源包括：内容专家、支持服务和校园活动——图书馆数据库不在本章的讨论范围内，因为我猜你对它已经非常熟悉了。

别放过任何有利条件，寻找可以提高写作成绩的资料来源，务必与参考馆员会面（参见第 5 章）。

## 教授

在大学里，你不会因为讨喜的性格获得高分，但教授们认可那些主动寻求帮助的学生。学会利用学术资源，这是决心进步的表现，不代表你无能。

教授是帮助你解决研究或其他课程问题的最佳资源。你不仅可以向他们请教问题，还可以向他们展示你在学习上的决心。你有三个向教授求助的时机：办公时间、课前和课后。

大学要求教授每周安排 90 分钟左右的时间，在办公室为学生提供帮助，学生可以走

进办公室提问。遗憾的是，教授的办公时间是校园里利用率最低的资源——除了在学期末学生对成绩有疑问时。你可以在课程大纲中查看教授的办公时间和地点。

# 其他课程

有时，学生们会忽略一些显而易见的事实。除了论文课，其实你每次上其他课程或完成其他作业时，都可以获得许多研究主题。你可以从其他学科的视角分析这些话题。例如，经济学课程让你了解某个主题的财务影响，社会学课程让你看到主题的社会影响，数学课程让你掌握其中的数学概念。

此外，这些课程的教授也可以为你的论文提供专业建议。不要以为教授的专业知识仅限于他们上课的内容。几乎所有的教授都有自己研究领域以外的学术兴趣，其中很多会让你大吃一惊。

# 系主任

大学校园里到处都是知识渊博的教授。你的系主任通常也是某个领域的专家，他们是被忽视的信息来源。系主任往往拥有多方面的专长和广泛的学术兴趣，这也是他们被选为学院领导的原因。

建议

搜索系主任的个人简介，从中寻找与你的课题相关的信息。寻找他们感兴趣的领域与你的研究课题之间的广泛联系。

要见系主任，通常需要预约时间，并说明会面的原因。你可以告诉他，他拥有与你的研究主题相关的专业知识。

你可以将校园里的所有教职员工视为你的资源。他们都很乐意帮助学生完成项目。记得真诚地感谢他们。

# 校园讲座和活动

除了校园里丰富的知识财富，大学每个学期都会邀请客座专家来举办讲座。他们会就与研究相关的热门话题发表演讲。讲座的主题可以为你的研究提供背景资料，或为你的结论提出建议。例如，以"成瘾"为主题的讲座可以为健康、心理健康、饮食和锻炼、社区宣传、教育等主题的研究提供信息。

# 校园组织

校园里有各种各样的知识活动，还有令人眼花缭乱的组织和社团，它们吸引着拥有不同兴趣的学生。从"A"到"Z"，你几乎可以找到以任何一个字母开头的组织。有些组织隶属于全国性的赞助机构，可以获得大量资源。

许多校园组织都与教育、哲学、政治学、技术和工程学等学科有关。大多数组织都能获得通过传统渠道无法获取的资源。

搜索各组织的章程和相关文件，看看是否有可供你使用的资源。如果某个组织吸引了你的兴趣，请考虑加入。

建议

# 写作中心

如果你的任务包括写作或演讲，那么校园写作中心将是你的主要资源。他们提供的资源足够丰富，值得你在计划、组织、写作、修改、校订、审阅的过程中去两次到三次。

为了在截止日期前完成作业，记得把"去写作中心"加到你的计划清单里。写作中心是仅次于教授办公室的第二大资源。

# 职业中心

在研究与职业、职业规划、商业、企业研究、工作场所问题和职业机会相关的课题时，记得去一趟大学职业中心。它是另一个被忽视的资源。如果你的课题与职业和公司有关，请充分利用职业中心的资源。许多研究论文题目都是从职业中心孵化出来的。

大多数职业中心都不需要预约。你可以直接进去，就各种主题提出问题，并在工作人

记住

员的指导下获取更多信息。

# 出国旅游

出国旅游不仅可以拓宽视野，学到书本以外的知识，还可以为文化研究、历史、技术、交通、体育和娱乐，以及食品和营养等课题提供研究来源。

如果你曾出国旅游，你可以将这些经历应用到你的研究中，进行比较、对比或分析。如果你正在计划出国旅行，你可以将规划行程的经验用于规划论文。

# 校园创新建议

探索与你的研究相关的校园创新，如太阳能安装、技术升级、校园住房升级和设施改善等替代能源项目。

校园创新让我们有机会将不同的主题联系起来，对比和比较它们，或者应用于实践。

# 校园之外的社区

许多大学与校外社区联系密切、共享资源、和平共处。大学和周边社区共享诸如住房、交通、开放空间、公共安全、停车场以及基础设施等资源。

# 作者简介

乔·吉安帕尔米博士（Dr. Joe Giampalmi）是一位终身学习者和教育者，拥有逾半个世纪的课堂教学经验，涵盖从中学到研究生阶段的多个年级，他也为幼儿园至 12 年级的教学提供咨询。在 20 年的教学生涯中，他先后任教于宾夕法尼亚州沃灵福德的尼瑟·普罗威登斯学校、宾夕法尼亚州阿斯顿的太阳谷高中、纽曼大学、伊曼卡拉塔大学、威得恩大学、特拉华县社区学院以及罗文大学。

他一共出版了 6 本著作，包括最近出版的 *College Writing for Dummies APA Style & Citations for Dummies* 以及 *APA Style & Citations for Dummies*；他为国家级杂志撰写了十几篇文章，多年来，坚持每月两次撰写报纸专栏。他曾获得多个学术奖项，并入选多个地区的名人堂。

他拥有威得恩大学的文学学士和教育学硕士学位，在天普大学获得教育学博士学位。他喜欢在佛罗里达州墨西哥湾沿岸和费城中心城区写作。温煦的阳光、摇曳的棕榈树和洁白的海滩为他带来了无尽灵感。在费城，他最喜欢的写作地点包括自由广场的中庭，以及里顿豪斯广场。在写作的间隙，他会去抱抱可爱的金毛寻回犬。

# 献辞

本书专门介绍了写作中被低估的技能——修改。如果你立志成为一名作家，首先要立志成为一名"修改者"。我的 For Dummies 系列丛书之所以成功，主要得益于项目经理兼编辑查德·西弗斯（Chad Sievers）精准的修改建议。查德是我最好的写作老师。

在此，我要感谢幼儿园至 12 年级的教师，谢谢你们对学生的奉献。

还要感谢卡罗尔·安妮（Carole Anne），谢谢你给我做各种美食，让我的每一天都充满乐趣。

让我们共同努力，建设一个更安全、更先进的美国。

在此，我要向 2023 年获得学位的每一位大学生致敬，包括来自波士顿学院的、我亲爱的孙子格兰特。

# 致谢

衷心感谢我在 Waterside Productions 出版社的文学经纪人玛戈特·马利·哈奇森（Margot Maley Hutchison），以及创始人比尔·格莱斯顿（Bill Gladstone）。

谢谢 John Wiley & Sons, Inc. 编辑团队，感谢你们的专业和对我的信任！谢谢执行编辑琳赛·勒菲弗（Lindsay Lefevere）、采购编辑（伊丽莎白·斯蒂尔维尔）Elizabeth Stilwell、编辑维奇·阿当（Vicki Adang）、技术编辑安珀·切诺维斯（Amber Chenoweth）博士提供专业的教学知识，帮我验证教学策略。当然还有查德（Chad）！

谢谢帮我校对的亲爱的女儿 Lisa（丽莎）（这是她校对的第六本书）、我的妻子卡罗尔·安妮，以及宾州西彻斯特大学的兼职教授米歇尔·吉纳姆（Michelle Guinam）。

谢谢经常询问我写作进度的家人。你们手上的这本书就是我的回答。

谢谢圣詹姆斯高中的老师和教练约翰·穆尼（John Mooney）和乔·罗格（Joe Logue），你们教会我"一切皆有可能"。

谢谢我在尼瑟·普罗威登斯学校、太阳谷高中和罗文大学的学生们，你们鼓励我不断向你们挑战。

还有罗文大学写作艺术系的前同事们，谢谢你们！

谢谢 Delco News Network 的前编辑多蒂·雷诺兹（Dottie Reynolds）、克里斯·帕克（Chris Parker）和佩格·德格拉萨（Peg DeGrassa），是你们开启了我的写作生涯！

谢谢里顿豪斯广场的金毛犬们，你们总是让我分心。谢谢墨菲（Murphy）、黛西（Daisy）、奥克塔维亚（Octavia）、罗拉（Lola）、斯科特（Scout）、里弗（River）、奥利弗（Olive）、多克斯（Docs）、温斯顿（Winston）、马克斯（Max）、乔治（George）和 J.J.！

还要谢谢你们，我亲爱的读者！